全面预算管理

主 编 刘艳萍

大连理工大学出版社

图书在版编目(CIP)数据

全面预算管理 / 刘艳萍主编. 一大连 ：大连理工
大学出版社，2013.2(2016.3 重印)
现代远程教育系列教材
ISBN 978-7-5611-7681-8

Ⅰ.①全… Ⅱ.①刘… Ⅲ.①企业管理－预算管理－
远程教育－教材 Ⅳ.①F275

中国版本图书馆 CIP 数据核字(2013)第 039219 号

大连理工大学出版社出版
地址:大连市软件园路 80 号 邮政编码:116023
发行:0411-84706041 传真:0411-84707403 邮购:0411-84706041
E-mail:dutp@dutp.cn URL:http://www.dutp.cn
丹东新东方彩色包装印刷有限公司印刷 大连理工大学出版社发行

幅面尺寸:185mm×260mm 印张:15.25 字数:350 千字
2013 年 2 月第 1 版 2016 年 3 月第 2 次印刷

责任编辑:孙 楠 责任校对:何德民
封面设计:戴筱冬

ISBN 978-7-5611-7681-8 定 价:38.80 元

出版说明

  基于计算机网络条件下的远程教育,即网络教育,亦称现代远程教育,已经成为当今推进我国高等教育大众化的新途径。经批准,大连理工大学于 2002 年 2 月成为全国 68 所现代远程教育试点高校之一。大连理工大学现代远程教育以"面向社会、服务社会"为宗旨,以"规范管理、提高质量、突出特色、创建品牌"为指导思想,在传承大连理工大学优秀的教育传统与文化的同时,依托校内外优秀的教育资源,借助于现代教育技术手段,在国家终身教育体系中为社会提供了多层次、高质量的教育服务,已形成具有大连理工大学特色的现代远程教育品牌。

  为了进一步提高现代远程教育的教学质量,我院在继续做好现代远程教育网络资源建设、开展好网上学习支持服务的同时,积极组织编写具有远程教育特色的高水平纸介教材。大连理工大学自 2007 年开始将现代远程教育系列纸介教材的编辑出版工作列入"现代远程教育类教学改革基金项目"加以实施。

  现代远程教育系列纸介教材建设立足于现代远程教育的特色,为培养应用型人才服务。现代远程教育系列纸介教材以网络课程的教学大纲为基础进行编写,在内容取舍、理论深度、文字处理上适合现代远程教育学生的实际接受能力,适应现代远程教育学生自主学习的需要。现代远程教育系列纸介教材的编者要求具有较高的学术水平、丰富的教学经验、较好的文字功底,原则上优先选聘本课程网络课件的主讲教师担任编写工作。

  目前,经过不断的努力,现代远程教育系列纸介教材已陆续出版问世,特向各位编者及审稿专家表示感谢,同时敬请社会各界同行对不足之处给予批评指正。

大连理工大学远程与继续教育学院

2013 年 8 月

前　言

全面预算管理自从上个世纪 20 年代在美国诞生之后,很快就成为大型工商企业的标准作业程序。从最初的计划、协调,发展到现在的兼具控制、激励、评价等诸多功能的一种综合贯彻企业经营战略的管理工具,全面预算管理在企业内部控制中日益发挥核心作用。

全面预算管理中所包含的知识要点与决策思路在企业的经营决策中可以发挥积极的作用;学生若能理解掌握全面预算管理这门课程的知识,并将其运用于企业实践,将会改善企业的经营,提升公司的价值。

本书在编写中结合大连理工大学远程与继续教育学院《关于加强现代远程教育文字教材建设的意见》,针对现代远程教育学生在职学习的特点,力求体现如下特色:

(1)教学体系力争完善。全面预算管理是一项系统性的管理活动。从过程看,涉及预算编制、执行、控制、分析和考评等诸多环节;从内容看,涉及经营预算、资本支出预算、筹资预算、财务预算等多种预算,本书对全面预算管理的所有重要环节都进行了阐述和详细讲解,可以帮助读者系统学习、掌握全面预算管理的理论和方法。在此基础上,增加了企业集团全面预算管理和全面预算管理信息化等全面预算管理最新发展成果,有助于学生对全面预算管理有更为全面的了解,充实了教学内容。

(2)理论分析与实务相结合。前 11 章中,每章均通过“引导案例”开篇,采用启发性的案例引导学生思考和讨论,激发学生的学习兴趣,提高学生理论联系实际和综合分析决策的能力。第 12 章中,分别从规模和行业角度选择了代表企业案例,就重点预算的解决方案进行简单说明。案例以真实公司的真实资料为主,引发学生对现实事件的思考,扩展学生的思维空间。

(3)重点明确,学用结合。建立了“理论＋案例＋练习”的教材体系。每章都由“学习目标”“引导案例”“本章小结”“思考与练习”等部分构成,利于学生开拓思路、扩大视野、提高学生发现问题、分析问题、解决问题的能力。

本书系会计学专业网络教育教材,也可作为企业中高级管理人员的培训教材和自学用书,还适合作为对全面预算管理感兴趣的实务界人士学习与了解全面预算管理知识的参考用书。

本书共分 12 章,由刘艳萍负责编写。大连理工大学工商管理学院的张悦玫副教授对本书进行了审稿工作,在此深表感谢。同时,大连理工大学工商管理学院会计与财务管理研究所的研究生刘建华、厚丽娟、李欢欢、梁绎凡等在资料的收集、文字校稿、PPT 制作、习题解答等方面做了大量的工作,在此表示感谢。

在本书编写过程中,我们参阅和借鉴了国内外的相关论著和教材,对此表示诚挚的谢意!

在本书出版过程中,我们得到了大连理工大学远程与继续教育学院、大连理工大学出版社的支持,在此表示衷心的感谢!

在编写过程中,我们尽可能地做了诸多努力,但是书中难免存在疏漏之处,敬请广大读者批评指正,以使本书渐臻完善。

刘艳萍

2012 年 11 月于大连

目　录

第1章 全面预算管理概述

学习目标

通过本章的学习,学生应该能够:

- 掌握全面预算管理的基本概念;
- 熟悉国内外预算管理的产生与发展;
- 了解全面预算管理的未来趋势;
- 掌握全面预算管理的功能和局限。

引导案例

华润公司是隶属于国务院的一家有50多年发展历史的国有重要骨干企业,总部设在香港,作为管理总部,由于其长期在成熟的市场经济环境下运作,特别是资产上市后受到资本市场的约束,预算责任意识较强,因而较早地实行了全面预算管理,并在经过多年的实践和不断改进后,总结了一套旨在贯彻全面预算管理的运行体系,即6S管理体系。

一、全面预算管理的系统化方案——6S管理体系

6S管理体系是华润公司从自身实际出发探索出的管理多元化集团企业的一种系统化管理模式。6S管理体系是6个体系的简称,具体是指:利润中心编码体系(profit center number system)、利润中心管理报告体系(profit center management reporting system)、利润中心预算体系(profit center budget system)、利润中心评价体系(profit center measurement system)、利润中心审计体系(profit center audit system)、利润中心经理人考核体系(profit center manager evaluation system)。6S管理体系既是一个全面预算管理体系,也是一个多元化的资讯管理系统。它以管理会计理论为基础,以全面预算为切入点,其目的不仅仅是解决财务管理方面的问题,还要解决集团的系统管理问题,如以往经营中存在的管理重点不突出、约束机制不健全、管理资讯反馈不及时、财务及经营风险控制不到位、企业发展方向不明确、人才激励机制不科学等问题。

二、6S管理体系的系统化构想

首先以专业化管理为基本出发点,把集团及下属所有业务及资产分成多个利润中心,并逐一编制号码;每个利润中心按规定格式和内容编制管理会计报告,并汇总成集团总体管理报告;在利润中心推行全面预算管理,将经营目标层层分解,落实到每个责任人每个月的经营上;根据不同利润中心的业务性质和经营现状,建立切实可行的业务评价体系,按评价结果确定奖惩;对利润中心经营及预算执行情况进行审计,确保管理资讯的

真实性;最后对利润中心负责人进行每年一次的考核,并兑现奖惩,拉开薪酬档次,同时通过实行利润中心负责人考核上岗制,逐步建立起选拔管理人员的科学程式。

三、6S管理体系的实施效果

6S管理体系保证了集团全面预算管理的运行,实际上是一个系统化的全面预算管理实施方案,它对公司管理的变革性推动作用从多个角度得到了反映。

1.基础作用:为管理层的重大决策提供依据

通过6S管理体系,华润公司决策层能够及时、准确地获取管理资讯,加深了对每个一级利润中心实际经营状况和管理水平的了解。一级利润中心主营业务清晰了,便于决策层抓重点,同时把一些非主营业务去掉,从而使公司的业务运作架构、分类、整体资产组合等方面清晰化,促进了资产结构的调整和资源的合理配置。正是在6S管理体系运行基础上,华润公司才能够逐步将原先较为庞杂的业务及资产重组为分销、地产、科技及策略性投资4大类、23个一级利润中心,从而走上了由多元化经营转向有限度相关联多元化战略下的专业化发展道路。

2.指导作用:促进企业对自身业务的理解

6S管理体系的实施,提供了一种科学性和前瞻性的思维指导原则,利润中心要根据自身实力和市场判断实实在在地测算自己的目标,杜绝预算"编数",这个测算过程促进了利润中心对自身业务的理解。

3.渗透作用:企业管理更深入细致

6S管理体系的深入实施,使经理人的注意力盯住了每个利润点的具体经营情况。决策层能够直接了解到每个利润中心的经营状况,及时发现和解决问题。另外,6S管理体系中的资讯系统使利润中心经营状况透明化,成为一个有效的监督制约机制,有效地防止了内部的贪污腐败。

4.互动作用:推动企业的良性互动

6S管理体系要求有人能不断发现和提出问题,有人不断研究和解决问题。集团审计部通过监督检查,明确提出问题;一级利润中心妥善利用所提供的资讯,积极做出有效回应和改进。

5.规范作用:考核评价机制公开公平

利润中心评价体系、利润中心经理人考核体系通俗易懂,同时严格执行,促使集团的管理重点和激励机制发生转变,减少了管理政策、人事政策的随意性,集团的业务得以沿着健康的轨道良性发展。

6S管理体系在华润公司运行至今,经过不断地调整、补充,目前框架已基本稳定下来,是华润公司目前运用得最为成功的管理系统,为华润公司管理强势的逐步形成发挥着日益重要的作用。

资料来源:华润公司全面预算管理的系统化方案
http://www.cma-china.org/CMABase/SPB/B1_CBM2006070101.htm

华润公司实施的全面预算管理和传统预算管理有什么区别?全面预算管理是什么样的预算管理方法?全面预算管理在企业管理中发挥了什么作用?通过本章的学习,上述问题将会得到解答。

1.1   全面预算管理的基本概念

1.1.1   预算与预算管理

1. 预算

"预算"的英文为 budget,产生于政府和非营利单位,后来逐渐被企业应用。因应用的背景和范围不同,其含义也不同。日常生活中多见的预算为政府预算,它是经法定程序审核批准的国家年度集中性财政收支计划,规定国家财政收入的来源和数量、财政支出的各项用途和数量,反映着整个国家政策、政府活动的范围和方向。而企业领域运用的预算,则是企业内部管理与控制的一种手段和制度安排。本书主要论述的是企业预算及其管理。

企业预算是指企业为了实现预定期内的战略规划和经营目标,按照一定程序编制、审查、批准的,企业在预定期内经营活动的总体安排。它是企业在对历史的运营结果和对未来进行充分分析、论证的基础上,对未来的经营活动进行的量化表述;是围绕企业战略规划和经营目标,对预算期内资金取得和投放、各项收入和支出、经营成果与分配等资金运动所作的统筹安排。从其本质上看,企业预算有以下几层含义:

①企业预算是确保企业实现预定期内的战略规划和经营目标的有效方法和重要工具。

②企业预算是一种与企业发展战略相配合的战略保障体系,是与整个公司业务流、资金流、信息流以及人力资源流的要求相一致的经营指标体系。

③预算本身并不是最终目的,更多的是充当一种在公司战略与经营绩效之间联系的工具。在分配资源的基础上,主要用于衡量与监控企业及各部门的经营绩效,以确保最终实现公司的战略目标。

2. 预算管理

预算管理是指企业围绕预算而展开的一系列管理活动,主要包括以下三方面的内容:

(1)预算的编制

预算管理的各个环节相互密切联系。从编制到执行,从考核到奖惩,任何一个环节出错都会造成管理上的偏差,甚至出现重大的经营管理失败。因此,预算管理的每一个环节都应该给予足够的关注,而在这些环节中,预算的编制是整个预算管理体系的基础和起点。

预算可以从不同的角度分类,不同种类的预算在编制中也会遇到各种各样的问题。本书将在后面的第3章至第7章,分别从总体上和内容上讲述预算体系的编制方法和原则。

(2)预算的执行与控制

预算编制完成之后,在执行之前,还需要经过预算的分解、下达和具体讲解等准备步骤来保证预算的有序执行,保证预算体系运转良好。预算开始执行之后,必须以预算为标准进行严格的控制。

预算的执行与控制是整个预算管理工作的核心环节,需要企业上上下下各个部门和全体人员的通力合作，本书将在第8章专门讲述全面预算的执行、控制与调整。

（3）预算的分析与考评

在预算执行与控制过程中和预算完成后，一个尤为重要的环节是实际与预算差异的分析。预算执行中的差异分析可以根据周围环境和相关条件的变化帮助调控预算，以使预算顺利地执行；预算完成后的差异分析则可以总结完成预算的情况，帮助评价预算执行期间工作的好坏，进而为企业评价激励制度的公平有效提供数据支持。因此差异分析贯穿于预算管理的全过程，既为预算的执行与控制明确了工作重点，也为下期编制预算提供了经验。

预算的考评是对企业内部各级责任单位和个人预算执行情况的考核与评价。对预算的执行情况进行考评，监督预算的执行和落实情况，可以加强企业的内部控制。在预算管理体系中，预算考评起着检查、督促各级责任单位和个人积极完成预算任务，及时提供预算执行情况的相关信息以便纠正实际与预算的偏差的作用。严格考评不仅是为了比较实际值与预算指标，肯定成绩，找出问题，改进以后的工作，也是为了对员工实施公正的奖惩，调动员工的积极性，激励员工共同努力，确保企业战略目标的最终实现。

在整个预算管理体系中，预算的分析与考评占有极其重要的地位，本书将在第9章中专门讲述全面预算的分析与考评。

1.1.2 全面预算管理

企业全面预算是基于企业预算而产生的派生概念，它反映的是企业为了实现预定期内的战略规划和经营目标，按照一定程序和方法编制的对未来某一特定期间（一般不超过一年或一个经营周期）的全部生产、经营活动的总体安排。企业预算包括经营预算、资本支出预算、筹资预算、财务预算等预算，各项预算的有机组合构成企业总预算，也就是通常所说的全面预算。

相比传统的以财务为基础的预算管理模式，全面预算管理的核心在于"全面"二字上，"全面"包含三层含义：全员、全过程、全面反映。全员是从预算的参与角度讲，指预算的决策、审批、编制、执行、调整等一系列行为主体涉及公司的各阶层；全过程是指预算是一个动态的控制过程，从预算的编制起点到中间的执行、调整再到后期的考核评价、激励等，是完整的、滚动的体系；全面反映是从预算的控制范围讲，指全面预算必须是企业各项经营活动、投资活动和筹资活动等预算的有机组合，并非仅指财务预算或其他某项业务预算。

1.2 全面预算管理的产生与发展

1.2.1 国外预算管理的产生与发展

近代的预算管理制度起源于英国，兴盛于美国。1217年，英王约翰签署了《大宪章》之后，议会控制了政府的全部收支批准权。英国政府每年将政府收支预先列表交给议会批准，编制国家财政收支一览表的预算制度逐渐在英国确立。而在同一时期的美国，为配合市政府改革的需要,也在国家和地方政府内试行预算,作为提高政府工作效率的工具,但还没有形成科学的预算编制方法。之所以说预算管理兴盛于美国,是因为在第一次世界大战之后,世界工厂从欧洲转移到北美,伴随美国工业化的发展,预算制度在美国企业也得到了广泛应用。一般来说,学术界普遍认为最早的企业预算产生于美国,而最初的预算管理是用于广告费用的分配。

1. 成本预算管理阶段(19 世纪末～20 世纪 20 年代)

(1)背景分析

最早将预算管理应用于企业管理的是美国企业。第一次世界大战结束后,美国的工商企业得到了急速发展,公司规模不断扩大,企业管理的幅度和层次日趋复杂,管理的分权化成为必然。如何做到既分权管理又能有效控制,成为企业发展的一个突出问题。

(2)主要标志

1911 年,被誉为科学管理之父的泰罗出版了《科学管理原理》一书,主张以科学管理代替个人经验管理。在科学管理学说中,标准成本制度的提出促进了企业预算管理理论的发展。借鉴泰罗的科学管理思想,一些企业将"标准成本""差异分析""预算控制"等专门方法运用于产品成本控制,促进了企业管理水平和劳动生产效率的提高。1921 年 6 月,美国国会颁布了《预算与会计法案》,该法案实施后,效果良好,对当时的私营企业推行预算控制产生了极大的影响,是预算控制思想产生过程中一个重要的里程碑。

1922 年,被誉为美国管理会计创始人的著名学者麦金西出版了美国第一部系统论述预算控制的著作《预算控制》,将预算管理理论及方法从控制的角度进行了详细介绍。该书的出版发行标志着企业预算管理理论开始形成。1925 年德国 Lehmuna 在其所著的《工业成本计算》一书中论述了企业经营计划的内容。1930 年,他又出版了《企业经济计划——商业预算》一书,进一步丰富了成本预算管理理论。

(3)预算管理特点

这一时期以泰罗、法约尔为代表的古典管理理论重点研究了工程管理的效率、企业经营、管理的目标和目标实现的管理手段等问题,这些理论对预算管理产生了一定影响。这一时期预算偏重于组织结构和作业业务,忽略了组织中人的因素;预算模式以产品成本和费用控制为出发点,带有鲜明的时代特色,具有很强的强制性,采用自上而下的方法编制,它难以承担企业内部各管理部门和各方面主要业务活动之间的协调功能,从而使预算的功能不能得到充分发挥。

2. 财务计划阶段(20 世纪 30 年代～70 年代)

(1)背景分析

进入 20 世纪 30 年代,随着科学技术的迅速发展,社会生产力水平得到大幅度提高,企业生产经营活动日趋复杂,为了应对激烈的市场竞争,企业迫切要求实现管理现代化,创新管理手段。预算管理吸收了自 20 世纪 20 年代发展起来的一些专门用来提高企业内部管理水平和经济效益的方法,建立起了许多量化的财务管理模式,以帮助管理当局进行预测、决策、组织和控制生产经营,提高企业的竞争力。

(2)主要标志

这一阶段的西方会计学建立起了许多量化的财务管理模式,如盈亏平衡点分析法、弹性预算法、变动成本计算法、用于决策的差额分析法、现金流量分析法等。这些方法的产生也促进了预算制度的发展与完善,特别是盈亏平衡点分析法使得会计对经济活动的事后反映和分析逐渐转化为事前的预测和决策。企业管理者开始对影响企业利润的各因素的变化及对利润的影响程度进行分析和预测,以勾勒企业未来的财务成果和资金占用,作为对企业经济活动进行协调和控制的依据。

20世纪40年代末期,预算管理吸收了组织行为理论,一些实行预算管理的企业开始提倡和实行分权式的民主参与管理,也就是使预算的编制自上而下、自下而上地反复循环,使企业所有层次的管理者和关键岗位的人员都能参与预算的编制,形成了参与型的预算管理,但由于参与的人数众多,预算编制的程序复杂,时间长,会提高预算成本,很多时候预算执行者为了完成预算目标,得到好的业绩评价,可能会夸大或缩减预算数,这就产生了预算松弛的问题。20世纪70年代,美国的德克萨斯仪器公司首先采用了零基预算编制法并取得了成功。

(3)预算管理特点

此阶段的预算管理,在内容上大大超出了成本预算的范围,理论和方法上进一步成熟,我们将其称之为"财务计划"预算管理阶段。财务计划的内容,从动态上讲,不仅包括成本预算且包括影响企业利润的其他诸多表象因素的事前规划;从静态上讲,财务计划特别关注现金、存货、固定资产等各项资金占用的事前规划,充分意识到资金运用效果对企业效益产生的影响。财务计划相对于成本预算,大大强化了其协调功能。预算编制的创新方法也集中涌现,如零基预算、弹性预算等方法满足了预算编制对预算方法的需要,也丰富和发展了预算管理理论。财务计划阶段的预算管理是全面预算管理的雏形。

3. 信息化的全面预算管理阶段(20世纪80年代以后)

(1)背景分析

进入20世纪80年代以后,伴随着科技的进步,西方工业发达国家步入信息社会时代,通讯的发达、计算机和网络技术的发展使企业经营环境发生了巨大变化。随着社会经济逐步从工业经济时代过渡到信息经济时代,尤其是在通讯技术不断完善,计算机技术、网络信息技术突飞猛进之后,人们能够更加快速、准确、细致地获取和处理分析信息,从而为预算管理的实施者提供更科学、更可靠的数据支持,增强了企业领导者的预见能力和应变能力。

(2)主要标志

在20世纪80年代后期,西方发达国家的企业管理界提出了制造资源计划(MRPII)的管理理念,主要针对生产制造方面的管理,可在周密的计划下有效地利用各种制造资源、控制资金占用从而降低成本;之后又出现了企业资源计划(ERP)系统,把企业内部划分成几个相互协作、相互支持的子系统,使企业将生产制造、质量控制、售后服务等环节全部纳入资源预算系统进行管理,形成了一种面向企业供应链的预算管理。

(3)预算管理特点

在信息化时期,企业处于信息社会时代,借助先进的电子技术、网络和通讯工具可以使预算数据的获取和分析更加准确可靠,在预算目标的制定特别是中长期目标的制定方面,有了更可靠和科学的数据支持,有效增强了企业在市场竞争中的预见性,降低了企业的经营风险。

4.分化演进阶段(20世纪90年代以后)

随着预算管理理论的深入研究以及其在企业管理中的广泛应用,人们逐渐发现预算管理在某些方面存在难以弥补的缺陷,尤其在信息爆炸时代,人们接受信息、处理信息的能力大幅增强,一方面提高了预算管理的效率,但另一方面也使得预算出现了种种不适应:反应僵化迟滞、编制和管理耗时耗力、预算管理体系与其他管理体系之间相互矛盾。预算作为一种控制手段,在企业管理中的核心地位也逐渐被弱化,而全面质量管理、平衡计分卡、作业基础管理法、标杆法等相继出现,传统预算管理进入了一个与组织外部经营环境和内部控制环境相冲突的阶段。预算管理制度的改革逐渐分化出"改进预算"和"超越预算"两种主要的思路,在理论研究中形成了不同的学术流派。

(1)改进预算

改进预算(better budgeting)主要是由美国和英国的学者及实务工作者提出的观点,是在维持原有框架的基础上,将传统预算管理与先进的管理理念和信息技术结合起来,使传统预算更加适应新的组织环境。改进预算理论是围绕经营管理中企业预算制度及其自身的改革导向而进行各种尝试的总称。虽然其在本质上也对传统的预算管理进行了批判,但它并非对预算管理及其自身作全面的否定,而是在维持原有框架的基础上,为寻求更好的改良策略而努力。改进预算理论的基本前提是认为预算在管理控制的核心地位不可动摇,主张利用新的管理理念和信息技术来弥补传统预算的缺陷。

在改进预算的思路下,比较有代表性的方法有作业基础预算、持续改进预算、战略预算等。

①作业基础预算

作业基础预算是以作业成本计算为基础的一种新型预算管理方法,是以企业价值增值为目的的预算管理形式。它是在作业分析和业务流程改进的基础上,结合企业战略目标和据此预测的作业量,确定企业在每一个部门的作业所发生的成本,并运用该信息在预算中规定每一项作业所允许的资源耗费量,实施有效的控制、绩效评价和考核。建立在作业层次上的预算制度是支持持续改进和过程管理的有效工具。针对传统预算较少考虑资源使用效率和生成率的不足,作业基础预算在战略与预算之间增加了作业和流程分析及可能的改进措施,并在改进的基础之上预测作业的工作量以及相应的资源需求,力求达到资源的最优配置。

②持续改进预算

持续改进预算认为,在管理会计领域有两种相对较新的方法在挑战传统预算,那就是目标成本和持续改进预算。这两种方法最初起源并流行于日本,目前已在全世界得到了广泛的应用。持续改进预算是一种在最终预算中明确体现不断改进要求并实施所有改进计划的预算方法,并通过这种方法来降低成本。在持续改进预算的编制程序中,预算是以期望的未来经营状况为基础,而不是像传统预算那样以延续目前的经营活动为基础。这种预算方法强调可变成本,并通过不断地改进来降低可变成本,从而实现预算目标,支持矩形化组织优化与发展。

③战略预算

1999年,美国底特律地区"Big3"汽车公司的经理人员,在没有降低服务水平和削减员工的情况下,应用了一种新的预算模式,称为战略预算。新模式在应用当年就降低了该公司 37.6％ 的成本。预算作为控制系统的重要部分，对应不同的战略应有不同的预算模式，管理者不仅要关心运营预算的编制，同时还要对战略预算给予关注。不同战略导向下的预算，其核心、作用、范围等因素都应有所不同。战略预算通过对预算模式和过程的创新，有效地节约了成本、消除了浪费，最重要的是使企业财务资源能更多地关注和支持企业战略、战术目标的实现。随后的 21 世纪，战略预算在理论和实务上都得到了较快的推广和发展。

（2）超越预算

超越预算并不是对传统预算管理的修补或改进，其目的是提供一个新的管理模型来满足企业经理们决策的需要，用来支持经营管理中目标设定、激励机制、行动计划、资源配置、组织协调以及控制等需要。1997 年年底，跨国高新技术制造企业联合会（CAM-I）在欧洲组建了"超越预算圆桌会议论坛"（简称 BBRT）的产学研合作组织。BBRT 依据项目管理提出了"超越预算"概念，针对传统预算管理存在的不足，对如何超越传统预算进行了全面研究。BBRT 认为超越预算是为了满足位于管理一线的经理人对决策权的需求而设置的一套替代性管理模式，即适应过程管理，将预算管理与企业运作动态结合，强调预算管理目标的客观性、绩效考核的灵活性的持续适应管理模式。BBRT 提出了六大预算创新原则：①目标以外部基准而不是内部的协商目标为基准；②考核和奖励以相对改善目标，而不是事先约定的固定绩效目标为基础；③使行动计划成为一个持续而且综合的过程，而不是每年一次的限定性行动；④按照需求而不是基于年度预算的事先分配来安排资源；⑤按照普遍的客户需求，而不是事先决定的年度预算来协调公司之间的行动；⑥控制以有效的监管和一系列相关绩效指标、而不是相对于年度计划和预算的固定指标为基础。

虽然超越预算在 CAM-I 成员企业得到了一定的推广和应用，但从理论和实践的角度来讲还存在很多不足。从理论上看，超越预算没有充分重视预算管理的会计属性，没有考虑预算管理的事前估算特征，没有分析造成传统预算管理期间僵化的动因，没有认识到预算编制的整体效果等。从实践的角度看，超越预算在具体实施中可能存在以下几个问题：①相对业绩评价的实施成本太高，难以设计出适当的综合行业业绩指数；②超越预算强调决策权下移和自主预算，固然可以使内部的各业务单位充分发挥主观能动性，有利于组织的快速灵活反应，但可能导致各个部门只注意本部门绩效提高而忽视部门间的协作，影响整体绩效；③超越预算对内部各业务单位自身的管理水平和预算能力有较高的要求。

1.2.2 我国预算管理的产生与发展

我国很早就有了预算管理的思想。《礼记·中庸》中就有"凡事预则立，不预则废"的至理名言，"以收抵支、收支平衡"意味着人们的预算平衡思想，而"量入为出"则更多地反映了预算对人的自我约束行为和文化哲学。随着时代的变迁和我国经济体制的变革，预算管理在我国也经历了独特的发展历程，在理论上和实践应用中都取得了长足的发展。

在计划经济时期，企业的供应、生产、销售、分配全部纳入国家的财政预算，企业生产经营活动完全听命于政府下达的生产技术和财务计划，在国家集中统一的计划经济体制下运行，企业的预算只是附属于国家财政预算的一个组成部分，没有形成完整、独立的企业预算管理体系。20 世纪 50 年代以后,我国部分企业实行定额管理,60 年代开始推行班组核算管理,到 80 年代又逐步推行了内部银行、责任会计、经济责任制、全面质量管理、目标管理等企业管理方法,为预算管理的实施积累了宝贵的经验。

20 世纪 80 年代后,随着我国社会主义市场经济的发展和现代企业制度的推行,企业预算管理模式的理论与方法因其在西方国家企业中的成功应用被引入我国的企业管理理论与实务,我国的部分企业开始积极探索适合我国国情的企业预算管理模式。

1.2.3 全面预算管理的未来趋势

传统预算管理着重成本性态分析,选择简便易行的预算编制方法和以既定目标为考核标准的业绩评价体系,由于其偏于静态的经济环境假设,适应于外部环境低水平的变动;改进预算更多的是站在公司战略的高度上,运用平衡计分卡和作业基础管理的思想,将预算与公司战略相结合,持续不断地优化业务流程,适应于中等程度的外部环境变化;超越预算侧重于竞争对手的比较,以相对业绩评价为导向、运用分权制管理体制和创建柔性组织结构、将滚动预算思想贯穿于整个预算编制过程、实现了预算由静态到动态的转变,适应于外部环境高度波动的竞争环境。预算管理模式的发展过程如图 1-1 所示。

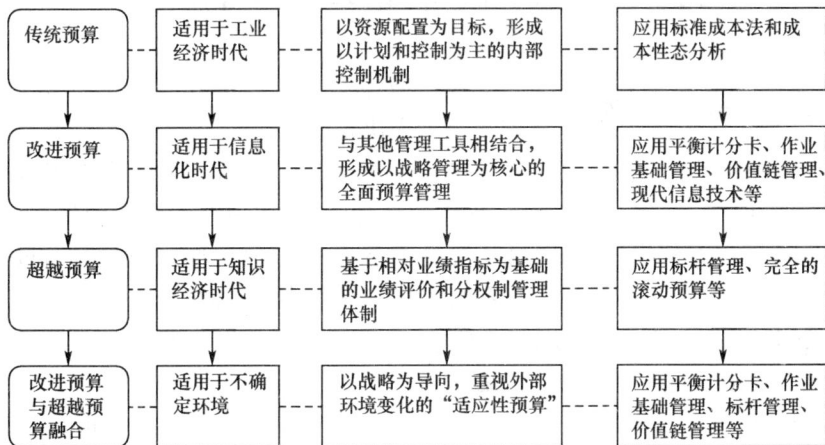

图 1-1 预算管理模式的发展过程①

由于目前企业全面运用超越预算尚不成熟,而改进预算利用新的管理理念和信息技术弥补了传统预算的不足,改进后的预算管理能够显著提高组织绩效和激发员工参与预算的积极性,可以考虑在改进预算中部分地导入超越预算的观点,使两者有机结合。改进预算将主要关注预算的编制、执行和反馈,而超越预算更多关注在预算管理中的业绩评价问题。具体来讲,首先将预算管理的功能按计划制订与业绩评价进行分离,在资源配置方面,继续采用改进的预算管理框架,但只是围绕着预算的编制、执行和反馈过程;在业绩评价上借鉴超越预算,基于相对业绩进行考核,将评价激励与预算脱钩,避免了传统预算中对预算目标的讨价还价问题。其次,在改进预算的管理框架中引入超越预算的

---

① 郭菁.YT 公司全面预算管理模式研究[D].上海:上海交通大学,2011

主要思想,即对滚动预测方法的全程采用分权化管理,做到持续改进预算,在应对复杂的竞争环境时,迅速采取应变措施,实现动态预算管理。最后,两者的融合需要借助于多种管理会计工具的结合,平衡计分卡(BSC)的四个维度全方位地克服了传统预算管理只注重财务指标而忽视企业战略的不足,并通过提供一系列关键业绩指标(KPI),使企业各层次员工认识到自己所做出的决策与企业战略的相关性,实现预算管理与企业战略的动态相关;作业基础预算(ABB)以作业、流程、价值链为预算基础,在战略和预算之间进行适应性流程再造,并在改进的基础上预测作业的工作量和相应的资源需求,进一步根据作业的增值能力确定资源分配的优先顺序,确保预算适应多变的外部环境。

在经济全球化的大背景下,企业组织面临着更为复杂多变的市场竞争环境,相应的管理控制模式随着组织变量而变化。对于市场可预测性强、经营的产品范围相对稳定的企业,传统预算相对比较适合。处于经营环境变化快、产品经营范围广且技术更新速度快的企业采用超越预算模式,以人为本的管理思想更能满足环境要求。因此,需要根据企业所处的环境和自身的特点,依据管理理念和管理方法的实质思想,选择一种适合企业特征的预算管理模式,才能真正发挥预算管理功能,提高预算管理水平。

1.3　全面预算管理实践情况

1.3.1　国外实践情况

全面预算管理在发达国家已得到了相当广泛的应用,绝大多数的管理先进的企业特别是跨国企业几乎都采用全面预算管理进行管理,通过实施全面预算管理,不仅有效地调动了各级员工的工作积极性,同时还实现了企业内部资源的合理分配;通过对预算执行情况进行分析、考核,既保证了公司各组成部分目标协调一致,也保证了子公司的经营目标与总公司的协调一致。目前全面预算管理已被广泛认定为实现企业发展目标与评价管理者经营业绩的行之有效的方法之一。

在发达国家,不同国家的企业由于其企业经营环境不同,其所采用的全面预算管理的模式也有所不同。在多数美国企业中,全面预算管理一般由管理者确定,企业全面预算管理编制的流程多采用由管理者确定后再向基层单位推行的方式,在编制预算过程中,其更关注销售预算,然后才是各级部门预算。美国企业预算管理模式的优点为能够灵活地应对外部环境的不断变化,管理责任实现了清晰的划分。该模式的缺点是由于预算管理完全出于管理者的职业判断和管理意向,缺少基层单位和基层人员的参与,因而其往往得不到中层和基层人员的响应与配合,无法充分调动他们的积极性。

日本企业预算管理模式充分地规避了美国企业预算管理模式的缺点,其在预算编制过程中号召全体员工共同参与,在全体员工共同参与的情况下,明确企业经营目标,拟定企业的纲领性经营计划,使得全体员工了解并认识到企业未来的发展目标和愿景,有利于员工更好地编制和实施预算。在企业经营计划确定后,相关职能部门将依此明确企业预算编制方针,各基层单位再依据既定的预算编制方针来分别编制各基层的分级预算。日本公司的预算管理模式可归纳为由管理者向基层推行管理方针,再由基层向管理者提供预算的调整建议,管理者得到上述信息后,经过确认分析,再次对预算方针作适当调整,再下达至各基层单位,经过多次的协调,使得预算得到了上、下级的充分支持和认同,即自上而下和自下而上的多次研究和协商,日本企业预算管理模式充分地体现了参与型预算的管理特点。

在全面预算管理的运行模式方面,发达国家的企业多设立专门的机构来推行全面预算管理,且在推行过程中与企业的发展战略相结合,通过全面预算管理的专业机构对企业的外部和内部环境的预测,形成充分、健全的基础信息,为预算管理的责任部门提供信息支持。在预算编制管理中,发达国家的企业还在反映企业长期发展潜力的主要经营目标上着重制定了正式的中、长期预算内容和相应的预算目标。特别是人事管理预算,通过明确和正式的预算,有力地保证了管理的效果,实现了管理目标。

1.3.2　国内实践情况

我国长期实行计划经济,企业计划可谓由来已久,但这种计划不是以市场为导向,没有建立在预测与决策的基础上,因而不属于全面预算管理的范畴。随着改革开放的逐渐深入和市场经济体制的逐步建立,企业管理控制的目标从完成生产的品种、产量计划,逐渐转移到追求企业经济效益、实现企业价值最大化上来。全面预算管理由此不断引起重视,并在实现企业经营目标上发挥着越来越重要的作用,甚至被放到企业经营机制和战略管理的高度上来加以认识,从而在实践中被一些企业大力推行。2000 年 9 月,国家经贸委发布的《国有大中型企业建立现代企业制度和加强管理的基本规范(试行)》中明确提出企业应建立全面预算管理制度;2001 年 4 月,财政部发布的《企业国有资本与财务管理暂行办法》要求企业应当实行财务预算管理制度;2002 年 4 月,财政部发布的《关于企业实行财务预算管理的指导意见》进一步提出了企业应实行包括财务预算在内的全面预算管理;2006 年,财政部重新修改的《企业财务通则》进一步强调了企业实施全面预算管理的具体要求。这些行政规章的颁布,标志着全面预算管理这一科学的管理理念已在我国得到广泛认同,并进入到规范和实施阶段。

部分企业在实践中也积极探索适合我国国情的企业预算管理模式。如中国化工进出口总公司、上海宝钢集团公司、中国五金矿产进出口总公司、华润(集团)有限公司、山东华乐集团、杭州钢铁集团公司等企业对推行全面预算管理进行了一系列探索。这些企业目前实施的全面预算管理体系不是一蹴而就的,而是在管理实践中随着公司战略变化,本着价值提升的理念,在不断地研究新问题、解决新问题的过程中,改革扬弃,逐步完善提高的。

1.4　全面预算管理的功能和局限

1.4.1　全面预算管理的功能

近年来,随着企业实践的深化和全面预算管理研究的深入,战略全面预算管理观念逐渐兴起,其与战略相对接,从而使得全面预算管理围绕战略展开,保证战略落地执行。现代全面预算管理一般基于战略的传导、情景的预测,因而更具有时效性,更符合当前多元的、高度不确定的外部环境变化的特点,而且能在更高的格局上帮助企业落实战略执行。另外,现代全面预算管理依托更为成熟的信息化系统,从而为外部的情景变化预测、企业的动态战略应对以及各项运营指标的量化提供了便利和可能。新时代的全面预算管理在企业管理中的作用可以概括为以下几个方面。

1. 有利于协调企业整体与各部门的阶段性目标

随着企业规模的扩大,企业的组织机构也会变得庞大复杂,这些组织机构的业务内容都具有相对的独立性,在企业管理过程中它们必须协调一致才能保证战略目标的实现。预算通过对战略目标的分解,统帅着企业的全部经营活动,对企业各方面情况进行综合平衡,使各部门都能了解到本部门在全局中所处的地位和作用,看到自己部门的活动与其他各部门之间的关系,并充分估计可能产生的障碍和阻力及薄弱环节等,以便区别轻重缓急,从而达到经济活动的协调一致。此外,预算编制过程中自上而下、自下而上的循环,有助于企业高层管理者、各级主管和员工在更大程度上对企业所面临的问题达成一致,为采取统一行动创造条件,形成一种为实现共同目标而团结合作的良好氛围,使企业成为一个高效率的整体。

2. 有利于企业经营决策的科学化

一个企业所拥有的资源总是有限的,预算有助于管理者通过计划具体的行为来确定可行的目标,同时使管理者考虑各种可能的情形,协调组织的活动,全盘考虑整个价值链之间的相互联系,对有限的资源在各种不同用途方面的配置预先做出合理的规划,把涉及企业战略目标的经济活动连接在一起,使影响目标实现的各因素都发挥出最大潜能,避免因出现"瓶颈"现象而影响企业的整体运营效率。企业从销售预算、生产预算到资本预算、研究开发费用预算,都是以战略目标为导向进行编制的,这就要求企业管理者在编制预算时,必须把握市场动向,着眼企业全局,科学地进行预测,将有关企业过去浪费或低效率的部分剔除,在现有的资源各种不同的交替运用中选出一种最佳的预算方案,减少决策的盲目性,降低决策风险,合理地挖掘现有资源潜力,努力使决策达到科学化,使企业的行为符合市场的客观需求,更进一步地提高企业的综合盈利能力。

3. 有利于企业实现管理控制

企业全面预算管理是在继承传统预算管理上的创新,实施全面预算管理可以通过预算执行体系和预算考核机制,保证企业目标得到具体落实,实现了预算目标的约束作用与企业的激励机制的有机配合。企业预算管理贯穿于经营管理的全过程,是一种全员、全过程的控制。预算的编制是管理者对如何利用企业资源进行的事前控制,预算执行是管理者进行的事中控制,预算的差异分析、考评是一种事后控制。控制过程主要包括预算编制、经济活动的状态计量、实际与预算的比较以及两者差异的确定和分析、制定和采取调整经济活动的措施等。预算一经确定,就必须付诸实施,各部门都对实际执行情况进行计量,并将计量结果与预算进行对比,及时揭示实际执行情况脱离预算的差异,分析其原因以便采取必要措施,保证预定目标的实现。预算使得控制有了标准,考评有了依据。由此可见,企业全面预算管理使企业的控制工作得到了进一步强化,认真制定并严格执行预算是企业实现预算目标的根本保证。

4. 有利于激发员工的积极性

全面预算有全员参与的特点,容易调动各部门、各层级员工的积极性。在预算的编制过程中,通过自上而下、自下而上的循环,企业高层领导者制定目标所提出的主要设想和意图,以及达到目标应采取的方法和激励措施都明朗化,使全体员工(包括高层领导者)明确自己在特定时间的工作、收入等各方面应达到的水平和努力的方向,促使职工积极地从各自的角度为完成企业的战略目标而努力工作。

5. 有利于部门和员工的绩效考评

在企业全面预算管理过程中,全面预算管理为各部门甚至每一位员工都制定了考核标准。通过实际完成情况与预算的比较,便于对各部门及每位员工的工作业绩进行考核评价,以此为依据进行奖惩和人事任免,这样做有利于调动员工的积极性,使他们在今后的工作中更加努力。这种考核评价方法,在当今科技迅速发展、市场竞争激烈、企业环境多变的情况下,比传统的本期实际与上期实际相对比的方法更为科学合理。因为超过上年或历史最好水平,只能说明有所进步,而不能说明这种进步已经达到了应有的程度。企业全面预算管理对工作业绩的考核是在对其差异进行认真分析基础上的综合反映,它既有对历史变化趋势因素的分析,又包含了对客观环境因素及执行主体自身因素的分析,其评价结果非常接近客观事实。

1.4.2　全面预算管理的局限

全面预算管理作为企业管理手段也有很多局限性,不可能解决企业发展中的所有管理问题,企业管理人员必须加以关注。

1. 预算的编制实施需要时间的磨合

全面预算管理的实施,不可能在短期内完成。在全面预算管理的实施初期,人员的指导、培训,信息的整理、收集,协调会议的召开需花费很多时间。

2. 全面预算管理不能取代管理

企业日常的预算管理,只是通过系统的预算管理体系形成一套详实的数据信息,用以支持管理者制定管理决策。在实际工作中,费用是否应该发生以及发生额度的大小,应由企业管理者根据实际情况加以确定,因而预算管理不能代替决策,管理者决不能固守预算数字而放弃对实际情况的分析。

3. 预算的实施需要全体员工的积极参与

全面预算编制完成后,为保证预算实施效果,在预算执行过程中仍然需要全体员工的共同参与和积极投入,同时企业经营者对员工全面预算管理的指导和帮助也是保障实现预算的既定目标的条件之一。

4. 预算并非精确的科学

全面预算是预算期间内,企业通过分析、预测和汇总的各项经济活动的结果,因此,全面预算数据不可能与实际完全相符。企业经营环境是瞬息万变的,经营者对于未来经营结果的预测也许会与实际相差很大,因而预算的调整是在所难免的。企业经营管理人员绝不能墨守不合时宜的方法和目标,完全拘泥于预算。

本章小结

- 企业预算是指企业为了实现预定期内的战略规划和经营目标,按照一定程序编制、审查、批准的,企业在预定期内经营活动的总体安排。

• 企业全面预算是基于企业预算而产生的派生概念,它反映的是企业为了实现预定期内的战略规划和经营目标,按照一定程序和方法编制的对未来某一特定期间的全部生产、经营活动的总体安排。

• 预算管理是指企业围绕预算而展开的一系列管理活动,主要包括三方面的内容:预算的编制、预算的执行与控制、预算的分析与考评。

• 全面预算管理的核心在于"全面"二字上,"全面"包含三层含义:全员、全过程、全面反映。

思考与练习

一、单项选择题

1. 近代的预算管理制度起源于(　　　)。

A. 美国　　　　　　　B. 中国　　　　　C. 英国　　　　　　D. 德国

2. 整个预算管理体系的基础和起点是(　　　)。

A. 预算的执行　　　B. 预算的控制　　　C. 预算的分析　　　D. 预算的编制

3. 泰罗在科学管理学说中提出了(　　　),促进了企业预算管理理论的发展。

A. 作业成本　　　　B. 标准成本制度　　C. 预算分析　　　　D. 预算控制

4. 改进预算和(　　　)是预算管理制度改革逐渐分化出的两种主要的思路。

A. 超越预算　　　　B. 战略预算　　　　C. 作业预算　　　　D. 持续改进预算

二、多项选择题

1. 全面预算管理在企业管理中的作用有(　　　)。

A. 有利于激发员工的积极性　　　B. 有利于企业实现管理控制

C. 有利于部门和员工的绩效考评　　D. 有利于企业经营决策的科学化

2. 全面预算管理的核心在于"全面"二字上,"全面"是指(　　　)。

A. 预算管理活动涉及公司的各阶层　　B. 预算是一个动态的控制过程

C. 预算控制范围是企业的生产经营活动　　D. 包含企业所有的财务报表

3. 下列对全面预算管理的叙述,正确的是(　　　)。

A. 全面预算管理不能取代管理　　　B. 并非精确的科学

C. 只需要管理层的积极参与　　　　D. 可以解决企业发展中的所有管理问题

三、名词解释

1. 预算管理

2. 全面预算

3. 改进预算

4. 超越预算

四、简答题

1. 简述预算管理模式的发展过程。

2. 简述全面预算管理的局限。

3. 简述全面预算管理的功能。

第2章 全面预算管理的前提条件与实施要求

学习目标

通过本章的学习,学生应该能够:
- 掌握全面预算管理的前提条件;
- 理解全面预算管理的"十个结合";
- 了解全面预算管理制度体系。

引导案例

LZ集团是一家具有10年历史的民营企业,地处山东省,主营业务为饮料制造。集团成立初期,考虑到资金实力,董事会紧紧围绕主业和相关产业作适当的投资,经过几年的资本积累,企业资产规模扩大10余倍,一跃成为当地的纳税大户。看到企业自有资金充足,筹资渠道畅通,集团在加大主业投资规模和速度的同时,也开始对非相关的其他行业领域进行了实业投资,如化工、房地产等,大大小小十几家分子公司,组成了一个多元化经营的集团公司。

随着规模的扩张,LZ集团总经理越来越意识到"管理"和"控制"的重要性。在与集团领导班子其他成员讨论后,LZ集团在2004年年初提出了"以财务为核心,以预算管理为突破口,全面提升集团对下属子公司的管控力度"的管理改进目标,特别指定集团财务总监全面负责此事,并对其充分授权开展预算工作。如此这般安排以后,LZ集团总经理本以为到年底就可以听取有关"集团推行预算效果显著"的汇报了。可是,还没到国庆节,财务总监却找上门来,说是预算在企业里推行极不理想,自己得罪了不少人且不说,大家对财务部门的抵触情绪越来越大,年初编的预算现在看来就是废纸一张,没人拿它当回事,更别说实现年初的目标了。这让总经理感到意外和困惑:为什么人家都说预算管理对企业有好处,而在我的企业里却见不到效果甚至起反作用呢? 多年的经营与管理经验告诉他,这件事不能只听财务总监一面之词,他决定开一次预算工作研讨会,让大家畅所欲言发表意见,听听各个单位或部门怎么说,这样才能知道问题出在哪儿。

会上,参会人员积极发言,表达了自己对实施全面预算管理的看法。最后,总经理进行了如下发言:

通过这次讨论会,我发现集团在预算管理方面还存在许多问题,大家在提出问题的同时也提出了一些改进建议,这是我们今后改进提高的基础。公司将认真研究这些问题,必要时会引入专家来帮助解决。刚才大家提了很多的问题,我来总结一下:大家普遍认为预算管理是财务部的事情,认为预算就是报表加数据,这个观点肯定是存在问题的,但是怎么去看待这个问题还有待研究;咱们企业是否真的需要预算管理,预算管理的目的和作用是什么,也需要从根源上去解开疑惑;如果我们还要进行预算管理,就要系统思考从什么地方开始优化我们的方案,任何工作都要抓重点、抓核心,才能最大化提高效率和效果。

资料来源:http://www.cs360.cn/managers/caiwuguanli/yusuan/43443/

LZ 集团的全面预算管理实施效果为什么不理想? 企业是否真的需要全面预算管理? 实施全面预算管理需要哪些前提条件? 有哪些具体实施要求? 需要建立什么样的制度体系? 通过本章的学习,上述问题将得到解答。

2.1　全面预算管理的前提条件

全面预算管理是一项综合性的系统工程,它既是一项非常严肃的管理制度,又是一种技术性很强的管理方法,同时也是企业的一种运营机制和责权利安排。实施全面预算管理有利于企业加强内部管理,提高经济效益。但是企业预算管理并不具备自行机制,全面预算管理内在功能的发挥,必须有一定的前提条件作保证。

推行全面预算管理必然涉及企业的方方面面,需要企业为全面预算管理的实施构建良好的运作平台,夯实各项基础工作,建立相应的全面预算管理保障体系。这些基础性的要素主要包括有利于全面预算管理实施的氛围和理念、扎实的管理基础和配套的管理制度等。

2.1.1　正确的企业管理理念

要解决全面预算管理中存在的问题,使得全面预算管理工作取得预期的效果,需要树立以下正确的企业管理理念。

1. 以企业战略为基础

预算管理是对计划的数字化反映,是落实企业发展战略的一种有效手段。因此,企业在实施预算管理之前,应该认真进行市场调研和企业自身分析,明确自己的长期发展目标,以此为基础编制各期的预算,使企业各期的预算前后衔接起来,避免预算工作的盲目性。

在没有明确企业战略的条件下进行全面预算管理,会忽视长期目标,使短期预算指标与长期的企业发展战略不相适应,编制的预算各期之间衔接性差,无助于企业长期发展目标的实现,使得预算管理难以发挥预期作用。

2. 以市场为导向

企业在全面预算管理过程中,如果忽视对市场的调研与预测,会使很多预算指标可能不符合企业外部环境,导致整个预算指标体系难以被市场接受。而且,在预算指标缺乏弹性的情况下,预算指标体系缺乏对市场的应变能力,会造成企业预算工作难以继续推行。

因此,企业预算体系要以市场为导向,在对市场情况进行预测与分析下确立预算指标体系,同时,为了应对市场的变化,企业制定的预算指标应该具有一定的弹性,为预算工作的顺利展开留有余地,减小预算过大所带来的风险。

3.预算与企业实际相联系

在确定预算指标值时,企业不仅要以历史指标值和过去的活动为基础,还要对企业未来活动作评估,制定具有客观性的指标值,作为考核和评价员工的有效基准。

4.恰当的假定是预算的基点

在实施全面预算管理过程中,预算管理者总是要面对一些不确定的因素,也不得不预先设定一些预算指标之间的关系。没有合理的假定,预算工作无法开展。因此,预算指标必须建立在一些未知而又合理的假定因素的基础上。

5.考核和奖惩是生命线

严格考核不仅是将预算指标值与预算的实际执行结果进行比较、肯定成绩、找出问题、分析原因、改进以后的工作的基础,也是对员工实施公正的奖惩以便调动员工的积极性、激励员工共同努力、确保企业战略目标最终实现的保障。

2.1.2 企业领导的认可和支持

全面预算管理涉及企业生产经营活动的方方面面,没有企业的上下合作与推动,特别是没有企业领导的直接参与,全面预算管理任务不可能完全落实,也不可能取得预期的效果。

企业领导层、决策层对于全面预算管理的认知不够,是我国许多企业普遍存在的问题,也是全面预算管理在各个企业普及推广和正常运行的最大障碍。正如很多人对于预算的简单理解:"预算是财务部门的事情。"许多企业的领导层对预算的认识程度也只是达到这个层面。由于这种认识,许多企业的预算做得十分简单:首先,由财务部门出面组织各个部门申报下一年度的资金收支情况;然后,由财务部门平衡、汇总出一张预算表来;最后,总经理审批一下,事情就算做完了。企业对预算管理进行如此理解和操作,是对全面预算管理的误解,是不可能取得全面预算管理的预期效果的。

企业实施全面预算管理离不开企业领导层和决策层的全力支持。这就要求企业高层领导作为一个集体,团队合作、统一认识,共同将预算管理作为企业管理的核心工作来认真做好,并且要求相关领导具有一定的专业技术水平和管理知识,能够对预算方案做出考评和决策。

2.1.3 宏观财务管理观念

企业实施全面预算管理必须树立宏观财务管理的观念,确立企业管理以财务管理为中心的思想。新中国成立以来,随着社会经济的发展和经济体制的改革,我国的企业管理经历了三次管理中心的演变:计划经济时期以生产管理为中心,改革开放初期转变为以营销管理为中心,如今已转变为市场经济条件下的以财务管理为中心。

市场经济条件下,企业经营环境复杂,经营风险越来越大。企业必须重视财务管理的职能作用,发挥财务管理预测、决策、计划、控制、分析、考核等方面的功能。需要强调的是,企业管理以财务管理为中心,但绝对不能简单地理解为以财务部门为中心,而是企业的人财物各个方面、供产销各个环节,从科室到车间,上至总经理,下到每一名员工,人人都要树立财务管理的思想,人人都要参与财务管理,一切生产经营活动都要比较投入产出,都要追求经济效益,都要考虑财务成果,使财务管理成为企业全员的、全方位的、全过程的管理。

例如,采购部门在采购活动中要货比三家,在保证采购物资质量的前提下,围绕努力降低物资采购成本加强财务管理;生产部门在产品制造过程中,要努力保持稳定高产,降低消耗,节约制造费用,围绕降低产品制造成本加强财务管理;销售部门要在产品价格合理的前提下,围绕提高产销率降低销售费用,提高货款回收率,杜绝呆账、坏账发生,加强财务管理;仓储部门要在保证生产所需的前提下,围绕压缩物资库存及时清理积压物资、盘活存量物资,节约资金占用,加强财务管理;产品开发与设计部门要在保证完成新产品开发任务和保证产品质量的同时,围绕降低新产品设计成本不断改进和提升加工工艺,加强财务管理;各管理部门要根据各自的职能分工和职责范围,围绕提高工作质量、提高工作效率、努力降低各项管理费用支出加强财务管理,如此等等。可以说,企业的一切工作都与财务管理有着密切的关系,财务目标是统帅企业一切经营活动的中心环节,企业从上到下都要围绕财务管理开展工作。只有这样,企业的全面预算管理才能真正发挥作用。

2.1.4　高素质的财会团队

造就一支思想作风好、业务素质高的财会团队,是成功实施全面预算管理的前提和保证。尽管全面预算管理不是一项单纯的财务工作,但是,全面预算管理的核心是企业生产经营活动中的资金运动,是企业的财务管理,财会人员无疑是企业实施全面预算管理的主力军。因此,财会人员素质的高低直接关系到全面预算管理能否成功实施。这就要求财会人员必须从理论和实务两个方面努力学习、掌握全面预算管理知识,提高全面预算管理的操作技能,要在财务管理的广度、深度和力度上下工夫,全面提高自身素质。

所谓广度,即全面性。由于全面预算管理的综合性,要求财会人员走出就"账"论"账"的狭小天地,把自己塑造成既精通财务会计,又精通经营管理的复合型人才,力求把财务管理同生产经营管理活动有机地结合起来。所谓深度,即精细化,财务管理不能纸上谈兵,财会人员必须把财务管理落到实处,使企业的每项资源都能得到充分利用。所谓力度,即强制性,财务部门要充分利用财会信息的权威性,在编制预算、执行预算和考核预算时,做到严肃认真、雷厉风行、责任分明。唯有如此,才能发挥财会人员在全面预算管理中的主力军作用,全面预算管理才能不流于形式,取得实效。

2.1.5　完善的制度体系

国家要法治,企业也要有完善的规章制度作保障。全面预算管理要真正落实并发挥效益,首先必须是一项管理制度与规则,其次才是制度和规则的实施与绩效评价。因此,建立和完善全面预算管理制度,既是预算管理本身,同时又是将制度从文字落实到行动的前提。完善的制度体系意味着预算管理已成功一半,只有当企业的各项规章制度深入人心,成为全体员工的潜意识,使他们自觉自愿地去遵守执行时,全面预算管理制度才能发挥其最大的效用,全面提高企业效益。

2.1.6　责权分明、奖惩挂钩的激励制度

企业实行全面预算管理的重要标志是该企业的预算执行结果与奖惩制度挂钩。只有将这两者挂钩，才算真正踏上了预算管理的轨道。因为不与奖惩挂钩的预算充其量也只是仅供参考的一纸文件，企业的各个部门、每名员工是不会重视的，更不会尽全力去完成这些预算目标，所以实施全面预算管理必须确立考评与奖惩是全面预算管理生命线的理念，按照责、权、利三者统一的要求，建立健全预算激励与约束机制，明确每个岗位及员工的责任和权力，将所有的预算责任落实到相应的部门和相关的人员；要建立严格的预算考评制度，使预算的执行结果与奖惩密切挂起钩来，使严格执行预算、确保预算目标完成变为所有部门和全体员工的自觉行动。

实践证明：企业只有以预算目标为起点，以预算考评为终点，才能真正发挥全面预算管理的功效。另外，全面预算管理的效果与它在业绩评价中的作用是息息相关的。传统的绩效考评多采用与上年同期进行比较的办法，这种办法往往忽略了许多不可比因素，造成考评结果不甚合理的结果，不利于调动全体员工的积极性。推行全面预算管理后，要以预算的各项指标作为绩效考评的依据。这样，既可以避免传统绩效考评的弊端，又可以有效提高各部门及全体员工对全面预算管理的重视程度，进而使全面预算管理取得预期的效果。

2.1.7　全体员工的参与和配合

全面预算管理涉及企业生产经营活动的方方面面和各个环节，而这些方方面面、各个环节的工作都是由企业不同的部门和员工来分担的。就在全面预算管理中扮演的角色而言，全体员工是全面预算的具体执行者，而只有预算的具体执行者才最为熟悉情况，预算编制的水平如何、如何去完成预算，他们最有发言权。所以，推行全面预算管理必须以人为本，要让企业的全体员工积极参与到预算的编制、执行和控制中来，为更好地实施全面预算管理献计献策。同时，只有让企业员工参与预算的编制，并且得到他们的重视和支持，预算才易于为员工所接受，全面预算管理才有可靠的基础，才能为完成全面预算管理的任务奠定基础，进而顺利地完成企业的各项预算目标。此外，成功地动员企业全体员工积极参与全面预算管理，也可以减少企业领导与企业员工之间由于信息不对称而可能带来的消极和负面影响，从而有利于企业生产经营活动的顺利进行。因此，让全体员工直接或者间接地参与全面预算管理的整个过程是全面预算管理成功实施的重要前提。企业推行全面预算管理必须重视对全体员工的宣传教育和技能培训，调动全体员工自觉参与全面预算管理的积极性和主动性。

2.2　全面预算管理的实施要求

实施全面预算管理能够实现对企业生产经营活动的有效计划和控制，提高企业的管理水平和经济效益。根据预算管理的性质和国内外企业的成功经验，有效地开展全面预算管理，需要做好以下"十个结合"。

1.全面预算管理与管理创新相结合

管理创新是指根据市场经济的客观规律,本着实事求是的精神,运用科学的管理方法,通过构建新的工作模式、程序、途径及组织保障制度,使公司有效地利用内部条件和外部环境,走上精细化、规范化、科学化的经营管理轨道,提高公司的核心竞争力和综合管理水平。

全面预算管理本身就是管理创新的产物,它包含了丰富的管理理念和管理方法。而实施全面预算管理还需要对相关的管理手段进行不断创新,这也为众多企业的实践所证明。

2.全面预算管理与强化基础管理和过程控制相结合

实施全面预算管理与加强管理基础工作密切相关。一方面,实施全面预算管理,有助于完善管理基础工作,为经营决策及编制企业中长期发展战略提供真实、完整的依据;另一方面,为了达到全面预算整体系统的最佳效果,需要借助一系列管理活动和相应的制度来保证。比如,预算管理要与物资采购管理、投资管理、目标成本管理、经济责任制考核、报销审核制度以及信息自动化等各种措施相结合,形成一个有机的预算监控系统。同时也要注意尽量减少不创造价值的管理活动。

实施预算管理,还要求强化过程控制的观念。从财务关注的重点来说,财务已从关注经营成果延伸到关注企业的整个经营过程,并进一步扩展到关注企业的经营质量。财务关注重点的转变在预算管理上的表现为:企业已从突出利润预算发展到同时重视业务预算和现金流量预算,并且关注资产负债预算,对经济活动实施事前控制、事中控制和事后控制相结合。

实施过程控制,要求建立全员参与式管理和责任人制度。要把全面预算管理作为加强内部基础管理的首要工作内容,明确预算管理组织机构,并确定预算管理的第一责任人为各个责任单位的主要负责人,真正做到领导到位、责任明确、措施落实。

3.全面预算管理与实施重点控制相结合

有效的全面预算管理,应是抓得住重点、能解决主要矛盾问题的管理方式。全面预算管理的全面性,是指企业内的所有经济活动都要纳入到预算管理的体系中,而并不是说管理中应平均着力、遍地开花。

全面预算管理的控制重点不能一概而论,每个企业的控制重点不一定相同。一般来说,控制重点应该是关系企业生存和发展的中枢环节。因为只有严格控制现金流量,才能确保企业的资金及时回笼和各项费用的合理支出,从而获得真正的经济效益,所以许多企业都将现金流量作为控制重点。有时,企业的控制重点也可能是一个时期内需要确保的某项指标或者急需突破的某个薄弱环节。

4.全面预算管理与找准突破口相结合

在企业内,往往是重点管理环节好找,而管理的突破口难寻。与控制重点相似,管理突破口在不同企业或不同时期也不尽相同。

例如,企业可以提出以完善预算编制作为全面预算管理的突破口。具体措施是:在预算内容上,做到不留预算死角;在预算目标的分解上,做到人人头上有预算;在预算的编制程序上,做到环环相扣、严密细致;在基本预算目标的确立上,做到上述思路的有效体现。

5. 全面预算管理与完善责任会计制度相结合

全面预算管理与责任会计制度一脉相承。两者的目的都是落实责权利关系,都是基于预算的考核和激励机制。但相对责任会计制度而言,全面预算管理在功能上又有进一步拓展,它在完善公司治理方面有更为积极的意义。

责任会计制度在全面预算管理中的应用,实质上是内部经济责任的必然要求。企业应将预算管理、内部控制、会计核算三者有机地结合在一起,并建立完善的预算考核指标体系,通过目标责任制完善全体员工的绩效考核。

6. 全面预算管理与贯彻综合平衡原则相结合

全面预算管理应贯彻综合平衡原则,因为预算编制过程实际上也是综合平衡的过程。例如分项预算与总项预算之间的综合平衡,预算指标与经济责任制指标之间的综合平衡,现金流量预算项目之间的综合平衡。

7. 全面预算管理与加强行为管理相结合

预算管理的核心内容包括两个方面:如何编制预算,这涉及预算的编制技术;如何控制预算的执行,这涉及员工对预算制度的反应方式。

预算用于沟通信息、促进协调、实施控制和评价业绩,这充分说明全面预算管理是针对人员的行为管理。很多企业实行预算管理难以深入,症结在于对行为问题重视不够。推行预算管理意味着企业内部行为方式的转变,并要与利益和权力重新分配交织在一起。因此,要充分关注预算管理实施过程中员工的心理因素,调动员工关心预算、自觉完成预算的积极性。具体做法有:制定以分权制为基础、具有多样化目标的预算体系,从而满足员工不同层次的心理需求;尽可能采用"参与式预算法";预算指标的制定要合理,并具有一定的灵活性;激励制度中除采取货币性奖励措施外,还应有非货币性奖励办法;与预算制度相配套,还要加强员工职业道德和内控制度的建设。

在预算编制过程中,一些预算编制者虚增业绩以谋取更多的激励性报酬或者是出于规避风险的考虑在编制预算时留有足够的弹性空间,也可能是为了争夺有限的资源而夸大资源的需求量,这些做法会导致预算松弛现象的发生。对此,企业要从完善激励机制与约束机制两个方面着手,避免将预算作为奖励管理人员的唯一基础;避免将预算作为负面评价工具,允许合理限度内的预算超出,并且应考虑外部环境变化,对预算进行适时调整;可采取弹性预算方法,使资源占用与实际业务量之间具有恰当的配比,而且要将预算编制水平也列入责任单位的考核体系,以激励管理人员提供精确的预算计划。

8. 全面预算管理与加快企业管理信息化相结合

企业管理信息化,是指在企业管理的各个环节,通过建立信息网络系统,使企业的信息流、资金流和物流集成,实现资源的优化配置,提高企业的管理水平。

目前,多数企业在采购、库存、分销、成本核算等环节的财务资金信息时效性差,会计信息质量不高,加之难以把握未来不确定的种种因素,因而预算编制的难度大,管理成本高。解决这一问题的关键在于,运用计算机网络管理信息系统,建立一个对市场信息和企业内部管理信息能够做出快速反应的信息平台,实现系统数据(资源)共享,形成企业内部统一的结算系统,解决集团内一些子公司"有资金无效益""有效益无资金"的矛盾,增强企业的市场信誉和抗风险能力。

9. 全面预算管理与提高应变能力相结合

预算管理既要有充分的刚性,又应保持必要的灵活性。在通常情况下,预算执行单位应严格执行企业正式下达的各项预算。然而,预算是对未来基于一系列假设的量化预测,而且企业一般是在预算期开始前的数月,根据当时的战略目标、内外部环境和预计业务量水平来编制预算。但是,一旦预算的条件(市场环境、经营条件、政策法规等)发生重大变化,预算就要相应地做出反应。

预算管理应变能力的提高在于要选择恰当的预算编制方法,滚动预算可以满足动态管理的要求;要建立预算调整机制,必要时对预算进行调整。不过,对预算调整的时间及形式都应有规范的制度,要避免预算调整的随意性。比如,凡在预算年度内预算管理委员会批准的重大事项可作为预算追加,其他预算调整则在年度总预算的某一百分比内授权公司管理层批准(设置预备费)。而非财务目标的调整权保留在公司预算管理委员会。

预算的动态管理要遵循重要性原则。在预算的编制上要更多地应用定量技术,使决策更加精确有效,但不必达到实际财务报表所要求的精确度;预算的货币单位可以根据企业的业务规模确定一个近似量。

10. 全面预算管理与健全激励和约束机制相结合

成功的预算管理,离不开激励和约束双重机制的作用。预算考核制度应包含财务与非财务考核指标,并且尽可能采用量化标准;考评指标应淡化账面利润,突出现金流量指标;每一预算年度均应编制预算执行情况报告和预算考核报告,以便为完善下一年度预算提供依据。

预算考核的成败与否,与考评指标体系的质量密切相关。考评指标的设计要求是:与企业的战略目标相一致,能反映预算单位负责人的努力程度,评价者与被评价者均认同该指标,能促进各预算单位之间的合作。

此外,考评指标应具有的质量特征是:指标定义明确,指标体系合理,指标考评重点突出,指标值是预算单位可以控制的,指标能够计量,取数要便利,指标计算要简明,考评过程要公开。

2.3　全面预算管理的制度体系

全面预算管理是一个庞大的系统工程,涉及面广,技术性强,一个环节出现问题都会直接影响整个预算管理的顺利进行。因此,实施全面预算管理要特别重视规章制度建设,实现以规章制度规范全面预算管理的全过程,使全面预算管理的实施有法可依、有章可循。同时,要注意在全面预算管理的实践中不断修订、健全和完善全面预算管理的各项制度,确保全面预算管理体系真正发挥效能。要特别注意抓好以下两方面的工作:

(1)制定的规章制度要切实可行

做到既要满足全面预算管理的需要,又要简便易行,不搞烦琐哲学;既要适应情况的变化而及时修订,又要保持制度的相对稳定性,避免频繁修改,引起混乱。

(2)规章制度建立以后,要认真贯彻,严格执行

必须根除"规章制度全而细,执行起来不一致"的弊端,对于违反规章制度的现象,要给予坚决的抵制和纠正;各级领导要以身作则,带头维护规章制度的严肃性;同时也应在

制度允许的范围内,合情合理地解决某些特殊问题。

全面预算管理制度可分为基本制度、工作制度和责任制度三大类,其制度体系架构如图 2-1 所示。

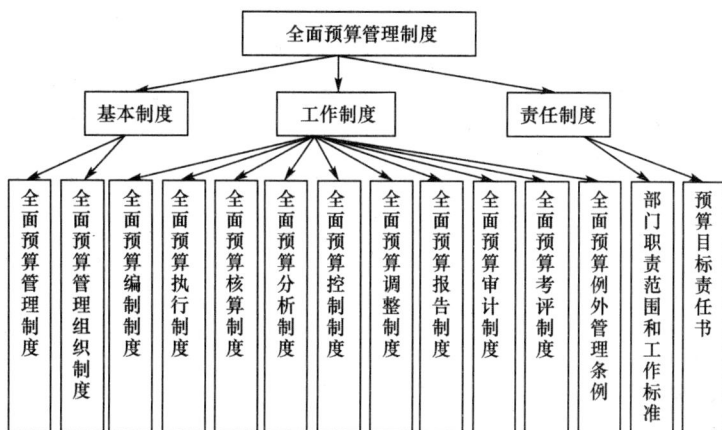

图 2-1　全面预算制度体系架构图①

全面预算管理制度的制定一般要经过编写制度草案、征求意见、修改完善、审议通过、发布实施五个步骤。

(1)编写制度草案

预算管理制度的起草一般由公司预算管理部门及人员负责,对于技术性较强的预算管理制度也可以委托社会管理咨询机构的专家进行设计。

(2)征求意见

制度草案编写完成后,需要广泛征求有关部门及相关人员的意见,为预算制度的实施奠定坚实的基础。征求意见的方法一般有两种:一是由制度起草部门召开专门会议,讲解制度草案,请参加会议的人员发表修改意见;二是将制度草案通过逐个管理部门和相关人员传阅的办法,请传阅的人员书面发表修改意见。

(3)修改完善

由于征求的修改意见是由不同部门站在不同角度提出的,这些意见往往反映了不同部门的权益,有的带有明显的部门倾向性。因此,制度起草人员必须将征求到的修改意见进行归类汇总,经过去伪存真、去粗取精、全面平衡、综合考虑的过程,对制度草案进行全面修改完善,并经公司分管领导审核后,即可提交有关权力机构审议通过。

(4)审议通过

制度的性质不同,审议的权力机构也是不同的。就预算管理制度而言:基本制度一般需要董事会审议通过;工作制度和责任制度一般需要总经理办公会或预算委员会审议通过。

(5)发布实施

经过审议通过的预算制度即可颁布实施,在实施中遇到的制度未尽事宜,由预算管·

---

① 张长胜.企业全面预算管理[M].北京:北京大学出版社,2007

理机构根据授权协调处理。

本章小结

• 实施全面预算管理需要企业树立正确的管理理念,获得企业领导的认可和支持,拥有宏观财务管理观念及高素质的财会团队,建立完善的制度体系及责权分明、奖惩挂钩的激励制度。同时,全面预算管理的顺利实施离不开全体员工的参与和配合。

• 有效地开展全面预算管理,需要做好"十个结合":全面预算管理与管理创新、强化基础管理和过程控制、实施重点控制、找准突破口、完善责任会计制度、贯彻综合平衡原则、加强行为管理、加快企业管理信息化、提高应变能力、健全激励和约束机制相结合。

• 全面预算管理制度可分为基本制度、工作制度和责任制度三大类。

思考与练习

一、单项选择题

1.企业预算体系以( )为导向,在对市场情况进行预测与分析下确立预算指标体系。

A.战略　　　　　　B.目标　　　　　　C.市场　　　　　　D.企业实际

2.全面预算管理的核心是企业生产经营活动中的( )。

A.采购活动　　　　B.融资行为　　　　C.销售活动　　　　D.资金运动

3.企业实行全面预算管理的重要标志是( )。

A.全体员工的参与　　　　　　　　　B.高素质的财会团队

C.企业领导的认可与支持　　　　　　D.该企业的预算执行结果与奖惩制度挂钩

4.就在全面预算管理中扮演的角色而言,( )是全面预算的具体执行者。

A.董事会　　　　　B.全体员工　　　　C.财务主管　　　　D.高层管理者

二、多项选择题

1.全面预算管理工作取得预期的效果,需要树立的正确的企业管理理念有( )。

A.以企业战略为基础　　　　　　　　B.以市场为导向

C.预算与企业实际相联系　　　　　　D.恰当的假定是预算的基点

E.考核和奖惩是生命线

2.全面预算管理制度可分为( )三类。

A.基本制度　　　　B.工作制度　　　　C.责任制度　　　　D.控制制度

三、简答题

1.简述全面预算管理的前提条件。

2.简述正确的企业管理理念。

3.有效实施全面预算管理,需要做好哪"十个结合"?

4.简述全面预算管理制度的制定步骤。

第3章 全面预算的编制

学习目标

通过本章的学习,学生应该能够:

- 了解全面预算编制的原则、依据;
- 掌握全面预算的编制程序;
- 掌握全面预算的编制方法;
- 掌握各种方法的优缺点及适用范围。

引导案例

深圳市桑达实业股份有限公司(以下简称桑达实业)成立于1993年,以电子整机产品、新兴电子元器件等电子高新技术产品为主导,于深圳证券交易所挂牌上市。其母公司深圳桑达电子集团是中国电子信息产业集团有限公司(CEC)在深圳地区的龙头企业,已连续19年被评为中国电子百强企业。作为桑达电子集团旗下的支柱企业,桑达实业承担着确保行业地位、做大做强电子产业的重任。

与其他行业相比,电子信息行业有着突出的"三高"特点:高投入、高风险、高回报。正是由于桑达实业所具备的"三高"特点,决定了全面预算管理是桑达实业生存和发展的客观需要。尤其是2007年全球金融危机爆发以来,桑达实业的产品外销比例较高,主要客户相对集中,受到金融危机的影响较大。在客观环境下,桑达实业通过实施全面预算管理,帮助各企业、事业部仔细梳理可能产生的各类风险点,持续进行风险识别和分析,综合运用应对策略,在实际经营管理中切实规避各种风险,促进企业管理水平的提升。在此过程中,桑达实业合理解决了公司下属企业众多、业务涉及范围广泛、国资委报表繁杂等诸多管理难点,支持了企业的稳健发展。

资料来源:http://www.enet.com.cn/article/2009/1203/A20091203583392.shtml

全面预算管理是目前国内外大中型企业普遍采用的一种规避风险的现代管理机制,它的编制原则和编制程序有哪些?编制的具体方法有哪些?通过本章的学习,你将对全面预算有更深的认识。

3.1 全面预算编制概述

3.1.1 全面预算的编制原则

全面预算编制工作的工作量大、涉及面广、时间性强、操作复杂，为了保证全面预算编制工作有条不紊地进行，必须遵循一定的原则和程序。通常来讲，编制全面预算的原则主要有以下四条。

1. 战略性原则

企业战略是企业建立在内、外部环境分析的基础上，为实现企业使命而确定的整体行动计划。全面预算管理编制需符合战略性原则是因为预算目标实际上就是企业的战略目标，没有战略意识的预算不可能发挥公司的竞争意识。

全面预算管理的思想要体现公司的发展战略，公司的全面预算要依据公司的中长期战略规划进行编制，服从公司的中长期战略发展目标，并符合公司总体的经营方针。

2. 全面性原则

编制预算时，要做到全面完整。凡是会影响目标实现的业务和事项，均应以货币或其他计量形式具体地加以反映，尽量避免由于预算缺乏周详的考虑而影响目标的实现。有关预算指标之间应相互衔接，钩稽关系要明确，以保证整个预算的综合平衡。

3. 真实性原则

真实性是预算编制的基本要求，预算的内容虚假，不仅使预算本身失去价值，而且会导致整个预算管理活动的失败。预算编制真实的先决条件是拥有高质量的预算编制依据基础信息。高质量的基础信息体现在：信息必须是真实的、准确的、及时的、便于理解的。

预算数据要做到真实可靠，首先要求各项收入的来源数据要真实、可靠，对没有把握的收入项目和数额，不能计入收入预算，做到既不夸大收入数额，也不隐瞒收入数额。其次，各项成本费用支出要有依据、有标准，对于关系到企业生产经营活动正常运转的必要支出，编制预算时必须足量安排，不能留有预算缺口。

4. 先进性和可行性兼顾原则

预算规定的各项指标代表了某一期间内单位应达到的目标，因而应该具有一定的先进性。预算规定的指标不能过低，以免损失单位应得到的利益，同时，由于未来的经营活动存在某些不确定的因素，规定的指标要具有一定的弹性，为未来的经营活动留有应变的余地，保证预算指标的指导性和圆满实现。

3.1.2 全面预算的编制依据

全面预算的内容虽然极为复杂，但大多都是以收入和成本支出这两类金额指标对单位的各项主要业务进行全面的规划、协调和控制，并将所有的收入和成本支出归结为预算期内可能实现的经营成果和预算期内对单位财务状况的影响，而制定全面预算的根本目的，就在于要求企业按照预算开展各项经营管理活动，保证实现预测的经营成果以及有良好的财务状况。为了保证自编预算的统一性,企业的预算管理委员会应制定一些基本目标、要求和原则,作为各部门、各单位自编预算的统一基础。具体有以下几点。

1. 预算期的目标利润

企业预算期的目标利润,可以根据预算期的资金报酬率或资本(自有资金)利润率来确定。前者的计算基础是平均资产总额,后者的计算基础是资产净值。平均资产总额是指预计期初、期末资产总额的平均数,是企业在预算期内平均占用的资金的数额,包括所有各种不同来源的资金在内。资产净值是指资产总额减去全部负债后的余额,属于企业自有的部分即所有者权益。

以目标利润作为制定全面预算的基础,其意义在于要求企业各部门应该步调一致地为争取实现这一共同目标而组织和开展其业务,并以此为依据编制本企业的预算。

2. 预算期的销售总额

企业确定了预算期内的目标利润之后,应该结合产品的历史销售量、企业的生产能力和市场发展前景等情况,测算预算期内实现目标利润的销售水平,并以此为依据编制销售预算。

3. 工资标准、主要原材料的单价和工时消耗定额

企业在编制其他业务预算之前,必须制定工资标准、主要原材料的单价和工时消耗定额。这样,根据销售预算可以制定生产预算,而根据生产预算和各种成本费用定额,可制定与生产预算有关的一系列业务预算。

4. 物资的储备水平和控制

企业各类物资(主要指原材料和产品)储备量的多少,对于企业业务活动的衔接和经营成果具有很大影响。过多的储备会占用企业资源,引起资金周转不灵而使企业遭受损失,储备不足同样会对企业的正常业务活动产生不利影响,使企业遭受损失。为了防止企业由于物资储备不足或挤压遭受损失,必须编制此类预算,并制定控制原则。

3.1.3　全面预算的编制程序

预算编制工作是一个环环相扣的系统过程,预算的编制模式根据企业的不同情况,可分为自上而下式、自下而上式和上下结合式三种。

1. 自上而下式

自上而下式是最为传统的预算管理程序。其预算由公司总部按照战略管理的需要,结合公司股东大会的意愿及企业所在行业的市场环境而提出,预算内容全面而详细,各部门或子公司只是预算的执行主体,预算权力在总部。

自上而下式预算编制的具体程序如下:

①股东大会或母公司提出子公司年度预算的目标利润;

②子公司董事会提出公司达到目标利润的主要任务指标;

③各经营分部或职能部门提出各自的预算方案;

④子公司经营层或董事会对预算方案进行评审;

⑤经营层或董事会确定预算方案;

⑥下达部门预算;

⑦具体落实预算指标并进行监督与管理。

按照此程序编制的预算更接近于企业战略目标。自上而下式最大的优点在于既能考虑企业集团战略发展的需要,又能保证总部的利益。最大的不足之处在于将权力高度集中在总部,从而不能发挥各子公司的管理主动性和创造性,难以在基层管理层达成共识,不利于企业的未来发展。一般只适用于生产和经营单一产品、单一项目的企业集团。

2.自下而上式

在自下而上式程序中,管理总部对预算编制只具有最终审批权,主要起到一个管理中心的作用。它是预算管理为各个子公司落实其经营责任的手段,并认为预算管理的主动性来自各子公司。在编制预算时,首先由下级部门向上级部门提报预算期内的预算目标或预算草案;然后由上级部门对下级部门提报的预算目标或预算草案进行综合平衡,最终确定预算方案的编制程序。其编制方法与自上而下式的编制程序类似,只是顺序不同。具体编制程序如下:

①母公司董事会提出预算编制的指导性原则;

②各子公司根据自身实际情况,提出年度可完成的任务指标及相应的说明;

③子公司编制内部预算;

④下达执行预算。

子公司内部预算编制完毕后,经子公司董事会或授权的预算管理委员会批准后下达执行,同时,子公司董事会将正式下达的预算方案向母公司预算管理部门上报备案。

自下而上式的优点是有利于激发下级部门的主动性和积极性,体现了分权主义和人本管理的要求,同时将子公司置于市场前沿,提高子公司独立作战的能力。缺点是忽略过程控制、可能会使管理失去控制。自下而上式的编制程序适用于资本型的控股集团。在目前市场竞争激烈的情况下,这种程序在实际中运用得并不多。

3.上下结合式

上下结合式预算编制程序是现代预算管理最为可取的一种方式。一方面,通过上下结合达到预算意识的沟通和总部预算目标的完全执行;另一方面,通过上下结合可以避免单纯自上而下和自下而上的预算编制程序的各种不足。

企业全面预算的编制涉及经营管理的各个部门,只有各部门共同参与才能使预算成为它们自愿努力完成的目标而不是外界强加于它们的枷锁。一般应按照"上下结合、分级编制、逐级汇总"的程序进行编制,程序如下:

(1)下达目标

企业董事会根据企业发展战略和预算期经济形势的初步预测,一般于每年9月底以前提出下一年度企业的预算目标,包括销售或营业目标、成本费用目标、利润目标和现金流量目标,并确定预算编制的政策,由预算委员会下达各预算执行单位。

(2)编制上报

各预算执行单位按照企业预算委员会下达的预算目标和政策,结合自身特点以及预测的执行条件,提出本单位详细的预算方案,于10月底前上报企业预算管理部门。

(3)审查平衡

企业预算管理部门对各预算执行单位上报的预算方案进行审查、汇总,提出综合平衡的建议。在审查、平衡过程中,预算委员会应进行充分协调,对发现的问题提出初步调整的意见,并反馈给有关预算执行单位予以修正。

（4）审议批准

企业预算管理部门在有关预算执行单位修正调整的基础上，编制企业预算方案，报预算委员会讨论。对于不符合企业发展战略或者预算目标的事项，企业预算委员会应责成有关预算执行单位进一步修订、调整。在讨论、调整的基础上，企业预算管理部门正式编制企业年度预算草案，提交董事会或经理办公会审议批准。

（5）下达执行

企业预算管理部门将董事会审议批准的年度总预算，一般在次年3月底前分解成一系列的指标体系，由预算委员会逐级下达各预算执行单位执行。

上下结合式预算编制程序强调预算编制过程中的民主集中制原则，每个步骤都有明确的时间要求，给予了管理层充分博弈的空间，这对于预算的执行有好处，但由于在编制过程中存在过多的讨价还价，也会产生消弱预算的战略性等问题。

3.1.4 全面预算的基本体系

全面预算通常根据"以销定产"的原则进行编制，即以销售预算为中心，统筹协调生产经营活动，编制全面预算。全面预算体系是由一系列单项预算所构成的有机整体，主要包括：经营预算、资本支出预算、筹资预算、财务预算等内容，它们之间的关系如图3-1所示。

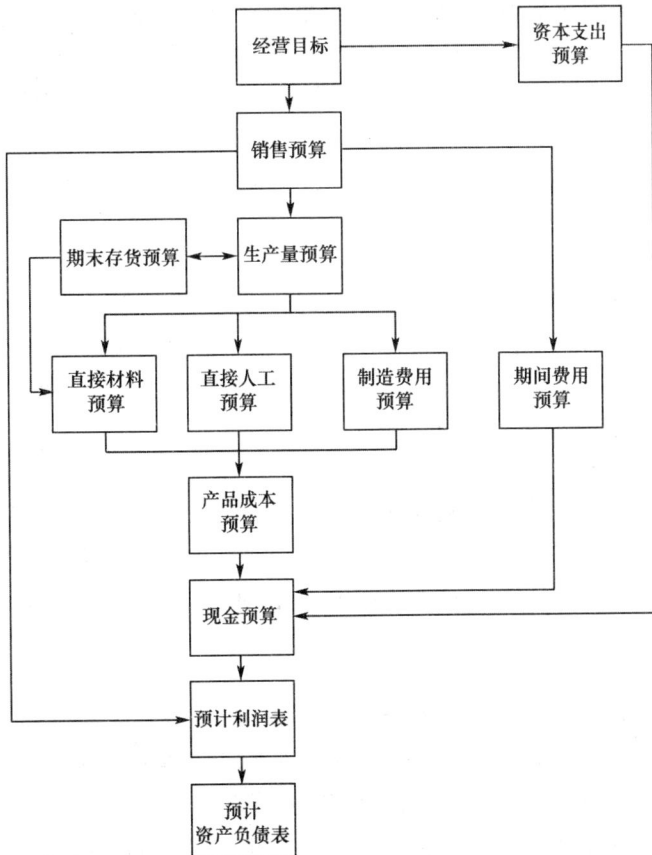

图3-1 全面预算的基本体系

3.2 全面预算的编制方法

预算编制的方法有多种,正确选择预算编制方法,不仅可以有效提高预算的编制效率,而且对于提高预算指标的准确性和恰当性也是至关重要的。因此,正确选择预算编制的方法是保证预算科学性、可行性的重要基础。

常用的预算编制方法主要有固定预算法、弹性预算法、增量预算法、零基预算法、定期预算法、滚动预算法、概率预算法等。各种预算编制方法都是在全面预算管理发展过程中形成的,每种方法都有其不同的适用范围和优缺点。在具体应用时,企业不需要强调方法的一致性,应根据不同预算项目的特点和要求,因地制宜地选用不同的预算编制方法。需要强调的是:不管采用何种预算编制方法,都要与本单位的实际情况相吻合,这样才能切实增强预算编制的适用性和前瞻性。

3.2.1 固定预算法和弹性预算法

预算编制方法按照业务量基础的数量特征不同,可以分为固定预算法和弹性预算法。

1. 固定预算法

固定预算法又称静态预算法,是指以预算期内正常的、可能实现的某一业务量(如生产量、销售量)水平为固定基础,不考虑可能发生的变动因素而编制预算的方法。固定预算法是最传统的,也是最基本的预算编制方法。一般情况下,对于不随业务量变化而增减的固定成本(如折旧费、保险费等)项目预算,可以采用固定预算法进行编制。随着业务量变化而增减的变动成本(如材料消耗等)项目预算,就不宜使用固定预算法。

固定预算法的优点是简便易行,应用广泛,在实际业务量与预算业务量相同或差距不大时,有利于考核及控制企业的生产经营活动。

固定预算法的缺点如下:

(1)不能实时反映市场状况变化对预算执行的影响

由于传统预算采用固定预算的方式,当实际业务量偏离预算编制所依据的业务量时,预算便失去了其编制的基础,也失去了其作为控制和评价标准的意义。

(2)上下级之间容易处于对立面

考虑到下级有可能出现"宽打窄用"的情况,上级通常会过于简单地采用"迎头痛击"的做法,即对所有项目均提高或删减同样的百分点。上有政策,下有对策,为了应付上级的"迎头痛击",下级往往在上报预算时就留有充分的余地,高估预算。在这种预算编制方式下,上下级之间的这种"对抗"可能愈演愈烈,从而导致一种恶性循环,使预算的客观性、准确性越来越差。

(3)容易导致预算执行中的突击行为

即在临近预算期末时,将尚未消化的预算额度,无论需要与否,尽可能花光耗尽,以防下期的预算被砍掉,同时也为下期留有余地作准备,其结果则可能造成资源的浪费。

由以上可知,固定预算法适用于固定费用或数额比较稳定的预算项目。一般情况下,经营活动比较稳定的企业以及社会非营利性组织多采用固定预算法。

【例 3-1】 甲公司 2012 年分季度预计 A 产品的销售量分别是 80 吨、100 吨、120 吨和 150 吨,销售单价(为简化计算不考虑税金因素)为每吨产品 1 万元,预计销售货款当季收回 70%,其余 30%下一季度收回,预算年度的期初应收账款余额为零。采用固定预算法编制销售预算,如表 3-1 所示。

表 3-1　　　　　　　　　　甲公司 2012 年产品销售预算表

项目	单位	1 季度	2 季度	3 季度	4 季度	全年
A 产品销售量	吨	80	100	120	150	450
销售单价	万元/吨	1	1	1	1	1
销售收入	万元	80	100	120	150	450
1 季度现金收入	万元	56	24			80
2 季度现金收入	万元		70	30		100
3 季度现金收入	万元			84	36	120
4 季度现金收入	万元				105	105
现金收入合计	万元	56	94	114	141	405

2. 弹性预算法

弹性预算法又称变动预算法、滑动预算法,是与固定预算法对应的。以预算期间可能发生的多种业务量水平为基础,分别确定与之相应的费用数额而编制的、能适应多种业务量水平的费用预算。正是由于这种预算法可以随着业务量的变化而反映各个业务量水平下的支出控制数,具有一定的伸缩性,因而称为弹性预算法。弹性预算法不仅适用于一个业务量水平下的预算编制,也适用于多种业务水平下的一组预算及随着业务量变化而变化的项目预算编制。

(1)弹性预算法的主要优点

①预算范围宽

弹性预算法能够反映预算期内与一定相关范围内的可预见的多种业务量水平相对应的不同预算额,从而扩大了预算的适用范围,便于预算指标的调整。因为弹性预算不再是只适应一个业务量水平的一个预算,而是能够随业务量水平的变动作机动调整的一组预算。

②可比性强

使用弹性预算法时,如果预算期实际业务量与计划业务量不一致,可以将实际指标与实际业务量相应的预算额进行对比,从而能够使预算执行情况的评价与考核建立在更加客观和可比的基础上,便于更好地发挥预算的控制作用。

(2)弹性预算法的缺点

相对于固定预算法来说,预算编制的工作量较大。

(3)弹性预算法的适用范围

弹性预算法适用于经营活动变动比较大的企业、企业经营活动中某些变动性成本费用的支出以及企业利润预算的编制。

(4)弹性预算的编制步骤

①确定计划期间业务量的变动范围

在编制弹性预算前,首先要估计计划期间业务量可能发生的变动,通常把业务量的变动范围确定在正常业务量的 70％～110％,并将业务量按每间隔 5％或 10％或某一固定数值的差距分成若干个区间段。

②分析并明确各个预算内容与业务量的依存关系

预算内容与业务量之间的依存关系大体可分为两类:一类是对业务量变动反应迟钝甚至毫无反应,它们在不同业务量水平下基本保持固定不变;另一类则与业务量变动关系密切,预算指标随着业务量的变化基本上成正比例变化关系。

③确定各种业务量水平下的预定指标值

由于对业务量变动反应迟钝的预算指标部分不会随着业务量的增减而变动。所以编制弹性预算时,只需将与业务量关系密切的预算指标按业务量的变动加以调整即可。

(5)弹性预算法的分类

弹性预算法主要有公式法和列表法两种。

①公式法

公式法是在编制弹性预算时,不具体确定各种业务量下的收支预算数,而是以原始预算为依据,确定各项收支指标不变的常数。

公式法以成本费用的线性公式 $y = a + bx$ 来代表一定业务范围内的预算数额的方法。其中 y 代表总成本,a 代表固定成本,b 代表单位变动成本,x 代表业务量。所以,只要在预算中列出固定成本和单位变动成本的数值,便可利用公式计算任一业务量的预算成本。

使用公式法可以简化预算的编制工作;此外,用来控制费用支出时,可以以实际业务下的预算额为依据,而不必以相近的业务量及预算额为依据,因而在控制费用支出方面比较得力。但是,由于任何事物都会有一个从量变到质变的过程。当业务量变化到一定限度时,代表固定成本的 a 和代表单位变动成本的 b 就会发生变化。因此,采用公式法编制预算时,需要在"备注"中说明:在不同的业务量范围内,应该采用不同的固定成本(a)数值和单位变动成本(b)数值。

利用公式法编制预算的关键是对各项成本、费用进行习性分析,找出各项成本、费用的固定成本和单位变动成本,在预算表格中注明线性公式和相应的 a、b 数值。

【例 3-2】 甲公司 2012 年预计 A 产品的销售量在 400 吨与 500 吨之间,销售单价(不考虑税金因素)为每吨 1 万元,产品单位变动成本为每吨 0.4 万元,固定成本总额为 100 万元。采用公式法编制总成本预算,如表 3-2 所示。

表 3-2　　　　　　收入、成本和利润弹性预算表(公式法)

序号	销售量 x(吨)	总成本 y(万元)	销售收入(万元)	利润(万元)	备注
1	400	260	400	140	已知: $a = 100$ $b = 0.4$ $y = a + bx$ 单价:1 万元/吨
2	401	260.4	401	140.6	
3	402	260.8	402	141.2	
…	…	…	…	…	
101	500	300	500	200	

②列表法

列表法也叫多水平法,它是在确定的业务量范围内,按照一定的业务量标准划分若干个不同的水平,然后分别计算各项预算数额,汇总列入一个预算表格中的方法。

在应用列表法时,业务量之间的间隔应根据实际情况确定。间隔越大,水平级别就越少,可简化编制工作,但间隔太大了就会丧失弹性预算的优点;间隔较小,用以控制成本费用的标准就较为准确,但又会增加编制预算的工作量。一般情况下,业务量的间隔以5%~10%为宜。

列表法的优点是:不管实际业务量是多少,不必经过计算即可找到与业务量相近的预算数额,用以控制成本较为方便。但是,由于预算的实际执行结果不可能与预算标准完全一致,因此,运用列表法评价和考核实际业绩时,往往需要使用插补法来计算实际业务量的预算标准。

针对【例3-2】采用弹性预算法(列表法),按5%的间隔编制收入、成本和利润预算,如表3-3所示。

表3-3 收入、成本和利润弹性预算表(列表法)

项目	单位	方案1	方案2	方案3	方案4	方案5	方案6
销售量	吨	400	420	440	460	480	500
销售收入	万元	400	420	440	460	480	500
变动成本	万元	160	168	176	184	192	200
固定成本	万元	100	100	100	100	100	100
利润	万元	140	152	164	176	188	200

3.2.2 增量预算法和零基预算法

预算编制方法按其出发点的特征不同,可以分为增量预算法和零基预算法两类。

1.增量预算法

增量预算法又称调整预算法,是在基期成本费用水平的基础上,充分考虑预算期内各种因素的变动,结合预算期业务量水平及有关降低成本的措施,通过调整有关原有成本费用项目而编制预算的方法。用增量预算法编制的预算叫增量预算。

增量预算法有三个假定前提:

(1)基期的各项业务活动是企业所必需的,即只有保留现有的每项业务活动,才能使企业的经营过程得到正常发展。

(2)基期的各项成本费用支出都是合理的、必需的,既然现有的业务活动是必需的,那么原有的各项费用开支都是合理的,必须予以保留。

(3)预算期内根据业务量变动增加或减少预算指标是合理的。增量预算以过去的经验为基础,实际上是承认过去所发生的一切都是合理的,主张不需要在预算内容上做出较大的改进,而是沿袭以前的预算项目和预算标准。

增量预算法的显著特点是:从基期实际水平出发,对预算期的业务活动预测一个变动量,然后按比例测算收入和支出指标。也就是说,根据业务活动的增减对基期预算的实际发生额进行增减调整,确定预算期的收支预算指标。

增量预算法的优点是:编制方法简便,容易操作,便于理解;同时,由于考虑了上年度预算实际执行情况,所编制出的收支预算易得到公司各层级的理解和认同。

增量预算法的缺点是:由于增量预算法假定上年度的经济业务活动在新的预算期内仍然发生,而且过去发生的数额都是合理的、必需的,这就有可能保护落后,使某些不必要的开支合理化。同时,增量预算法也容易使预算部门养成"等、靠、要"的惰性思维,滋长预算分配中的平均主义和简单化,不利于调动各部门增收节支的积极性,不利于企业的长远发展。

增量预算法适用于经营活动变动比较大的企业和经营管理活动中与收入成正比的变动成本费用支出。

【例3-3】 甲公司2012年预计产品销售收入440万元,比2011年增长10%,采用增量预算法编制2012年销售费用预算。

销售费用中的固定资产折旧费、销售管理人员工资等项目一般为固定费用,不会因产品销售收入的增减而增减,因此,只对变动费用项目按增量预算法相应地增加预算数额。预算编制的基本程序和方法如下:

第一步,将销售费用的明细项目分解为固定费用和变动费用;

第二步,固定费用项目采用固定预算法确定预算指标,变动费用采用增量预算法,按与业务量相同比例10%来调整预算指标;

第三步,汇总明细费用指标,确定销售费用预算总额。

采用增量预算法编制的销售费用预算如表3-4所示。

表3-4 销售费用增量预算表

序号	明细项目	2011年实际发生额(万元)	增减比率(%)	增减额(万元)	2012年预算指标(万元)
一	固定费用小计	12	0	0	12
1	销售管理人员工资	8	0	0	8
2	固定资产折旧费	3	0	0	3
3	其他固定资产费用	1	0	0	1
二	变动费用小计	40	10	4	44
1	销售人员工资	20	10	2	22
2	差旅费	5	10	0.5	5.5
3	业务招待费	5	10	0.5	5.5
4	广告费	8	10	0.8	8.8
5	其他变动费用	2	10	0.2	2.2
三	合计	52	7.7	4	56

2. 零基预算法

为弥补增量预算的不足,美国得克萨斯工具公司的彼得·派尔设计了零基预算模式。该模式已被西方国家广泛采用作为管理间接费用的一种新的有效方法,并取得了良好的控制效果。

零基预算,全称为"以零为基础编制计划和预算的方法",是指在编制成本费用预算时,不考虑以往会计期间所发生的费用项目或费用数额,而是以所有的预算支出均为零为出发点,一切从实际需要与可能出发,逐项审议预算期内各项费用的内容及开支标准是否合理,在综合平衡的基础上编制费用预算的一种方法。此定义最关键的一点就是零基准这句话的含义,零基准,就是从白纸状态开始,希望能打破预算,也可以说是从什么都没有的状态出发。

采用零基预算法编制预算的程序主要包括以下五个步骤:

(1)提出预算目标

在正式编制预算之前,应根据企业的战略规划和经营目标,综合考虑各种资源条件,提出预算构想和预算目标,规范各预算部门的预算行为。

(2)确定部门预算目标

企业内部各有关部门根据企业的总体目标和本部门的具体目标,以零为基础,提出本部门在预算期内为完成预算目标需要发生哪些费用开支项目,并对每一费用项目详细说明开支的性质、用途和必要性,以及开支的具体数额。

(3)进行成本效益分析

公司预算管理部门对各部门提报的预算项目进行成本效益分析,将其投入与产出进行对比,说明某种费用开支后将会给企业带来什么影响;然后,在权衡轻重缓急的基础上,将各个费用开支项目分成若干个层次,排出先后顺序和重要性程度,归纳为确保开支项目和可适当增减的项目。

(4)分配资金,落实预算

根据预算项目的排列顺序,对预算期内可动用的资金进行合理安排,首先满足确保项目,剩余的资金再按成本效益率或缓急程度进行分配,做到保证重点,兼顾一般。

(5)编制零基预算

资金分配方案确定以后,对各部门的预算进行汇总,编制正式预算。

零基预算法的优点有:第一,不仅能压缩费用的开支,而且能够切实做到有限的费用用在最需要的地方;第二,成本、费用预算核定不受过去老框框的制约,能够充分发挥各级管理人员的积极性和创造性,促进各预算责任中心精打细算,量力而行,量入为出,合理使用资金、费用,提高经济效益。

美国有关方面的调查表明,大多数企业认为,作为企业经营管理的业务计划和预算控制方法,零基预算比其他预算方法实施的结果能取得更为满意的成本费用节约和经济效果。

零基预算法的缺点是:由于这种预算方法要求一切支出均以零为起点,需要进行历史资料、现有情况和投入产出分析,因此,编制预算的工作相当繁重,需要花费大量的人力、物力和时间,预算成本较高,编制预算的时间也较长。同时,在安排预算项目的先后顺序上也难免存在着相当程度的主观性。

零基预算法适用于管理基础工作比较好的企业和政府机关、行政事业单位以及企业职能管理部门编制费用预算。对于具有明显投入产出关系的产品制造活动则不适合用零基预算法。

【例3-4】 甲公司采用零基预算法编制2012年度的管理费用预算,根据公司经营目标和总体预算安排,2012年用于管理费用方面的资金支出总额度为80万元。

有关资料及预算编制的基本程序如下:

第一步,公司管理部门根据2012年度企业的总体目标及管理部门的具体任务,提出管理部门的费用预算方案,并确定了必须开支的费用项目及其数额,如表3-5所示。

表3-5　　　　　　　　　　管理部门管理费用预算

项目	金额(万元)
工资	20
办公费	10
差旅费	10
培训费	20
保险费	10
业务招待费	8
税金	2
合计	80

第二步,经过分析研究,认为工资、差旅费、保险费、税金四项开支属于约束性费用,在预算期内必须全额保证其对资金的需求;而办公费、培训费和业务招待费三项开支属于酌量性费用,可在满足约束性费用资金需求的前提下,将剩余的资金按照其对企业收益的影响程度(即重要性程度)来择优分配。

酌量性费用的重要程度可通过"成本效益分析"来确定,如表3-6所示。

表3-6　　　　　　　　　　成本效益重要性程度

项目	各期平均发生额(万元) (1)	各期平均收益额(万元) (2)	收益率 (3)=(2)/(1)	重要性程度
办公费	8	40	5	0.278
培训费	12	120	10	0.556
业务招待费	10	30	3	0.166
合计	30	190	18	1

第三步,将预算期内可运用的资金在各费用项目之间进行分配,具体分析计算如下:

全额满足约束性费用的资金需求。约束性费用所需资金总额为 $20+10+10+2=42$(万元)

将剩余的可用资金38万元(80万元-42万元),按照成本收益率的比例在办公费、培训费和业务招待费等酌量性费用项目之间分配:

办公费分配资金数 $=38\times0.278\approx10.56$(万元)

培训费分配资金数 $=38\times0.556\approx21.13$(万元)

业务招待费分配资金数 $=38\times0.166\approx6.31$(万元)

第四步,资金分配方案确定以后,编制管理费用的资金支出预算,如表3-7所示。

表3-7　　　　　　　　　　管理费用资金支出预算

序号	项目	支出金额(万元)
一	约束性费用支出	42
1	工资	20
2	差旅费	10

(续表)

序号	项目	支出金额(万元)
3	保险费	10
4	税金	2
二	酌量性费用支出	38
1	办公费	10.56
2	培训费	21.13
3	业务招待费	6.31
三	合计	80

通过例题可见,按零基预算法编制各种费用预算,一方面可以最大限度地杜绝不必要的费用开支,有利于企业降低成本费用支出;另一方面在最大限度保证企业各项经营业务资金需要的前提下,合理分配和使用资金,有利于提高企业的资金使用效益。

3.2.3 定期预算法与滚动预算法

预算编制方法按照预算期的时间特征不同,可以分为定期预算法和滚动预算法。

1. 定期预算法

前文所介绍的集中预算是按照确定的预算期间(通常是一个会计年度)来编制的预算,所以也叫作定期预算。由于定期预算一般与预算会计年度相配合,所以便于实际数与预算数的比较,有利于对预算执行结果,尤其是对年终决算进行考核、分析和评价。但由于以一年为期的预算期较长,编制预算的结果不能完全适应未来生产经营活动的变化,在预算执行后期,管理人员往往只考虑剩余的较短预算期间的经济活动而忽视长远打算,不利于企业长期稳定有序地发展。

按定期预算方法编制的预算存在以下缺点:

(1)盲目性

由于定期预算往往是在年初,甚至提前两三个月编制的,对于整个预算年度的生产经营活动很难做出准确的预算,尤其是对后期的预算只能进行笼统的估算,数据含糊,缺乏远期指导性,给预算执行带来很多困难,不利于对生产经营活动的考核与评价。

(2)滞后性

由于定期预算不能随着情况的变化及时调整,当预算中所规划的各种生产经营活动在预算期内发生重大变化时,就会造成预算滞后,使之成为虚假预算。

(3)间断性

由于受预算期间的限制,致使管理层的决策视野局限于本期规划的经营活动,通常不考虑下期,形成人为的预算间断。因此,按照定期预算方法编制的预算不能适应连续不断的经营过程的需要,从而不利于企业的长远发展。

为了弥补定期预算的不足,可以采用滚动预算法编制预算。

2. 滚动预算法

滚动预算法是在定期预算的基础上发展起来的一种预算方法,又称永续预算法或连续预算法,是指按照预算的执行过程自动延伸,使预算期永远保持在一年(12个月),每过一个月份(或季度),立即在期末增列一个月份(或季度)的预算,逐期往后滚动。这种预算法能使企业管理人员有长远的计划,考虑和规划企业在未来一年内的生产经营活动,以保证企业经营管理工作能够稳定而有秩序地进行,使企业经营活动始终有一个长远的总体战略布局。

滚动预算法的理论依据在于:一是企业生产经营活动是连续不断的,企业必须采用相应的预算方法,全面准确地反映这一过程;二是企业生产经营活动是复杂的,其所处的环境也变幻莫测。

滚动预算法的具体做法是:每过一个月份(或季度),立即根据前一个月份(或季度)的预算执行情况,对以后月份(或季度)进行修订,并增加一个月份(或季度)的预算。这样逐期向后滚动,连续不断地规划企业未来的生产经营活动。

例如,某公司2013年运用滚动预算法做出的预算如图3-2所示。公司于2012年做好2013年的预算后,在2013年第一季度预算执行过程中,再根据实际情况调整第二季度的预算,这是第一次滚动。同样的,在2013年第二季度预算的执行过程时再根据实际情况调整第三季度的预算,以此类推,继续下去。

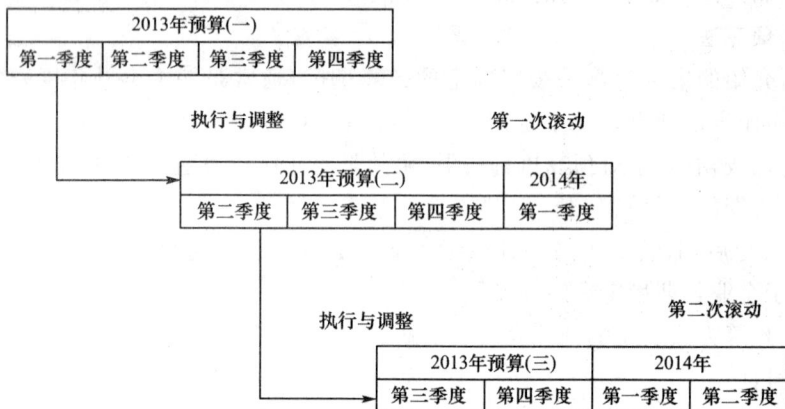

图3-2 逐季滚动的滚动预算法

滚动预算方法具有如下优点:

(1)透明度高

因为编制滚动预算不再是预算年度开始之前几个月的事情,而是实现了与日常管理的紧密衔接,可以使管理人员始终能够从动态的角度把握企业近期的规划目标和远期的战略布局,使预算具有较高的透明度。

(2)及时性强

由于滚动预算能根据前期预算的执行情况,结合各种因素的变动影响,及时调整和修订近期预算,从而使预算更加切合实际,能够充分发挥预算的指导和控制作用。

(3)连续性好

由于滚动预算在时间上不再受会计年度的限制,能够连续不断地规划企业未来的生产经营活动,不会造成预算的人为间断。

(4)完整性和稳定性突出

编制滚动预算可以使企业管理人员了解未来预算期内企业的总体规划与近期预算目标,能够确保企业管理工作的完整性和稳定性。

滚动预算法的不足之处在于预算编制工作比较繁重,而且将耗费大量的人力、物力和财力,代价较大。所以,企业应根据实际情况来决定是否有必要选择这种预算方法,根据企业的实际需要来决定是按月份滚动还是按季度滚动。

滚动预算法适用于管理基础比较好的企业、生产经营活动与市场紧密接轨的企业、产品销售预算及生产预算的编制及规模较大、时间较长的工程类项目预算。

3.2.4　概率预算法

前述预算都是确定性预算,它们在编制过程中均假定其所涉及的变量是一个定值。然而,预算毕竟是对未来的一种估计,既然是一种估计,就带有许多不确定性,不可能在预算初期就十分准确地预知各种因素在将来会发生何种变化,以及将要变化到何种程度,而只能大体上估计它们变化的趋势、范围和可能结果。为了使所有的结果更能符合客观实际情况,就需要通过概率分析的方法编制概率预算。

概率预算法是指对在预算期内不确定的各种预算构成变量,根据客观条件进行分析、预测,估计其可能变动的范围及出现在各个变动范围的概率,再通过加权平均计算有关变量在预期内期望值的一种预算编制方法。

概率预算考虑了计划年度的各种可能情况。由于考虑问题较全面,所以比较符合多变的市场环境等情况。但如何估计未来的各种可能情况及其概率是比较困难的事情,尤其是概率的确定容易受主观因素的影响。一般来说,在具备历史资料的条件下,可以通过对历史资料的统计分析来确定各种可能情况及其概率。

编制概率预算的程序如下:

首先,在预测分析的基础上,测算有关变量预计发生的水平,估计相关变量的可能值及其出现的概率。然后,根据估计的概率及条件,计算联合概率,编制预期价值分析表。最后,根据预期价值分析表的预算指标以及与之对应的联合概率,计算出预算对象的期望值,编制概率预算。

在编制概率预算时,若业务量与成本的变动并无直接关系,则只要用各自的概率分别计算销售收入、变动成本、固定成本等的期望值,最后就可以直接计算出利润的期望值。若业务量的变动与成本的变动有着密切的联系,就要用计算联合概率的方法来计算期望值。

概率预算法的优点是:由于它充分考虑了各项预算变量在预算期间可能发生的概率,企业能够在预算构成变量复杂多变的情况下,编制出比较接近实际的预算。

概率预算法的缺点是:要求预算编制者有较高的预测水平,预算构成变量的概率易受主观因素的影响。

概率预算法适用于经营活动波动比较大、不确定因素多的企业以及在市场的供应、产销变动比较大的情况下编制销售预算、成本预算和利润预算。

本章小结

• 编制全面预算要遵循的原则：战略性原则、全面性原则、真实性原则、先进性和可行性兼顾原则。

• 全面预算主要以预算期的目标利润、预算期的销售总额、工资标准、主要原材料的单价和工料消耗定额、物资的储备水平和控制为编制依据。

• 企业全面预算的编制涉及经营管理的各个部门，只有各部门共同参与才能使预算成为它们自愿努力完成的目标而不是外界强加于它们的枷锁。一般应按照"上下结合、分级编制、逐级汇总"的程序进行编制。

• 正确选择预算编制的方法是保证预算科学性、可行性的重要基础。

• 常用的预算编制方法主要有固定预算法、弹性预算法、增量预算法、零基预算法、定期预算法、滚动预算法、概率预算法等。

• 各种预算编制方法都是在全面预算管理发展过程中形成的，每种方法都有其不同的适用范围和优缺点。

思考与练习

一、单项选择题

1.（   ）是最传统的、也是最基本的预算编制方法。

A. 零基预算法   B. 增量预算法   C. 固定预算法   D. 滚动预算法

2. 预算编制方法按照业务量基础的数量特征不同，可以分为（   ）。

A. 固定预算法和弹性预算法   B. 增量预算法和零基预算法

C. 定期预算法和滚动预算法   D. 概率预算法和其他预算法

3. 预算编制方法按其出发点的特征不同，可以分为（   ）。

A. 固定预算法和弹性预算法   B. 增量预算法和零基预算法

C. 定期预算法和滚动预算法   D. 概率预算法和其他预算法

4. 预算编制方法按照预算期的时间特征不同，可以分为（   ）。

A. 固定预算法和弹性预算法   B. 增量预算法和零基预算法

C. 定期预算法和滚动预算法   D. 概率预算法和其他预算法

5. 下列项目中，能够克服定期预算缺点的是（   ）。

A. 弹性预算法   B. 零基预算法   C. 滚动预算法   D. 概率预算法

6. 固定预算法适用于（   ）。

A. 经营活动比较稳定的企业

B. 经营活动变动比较大的企业

C. 管理基础工作比较好的企业和政府机关、行政事业单位

D. 经营管理活动中与收入成正比的变动成本费用支出

7.（   ）预算编制程序是现代预算管理最为可取的一种方式。

A. 上下结合式   B. 自上而下式   C. 自下而上式   D. 综合分析式

8.在成本习性分析基础上,分别按一系列可能达到的预计业务量水平编制的可适应多种情况的预算是(　　)。

A.弹性预算法　　　　B.零基预算法　　　　C.滚动预算法　　　　D.概率预算法

二、多项选择题

1.全面预算的编制原则有(　　)。

A.战略性原则　　　　　　　　　　　B.全面性原则

C.真实性原则　　　　　　　　　　　D.先进性和可行性兼顾原则

2.全面预算的编制依据有(　　)。

A.预算期的目标利润

B.预算期的销售总额

C.工资标准、主要原材料的单价和工料消耗定额

D.物资的储备水平和控制

3.弹性预算法的主要优点是(　　)。

A.预算范围宽　　　　B.可比性强　　　　C.简便易行　　　　D.透明度高

4.滚动预算法的主要优点是(　　)。

A.透明度高　　　　　　　　　　　　B.及时性强

C.连续性好　　　　　　　　　　　　D.完整性和稳定性突出

5.上下结合式预算编制的具体程序有(　　)。

A.下达目标　　　　B.编制上报　　　　C.审查平衡　　　　D.审议批准

E.下达执行

6.采用零基预算法编制预算的程序主要包括以下(　　)步骤。

A.提出预算目标　　　　　　　　　　B.确定部门预算目标

C.进行成本效益分析　　　　　　　　D.分配资金,落实预算

E.编制零基预算

三、名词解释

1.弹性预算法

2.滚动预算法

3.零基预算法

四、简答题

1.简述编制概率预算的程序。

2.零基预算法的优点有哪些?

3.简述增量预算法的三个假定前提。

第4章 经营预算

学习目标

通过本章的学习,学生应该能够:

- 了解经营预算的概念、目的;
- 掌握销售预算的编制;
- 掌握销售量预测和销售价格确定的基本策略;
- 掌握生产预算的编制;
- 了解其他费用预算。

引导案例

潍坊亚星集团目前拥有两个控股子公司、三个全资子公司和十几个分支机构。近年来,亚星集团逐步建立和完善了一套切合本企业实际的以财务管理为中心的企业经济运行新机制,把企业全面预算控制制度作为贯彻落实以财务管理为中心的基本制度。在内容上,全面预算体系具体包括8个预算:资本性支出预算、销售预算、产量预算、采购预算、成本预算、各项费用预算、现金预算和总预算。

亚星集团全面预算的编制按时间分为年度预算编制和月度预算编制。月度预算是为确保年度预算的实现,经过科学的计划组织与分析,结合本企业不同时期动态的生产经营情况进行编制。具体明确6个要点:①预算编制原则。先急后缓、统筹兼顾、量入为出。②预算编制程序。自上而下、自下而上、上下结合。③预算编制基础。集团年度预测目标。④预算编制重点。销售预算。⑤预算前提。企业方针、目标、利润。⑥预算指标的确定。年度预算由股东大会审议批准,月度预算由董事会审议批准。

全面预算编制紧紧围绕资金收支两条线,涉及企业生产经营活动的方方面面,将产供销、人财物全部纳入预算范围,每个环节疏而不漏。具体细化到:①销售收入、税金、利润及利润分配预算;②产品产量、生产成本、销售费用、财务费用预算;③材料、物资、设备采购预算;④工资及奖金支出预算;⑤大、中、小修预算;⑥固定资产基建、技改、折旧预算;⑦各项基金提取及使用预算;⑧对外投资预算;⑨银行借款及还款预算;⑩货币资金收支预算等。预算编制过程中,每一收支项目的数字指标应依据充分确实的材料,并总结出规律,进行严密的计算,不能随意编造。全面预算确定后,层层分解到各分厂、车间、部门、处室,各部门再落实到每个人,从而使每个人都紧紧围绕预算目标各负其责、各司其职。

年度、月度全面预算下达后,就成为企业生产经营经济运行所遵循的基本准则,在执行过程中要做到:

①有效控制。权限由总经理掌握,控制月度各预算项目实际发生值与预算控制计划值差额比例在5%之内、年度各预算项目实际发生值与预算控制计划值差额比例在5%之内,如遇特殊突发事件超出年度预算、月度预算差额控制比例的开支项目,则由开支部门提出书面申请,按程序逐级申报并经原批准机构审议通过后实施。

②信息及时反馈。建立信息反馈系统,对各公司、部门执行预算的情况进行跟踪监控,不断调整执行偏差,确保预算目标的实现。

在销售环节,财务部门通过计算机统一开票的方式实施监控,对每个客户建立应收账款业务结算卡,应收账款超过一定限额,则停止开票,避免坏账。同时,财务部门依据每天的销售和回款情况,编制销售日报和收款日报,及时向有关部门和领导反馈收入预算的执行情况,确保销售预算目标的实现。

在物资采购环节,财务部门严格审核每笔业务有无计划处签发的"采购计划通知单"、有无审计处审签并盖章的"经济合同"和"价格审核通知单"、有无财务预算、专用发票是否规范等。财务部门对每个供应商建立应付账款业务结算卡,根据欠款及供应商的信誉等情况来调节付款节奏,争取最优惠的付款方式。各部门从仓库领料及到财务部门报销时必须有财务部门的会计派驻员、成本核算员或预算计划处的签章,各种领料月末统一由预算计划处结算,从而有效地控制成本及相关费用的开支。财务部门根据每天的资金支出日报,及时向各部门和领导反馈预算的执行情况,控制资金支出。

全面预算实现了财务部门对整个生产经营活动的动态监控,加强了财务部门与其他部门之间的联系,尤其是财务部门与购销业务部门的沟通。全面预算控制制度的正常运行必须建立在规范的分析和考核的基础上,财务部门根据某个时期(月度、年度)企业静态的会计资料的反映和各部门会计派驻员掌握的动态经济信息,全面、系统地分析各部门预算项目的完成情况和存在的问题,并提出纠偏的建议和措施,报经总经理批准后协同职能部门按程序对各部门的预算执行情况进行全面考核,经被考核部门、责任人确认后奖惩兑现。

全面预算控制制度的实施,规范了企业生产经营活动的行为,将企业各项经济行为都纳入了科学的管理轨道,基本上在物资和货币资金及经营等方面实现了企业资金流、信息流、实物流的同步控制,为企业进入市场,以市场为导向打下了基础。

资料来源:《中国财经报》,2000年7月6日

预算管理由若干个密切联系的环节组成,从编制到执行,任何一个环节的疏漏都会造成管理上的失误,甚至出现重大的经营管理失败。因此,预算管理的每一个组成部分都需要足够的关注。而在环环相扣的各部分中,预算的编制无疑是整个预算管理体系的基础和起点,没有经过精心准备的合理而明确的预算文件,以下的各阶段工作也就无从开展。预算可以从不同角度分类,从本章至第七章以预算内容为标准,按照经营预算、资本支出预算、筹资预算和财务预算的顺序,系统地阐述预算体系各组成部分的编制。本章将为读者详细介绍企业生产经营过程中涉及的销售预算、生产预算、其他费用预算。

4.1 经营预算概述

企业的正常运转和利润获取需要顺畅的日常经营管理,其中产品的生产和销售作为日常经营的一个重要环节,每时每刻都在发生变化。因此在一个企业的预算管理体系中,包括销售、生产、成本、费用等项目的经营预算是操作性和时效性都比较强的一个基本预算,在企业战略计划和具体生产经营之间起到承上启下的作用。

4.1.1 经营预算的概念

经营预算也称作业务预算、营业预算,它是预算期内企业日常生产经营活动的具体安排,是为规划和控制未来时期的生产、销售等经常性业务以及与此相关的各项成本和收入而编制的预算。按照全面预算的编制顺序,经营预算是全面预算编制的起点,它包括销售预算、生产预算、其他费用预算等内容。

经营预算的编制和执行涉及一个企业内外部各方面的生产经营活动,也涉及上上下下各级工作人员。可以说,相对于资本预算和财务预算,经营预算的范围更广,使用也更频繁。所以,经营预算编制是非常重要的,它有利于企业日常生产经营活动的顺利开展,有利于充分明确各级工作人员的权责关系,有利于调动全体员工的工作积极性,也有利于企业内外部和企业上下级之间的沟通。

4.1.2 经营预算的目的

编制经营预算是在综合考虑企业内外的情况下,为企业的成长和发展创造一个良好的内外部环境。具体地说,编制经营预算的目的有以下几点。

1. 协调企业内部关系

现代企业的规模越来越大,企业内部的机构和部门也越来越多,越来越复杂。为了协调和理顺企业内部各部门的关系,企业必不可少地需要编制经营预算。

经营预算的编制涉及销售、生产、采购等业务部门,也涉及财务、人力资源等职能部门,在各部门中又几乎包括了所有的工作人员。从下到上、从上到下反复协调,在这个过程中,如果做到了上下级之间、不同部门之间信息传递通畅,就可以避免产生误解和信息滞后。

2. 适应复杂多变的外部环境

企业作为市场经济中的一员,做出的每一个决策都要考虑市场供求、消费者行为、政府规章等各方面情况。这些方面一直处于不断变化的状态中,因此,企业在生产经营的每个阶段都需要通过总结过去、分析现状、预计将来而做出计划,以便指导企业的行动。

编制经营预算正是出于适应外部环境的目的。在企业战略的指导下,它涉及了企业日常经营活动的各方面,通过对销售和采购的分析与企业所在的行业链条相契合,通过费用预算与银行、政府等对企业会产生重大影响的部门相协调。

3. 明确企业的生产经营目标和奖惩标准

企业要想在日益激烈的竞争中取胜,必须确立长远和日常的生产经营目标,并对员工的工作加以约束,明确各自的任务和奖惩条件。

经营预算通过考虑长短期间环境变化,明确了企业至少在 1 年内的经营目标,很多企业的年度经营预算更是置于 5 年乃至更长期间的计划当中,对企业的远景有一个比较清楚的描绘。同时,经营预算的可执行性非常强,通过细化使得每个员工的任务都可以明确,并能够与奖惩机制挂钩。

4.2 销售预算

在市场经济条件下,企业的生产经营活动一般都是"以销定产"的,与此相适应,经营预算编制也往往是以销售预算的编制为起点。因此,做好销售预算,此后的生产预算才有可靠的基础,从而进一步影响到成本、费用的预算;而且销售收入是企业现金收入的最主要的来源,所以销售预测的准确程度对整个全面预算的科学合理性起着至关重要的作用。

4.2.1 销售预算的概念

销售预算也称营业预算,是关于企业预算期内销售产品或提供劳务等销售活动的总体安排,主要依据年度利润目标、预测的市场销量或劳务需求、提供的产品结构以及市场价格编制。

销售预算是关于预算期的销售量和销售收入的规划,它是以销售为核心的预算管理模式下预算体系的起点。它需要全体员工的参与,高层管理人员、市场分析人员及财务人员在其中起着更为重要的作用。他们的专业知识和判断能力对销售预测的合理性有极大的影响。

销售预算的主要内容是销售量、销售单价和销售收入。销售量主要是根据市场预测或销货合同并结合企业生产经营能力来确定的,销售单价是通过价格决策确定的,销售收入是两者的乘积,在销售预算中计算得出。

4.2.2 销售预算的编制程序

首先,由企业销售部门对下一年度的销售量、销售单价等预算内容进行预测。销售预测要在企业战略规划的指导下,结合预算目标,客观详细地分析企业外部环境和自身条件的优势和劣势;要在巩固、扩大现有市场占有份额和客户资源的基础上,充分考虑潜在市场和潜在客户的开发,并按产品、地区、客户等分类形成预算期的销售方案。

其次,由销售部门根据销售预测和公司下达的预算目标编制销售量、产成品存货、销售收入、货款回收、销售费用等销售预算草案。

再次,财务及生产、供应等相关部门对销售部门编制的销售预算草案进行传阅,并提出本部门的修正意见。

然后,预算管理部门结合财务、生产、供应等部门的修正意见对销售预算草案进行审核,与企业的预算总目标进行衔接、平衡,并进一步提出修正意见。

最后,销售部门根据预算管理部门的修正意见,在与财务、生产等部门沟通、协调的基础上,编制修订销售预算草案,并经销售部门经理和公司分管总经理签字认可。

4.2.3 销售预测

销售预测是指在充分调查研究的基础上,预计市场对本企业产品在未来时期的需求趋势。它是在充分考虑未来各种影响因素的基础上,结合本企业的销售实绩,推测企业预定期内可以实现的销售量和销售额。在进行销售预测时需要考虑以下因素。

1. 外部因素

(1)需求动向

需求动向是外界因素中最重要的一项,如流行趋势、爱好变化、生活形态变化、人口流动等,均可成为产品(或服务)需求的质与量方面的影响因素,因此,必须加以分析与预测。企业应尽量收集有关对象的市场资料、市场调查机构资料、购买动机调查等统计资料,以掌握市场的需求动向。

(2)经济变动

经济变动是影响产品销售的重要因素,为了提高销售预测的准确性,应特别关注产品市场中的供求情况,要特别注意资源问题的未来发展、政府及财经界对经济政策的见解、基础工业与加工业生产规模以及经济增长率等指标变动情况。

(3)同业竞争动向

销售额的高低深受同业竞争者的影响,古人云:"知己知彼,百战不殆。"为了生存,企业必须掌握对手在市场上的所有活动。例如,竞争对手的目标市场、产品价格策略、促销与服务措施等。

(4)政府、消费者团体的动向

产品销售必须考虑政府的各种经济政策、方案措施以及消费者团体所提出的各种消费需求等。

2. 内部因素

(1)营销策略

包括企业市场定位、产品政策、价格政策、渠道政策、广告及促销政策等变更对产品销售额产生的影响。

(2)销售政策

包括变更管理内容、交易条件或付款条件、销售方法、价格政策、促销政策等事项对销售额所产生的影响。

(3)销售人员

销售活动是一种以人为核心的活动,所以人为因素对于产品销售的实现具有相当深远的影响。

(4)生产状况

包括企业实际产品生产能力多大,货源是否充足,能否保证销售需要等。

4.2.4 销售量预测

销售预算编制的一个关键环节便是对预算期销售情况的预测。只有得出了比较合理的销售量,再辅以企业经过市场供需情况及竞争状态的分析并结合长期战略确定的价格,才能得出一定期间的销售收入。销售量预测的基本方法按其性质划分为定性预测法和定量预测法。

1.定性预测法

定性预测法是在预测人员具有丰富的实践经验和广泛的专业知识的基础上,根据其对事物的分析和主观判断能力对预测对象的性质和发展趋势做出推断的预测方法,如判断分析法和调查关联法。这种方法主要是在企业所掌握的数据资料不完备、不准确的情况下使用,通过对经济形势、国内外科学技术发展水平、市场动态、产品特点和竞争对手等情况资料的分析研究,对本企业产品的未来销售情况做出质的判断。

(1)判断分析法

判断分析法主要是依据熟悉市场未来变化的专家的丰富实践经验和综合判断能力,在对预测期的销售情况进行综合分析研究以后所做出的对产品销售趋势的判断。参加预测的专家既可以是企业内部人员,如销售部门经理和销售人员,也可以是企业外部人员,如有关推销商和经济分析家。判断分析法有三种具体方式。

①意见汇集法

意见汇集法,也称主观判断法。它是由企业内部熟悉销售业务、对市场发展变化趋势比较敏感的领导人、主管人员和业务人员根据其多年的实践经验集思广益,分析各种不同意见并对之进行综合分析后所做出的判断预测。这是因为企业内部由于业务范围和分工的不同,有关人员对职责范围内的业务及市场环境比较熟悉,但对问题理解的广度和深度却受一定的限制,因此,需要内部各专业人员的交流互补才能得出全面客观的销售判断。

②德尔菲法

德尔菲法,也称专家调查法。它是一种客观判断法。由美国兰德公司在 20 世纪 40 年代首先倡导使用,其主要采用通信方式,向熟悉市场并有专业知识的有关专家发出预测问题调查问卷。首先收集和征询专家们的意见,然后经过多次反复、综合、整理、归纳各专家的意见以后,再做出判断预测。采用这种方法时要注意,各专家之间尽量不要互相交流,以使各人能根据自己的经验、观点和方法进行预测,避免相互干扰影响。同时要注意不能忽视少数人的意见。

③专家小组法

专家小组法也是一种客观判断法。它是由企业组织各有关专家组成预测小组,通过召开座谈会的形式,进行充分广泛的调查研究和讨论,然后运用专家小组的集体研究成果做出最后的预测判断。与德尔菲法"背靠背"预测形式不同的是,这一方法是由专家小组面对面地进行集体讨论和研究。这样可以相互启发补充,但仍要注意的是各专家要畅所欲言,不要受干扰而改变自己的意见。

(2)调查关联法

调查关联法是通过对某种产品在市场上的供需情况的调查,了解各因素对该产品市场销售的影响情况,并据以推测这种产品市场销售量的一种分析方法。在这种方法下,预测的基础是市场调查所得的资料情况,然后再根据产品销售的具体特点和调查所得的资料情况,采用具体的方法进行预测。通常市场调查的内容包括对产品本身的调查、对消费者情况的调查、对经济发展情况的调查、对市场竞争情况的调查。有了这些调查资料后,可采取关联指标预测法和抽样预测法进行预测。

①关联指标预测法

关联指标预测法是根据市场上两种或两种以上产品的正相关或者负相关的密切关联关系,即产品之间是替代品还是互补品,通过一种产品的需求量来推断另一种产品的需求量,以此做出的预测。

②抽样预测法

抽样预测法是根据随机原则,从市场上抽取一定的样本,并根据样本情况来推断整个市场对某种产品需求量的一种预测方法。

2. 定量预测法

定量预测法主要是根据有关的历史资料,运用现代数学方法对历史资料进行分析加工整理,并通过建立预测模型来对产品的市场销售趋势进行研究并做出推测的预测方法。

常见的定量预测法有历史资料引申法、购买力指数法和回归分析法。这类方法是在拥有尽可能多的数据资料的前提下运用,以便能通过对数据类型的分析,确定具体适用的预测方法,对产品的市场需求做出量的估计。下文将对历史资料引申法和购买力指数法作简要介绍。

(1)历史资料引申法

历史资料引申法也称趋势分析法或时间序列预测法。它是根据企业历年的销售资料,按照事件发生的先后顺序排列一系列销售数据,应用一定的数学方法进行加工处理并建立相应的数学模型,充分解释有关变量之间的规律性联系并得出相应的预测结论。根据所采用的计算方法的不同,分为简单平均法、移动平均法等。

①简单平均法

简单平均法是通过计算以往若干期的销售量或者销售额的简单算术平均数,以其作为预测期的销售预测值。其计算公式为

$$Y = \frac{1}{n} \sum_{i=1}^{n} X_i$$

式中　Y——销售预测值;

　　　n——观察期的期数;

　　　X_i——第 i 期的实际销售量(额)。

简单平均法在计算上十分简便,但它却使历史资料的差异平均化,未考虑其变动趋势,因而可能使预测结果产生较大的误差。因此,只有当被预测产品的市场销售比较稳定时,才可以运用这种方法。

②移动平均法

移动平均法是通过计算以往若干时期销售值的移动平均数,作为对未来的销售预测数。这里所谓的"移动"就是指预测所用的历史资料要随预测期的推移而递延。它又分为简单移动平均法和加权移动平均法及指数平滑法。

简单移动平均法,又叫一次移动平均法,是一种采用简单的不加权的移动平均数进行预测的方法。其计算公式为

$$Y_t = \frac{X_{t-1} + X_{t-2} + \cdots + X_{t-n}}{n} = \frac{1}{n} \sum_{i=t-n}^{t-1} X_i \quad (t = 1, 2, 3 \cdots n)$$

式中　Y_t—— 销售预测值；

　　　X_i—— 第 i 期的实际销售量(额)；

　　　X_{t-1}—— 预测前一期的实际销售量(额)；

　　　n—— 观察期的期数。

简单移动平均法在计算上也比较简单,只需先确定合理的预算间隔期数,然后平均历史资料数据,即可求出每一预测期的销售值。它同样可以使历史资料的差异平均化。与简单平均法不同的是,它在历史资料的选择上尽量选择接近预测期的数据,从而使预测数据更接近实际。这种方法适用于销售略有波动的产品。

加权移动平均法是一种在简单移动平均法的基础上对所用历史资料分别确定不同的权数进行加权以后,计算出加权平均数,以此预计销售数的一种预测方法。一般来说,越是近期的数据资料,其权重越大;越是远期的数据资料,其权重越小。当各期销售情况变动幅度较大时,权重之间由近及远的级差也要大一些,反之则可以小一些。其计算公式可简单表示如下:

$$Y = \sum_{i=1}^{n} k_i X_i \quad (i = 1, 2, 3 \cdots n)$$

式中　Y—— 销售预测值；

　　　k_i—— 第 i 期实际销售量(额)的权数；

　　　X_i—— 第 i 期的实际销售量(额)；

　　　n—— 观察期的期数。

加权移动平均法既考虑了近期销售的发展趋势,又对其采用不同的权数进行加权,因而消除了差异的平均化,从而使预测数据与实际更为相符。

指数平滑法是加权移动平均法的一种特殊形式。它通过导入平滑指数对本期的实际销售数和本期的预计销售数进行加权平均计算以后,以此作为下期销售预计数的一种预测方法。其计算公式如下:

$$S_t = \lambda X_{t-1} + (1 - \lambda) S_{t-1}$$

式中　S_t—— 第 t 期的销售量(额)的预测值；

　　　λ—— 指数平滑系数($0 \leqslant \lambda \leqslant 1$)；

　　　X_{t-1}—— 第($t-1$)期的实际销售量(额)；

　　　S_{t-1}—— 第($t-1$)期销售量(额)的预测值。

λ 为对本期实际销售值的权数,($1-\lambda$)为对本期销售预测值的权数。λ 越小,则下期的预测数就越接近于本期的预测数;λ 越大,则下期预测数就越接近于本期实际数。可见 λ 的取值至关重要。在运用时,一般可选用不同的权数值代入分别进行试算,然后通过与实际数的比较确定 λ(λ 为恰当的权数值),从而提高预测精度。

(2)购买力指数法

购买力指数法是指企业根据各地区购买力指数将自己的销售潜量总额分配给各地区市场的一种方法。所谓购买力指数是指各地区市场上某类商品的购买力占整个市场购买力的百分比。此种方法认为影响商品购买力的因素主要有人口和个人收入等,在预测购买力指数时应对这些因素予以充分的考虑,并根据各因素对购买力影响的大小,分别为每个因素规定相应的权重,建立预测模型。购买力指数的计算公式如下:

$$B_i = a_i E_i + b_i R_i + c_i P_i$$

式中 B_i——i 地区购买力占全国购买力的百分率;

　　　　E_i——i 地区可支配的个人收入占全国的百分率;

　　　　R_i——i 地区零售额占全国的百分率;

　　　　P_i——i 地区人口占全国的百分率;

　　　　a_i, b_i, c_i——上述三个因素规定的相应权重。

求得各地区的购买力指数后,就可以将企业的销售潜量总额根据购买力指数分配给各个地区的市场了,用公式表示如下:

$$Y_i = B_i \times T$$

式中 Y_i——i 地区的销售量;

　　　　B_i——i 地区购买力占全国购买力的百分率;

　　　　T——企业的销售潜量总额。

应当指出,不论购买力指数是怎样计算出来的,都只能反映生产同类产品的所有企业的总销售机会,而不仅是某一企业的销售机会。由于一个企业在各地区的推销努力和遇到的竞争强度是不一样的,所以在运用购买力指数时,应该将某些地区的指数根据具体情况适当调高或调低,但是各地区指数之和必须为 100%。

3. 定性分析法与定量分析法的结合

由于经济生活的复杂性,并非所有影响因素都可以通过定量进行分析,某些因素(如政治、经济形势的变动、消费倾向、市场前景、宏观环境的变化等)只有定性的特征;另外,定量分析也存在其本身的局限性,任何数学方法都不能概括所有复杂的经济变化情况。如果不结合预测期间的政治、经济、市场以及政策方面的变化情况,必然会导致预测结果脱离客观实际。因此,我们必须根据具体情况,把定量分析与定性分析方法结合起来使用,这样才能收到良好的效果。

4.2.5　销售价格确定的基本策略

销售额是由销售量和产品价格(产品的销售价格)共同决定的,在销售量一定的情况下,产品价格的高低直接决定着企业销售收入的高低和盈利的多少。因此,科学、合理地制定产品价格,是编制销售预算的一项重要内容。

1. 影响产品定价的因素

影响产品定价的因素很多,有企业内部因素,也有企业外部因素;有主观的因素,也有客观的因素。概括起来,主要有产品成本、市场需求、市场竞争和其他因素四个方面,其中前三者为基本因素。

(1)产品成本

根据有关资料,目前国内工业产品成本在产品出厂价格中平均占 70% 左右。这充分表明,产品成本是构成产品价格的主要因素,这只是就产品价格构成比例而言。如果就制定产品价格时要考虑的重要性而言,产品成本无疑也是最重要的因素之一。因为产品价格如果过分高于产品成本,会有失社会公平;反之,产品价格过分低于成本,企业就不可能持续经营。

（2）市场需求

产品价格除受成本影响外，还受市场需求的影响，即受产品供给与需求的相互关系的影响。当产品供不应求时，价格自然会高一些；当产品供过于求时，价格会低一些。反过来，产品价格的变动也会影响市场需求总量，从而影响产品销售量，进而影响企业经营目标的实现。因此，企业制定价格就必须了解产品价格变动对市场需求的影响程度。

（3）市场竞争

市场竞争也是影响产品价格制定的重要因素。根据竞争的程度不同，企业定价策略会有所不同。按照市场竞争程度，可以分为完全竞争、不完全竞争与完全垄断三种情况。其中，完全竞争与完全垄断是竞争的两个极端状况，中间状况是不完全竞争。

不完全竞争是现实中存在的典型的市场竞争状况。在此条件下，竞争的强度对企业的产品价格策略有重要影响，企业的产品定价策略有比较大的回旋余地，它既要考虑竞争对象的产品价格策略，也要考虑本企业产品定价策略对竞争态势的影响。所以，在不完全竞争情况下进行产品价格制定，企业首先要了解市场竞争的强度，竞争的强度主要取决于产品制作技术的难易、是否有专利保护、供求形势以及具体的竞争格局；其次，要了解竞争对手的价格策略以及竞争对手的实力；再次，还要了解、分析本企业在市场竞争中的地位。

（4）其他因素

企业的产品价格制定除受产品成本、市场需求以及市场竞争状况的影响外，还受到其他多种因素的影响。这些因素包括政府或行业组织的干预、客户的习惯和心理、企业或产品的形象等。

2. 产品定价的技巧

为产品定价是一个极其复杂的过程，企业采取不同的定价方法，只是得到产品的基本价格。企业还需进一步根据具体的市场环境、产品条件、市场供求、企业目标等灵活地运用适当的定价的策略和技巧，制定最终的销售价格，以期能达到扩大销售、增加企业利润的目的。一般情况下，企业的产品到达用户手中要经过出厂、批发、零售三个环节，产品的价格也相应地划分为出厂价格、批发价格、零售价格。企业产品价格的确定，要以市场需求、企业经营目标、生产或进货成本、费用、税金、预期收益为依据，以追求经济效益最佳化、实现预期投资报酬率、扩大市场份额、维持营业、维护市场形象等目标，并适当运用某些定价技巧，这样才能合理确定产品价格。产品价格确定的技巧主要有以下几种：

（1）撇脂定价

撇脂定价主要适用于新产品的定价，企业将一种新产品推向市场时，如果市场上尚无该类型产品，企业可将产品价格定高。这样做的好处是能在较短时期内收回投资并赚取最大限度的利润。这种策略也称高价策略，指企业以大大高于成本的价格将新产品投入市场，以便在短期内获取高额利润，尽快收回投资，然后再逐渐降低价格的策略。生活中的许多电子产品、高科技产品也都曾采取过此做法。一般地，撇脂定价策略适合于市场需求量大且需求价格弹性小，顾客愿意为获得产品价值而支付高价的细分市场；企业是某一新产品的唯一供应者时，采用撇脂定价可使企业利润最大化。但高价会吸引竞争者纷纷加入,一旦有竞争者加入时,企业就应迅速降价。

（2）反向定价

如果产品已进入成熟期,市场竞争又较为激烈,企业可以先将产品的价格确定下来,然后再倒算出产品的成本,并按此成本去设计、制造或采购。

（3）渗透定价

渗透定价与撇脂定价恰好相反,是在新产品投放市场时,将价格定得较低,以吸引大量消费者,提高市场占有率。

采取渗透定价策略不仅有利于迅速打开产品销路,抢先占领市场,提高企业和品牌的声誉,而且由于价低利薄,从而有利于阻止竞争对手的加入,保持企业一定的市场优势。

通常渗透定价首先适合于产品需求价格弹性较大的市场,低价可以使销售量迅速增加;其次要求企业生产经营的规模经济效益明显,成本能随着产量和销量的扩大而明显降低,从而通过薄利多销获取利润。

（4）折扣定价

为吸引客户,可先公布基本价,而后公布一系列折扣条件,如现金折扣、数量折扣、地区折扣、季节折扣等,以促使具备折扣条件的客户购买本企业产品。

3. 价格确定的一般方法

在不同情况下,制定预算单价的方法有所不同,一般来说预算单价的制定方法有以下几种:

（1）成本加成定价法

成本加成定价法是指在产品平均生产成本的基础上,再加上一定比例的利润作为产品价格的一种定价方法。其计算公式为

$$产品价格＝单位变动成本＋单位固定成本＋单位产品利润$$

在实际工作中,如果已知产品的成本利润率,则可以按下式计算:

$$产品价格＝（单位变动成本＋单位固定成本）×（1＋成本利润率）$$

如果企业生产的产品是消费税应税产品,则产品单价中还应计入税金。其公式为

$$产品价格＝单位变动成本＋单位固定成本＋单位产品税金＋单位产品利润$$

（2）边际贡献定价法

边际贡献定价法是在单位变动成本的基础上,再加上一定的边际贡献率来确定产品价格的一种定价方法。其计算公式为

$$产品价格＝单位变动成本÷（1－边际贡献率）$$
$$＝单位变动成本÷变动成本率$$

这种方法适用于生产能力过剩,而客户又不愿支付较高价款的产品的定价。

（3）随行就市定价法

随行就市定价法是指企业将本行业的平均价格水平作为产品定价的标准。因为有些产品市场竞争激烈,成本比较复杂,需求弹性难以计算,而随行就市则可反映本行业的集体智慧和市场供求情况,既能保证适当的利益,又能依照现有行情定价,也易于处理与同行间的关系。

（4）竞争定价法

竞争定价法以市场上相互竞争的同类商品的价格为定价依据,并随竞争状况的变化及时调整本企业产品的价格水平。采用此方法时,需将本企业产品同市场上其他企业的同类产品进行全面比较,然后确定本企业产品的价格。

（5）需求差别法

需求差别法是根据购买者对产品需求强弱的不同,定出不同的价格。需求较强,价格可定得高些;需求较弱,则价格可定得低一些。需求差别定价可以分为以顾客为基础、以产品为基础、以地域为基础和以时间为基础四种类型。

4.2.6　销售预算编制

销售预算是按照"销售收入＝销售量×销售单价"的基本公式,依据销售预测确定的销售量和销售价格编制的反映企业预算期内销售收入情况的预算。它可以根据企业需要按月份编制,也可以按季度或按年度编制。

1. 销售预算编制方法

销售预算必须适应和满足指导、控制销售业务和考核其实际绩效的需要。因此,对于规模较大的企业来说,销售预算应根据企业的具体情况和条件进行编制。常见的销售预算编制方法有以下几种:

（1）按产品品种编制

按产品品种编制是销售预算编制的基本形式,在企业产销多种产品的情况下,销售预算应分别反映各种产品的预算销售额,以发挥销售预算指导、控制、考核销售业务的作用。如果产品规格型号较多,就应该按产品类别编制销售预算。这种形式的预算一般以公司或销售部门为单位进行编制,然后加以汇总。

按照产品品种编制的销售预算如表4-1所示。

表 4-1　　　　　　　　　**产品销售预算表（按产品品种编制）**

编制单位或部门:　　　　　　　　　年　月　日　　　　　　　　　金额单位:万元

产品名称	销售单价	全年		1季度		2季度		3季度		4季度	
		数量	金额	数量	金额	数量	金额	数量	金额	数量	金额
A产品											
B产品											
C产品											
……											
合计											

（2）按销售区域编制

为了反映产品在不同销售区域的销售量、销售单价和市场份额,以便有针对性地将不同产品投放到最适销的市场,实现企业产品销售的最佳组合,企业还应按产品的销售区域编制销售预算。这种形式的预算一般以产品品种为单位进行编制,然后加以汇总。

按照销售区域编制的销售预算如表4-2所示。

表 4-2 产品销售预算表（按销售区域编制）

产品品种或类别： 年 月 日 金额单位：万元

销售区域	销售单价	全年		1季度		2季度		3季度		4季度	
		数量	金额	数量	金额	数量	金额	数量	金额	数量	金额
北京											
上海											
大连											
……											
合计											

（3）按销售方式编制

为了反映产品在不同销售方式下的销售量、销售单价和市场份额，企业还应按产品的销售方式编制销售预算。这种形式的预算一般以产品品种为单位进行编制，然后加以汇总。

按照销售方式编制的销售预算如表 4-3 所示。

表 4-3 产品销售预算表（按销售方式编制）

产品品种或类别： 年 月 日 金额单位：万元

销售区域	销售单价	全年		1季度		2季度		3季度		4季度	
		数量	金额	数量	金额	数量	金额	数量	金额	数量	金额
现销											
赊销											
易货											
……											
合计											

销售预算编制形式的选择主要应根据企业产品销售的特点和预算管理的需要而定。

2. 销售预算编制实例

【例 4-1】 中兴公司生产袋装食品，以 2011 年主要经营指标的预计完成情况为基础，充分考虑 2012 年生产经营活动的有利因素和不利因素，经过测算分析后初步拟定 2012 年预计产品销售品种、数量和价格资料，如表 4-4 所示。

表 4-4 2012 年预计销售资料

产品名称	每袋重量(g)	每袋单价(元/袋)	销售量(袋)	预计年初存货(袋)	预计年末存货(袋)
A 产品	100	50	15 000	4 000	1 000
B 产品	300	100	12 000	2 500	500
C 产品	500	200	10 000	400	200
D 产品	1 000	300	6 000	600	200

根据表 4-4 编制中兴公司 2012 年销售预算，如表 4-5 所示。

表 4-5　　　　　　　　　　　　中兴公司 2012 年销售预算表

产品名称	2012 年销售收入(元)
A 产品	750 000
B 产品	1 200 000
C 产品	2 000 000
D 产品	1 800 000
合计	5 750 000

4.3　生产预算

4.3.1　生产预算概述

企业的销售预算制定出来之后,便进入了生产预算编制程序。生产预算涉及企业生产过程的各个方面,是企业控制成本、考核业绩的主要依据。它是在销售预算基础上,考虑期初、期末产品存货的需要而编制的生产量预算,多环节生产的产品往往还要编制每一环节的半成品预算。

在市场竞争越来越激烈的环境下,企业一般都需要以销定产,根据多方考察分析可能的销售量来组织生产,也就是基于销售预算来编制其他预算。生产预算可以揭示出企业生产与销售和存货间的协调关系,明确生产活动的总进程,但单纯的生产预算往往还不足以充分显示出具体的生产活动内容,还必须进一步确定相关直接材料、直接人工和制造费用等构成要素的预算。所以,企业的生产预算还需要包括直接材料预算、直接人工预算和制造费用预算,但是在编制这些预算之前,必须编制生产量预算,然后根据生产量预算编制相应的成本、费用预算。

1. 生产预算定义

生产预算是关于工业企业预算期内生产活动的总体安排,包括企业在预算期内所要达到的生产规模、产品结构等预算。它主要依据销售预算所确定的产品销售量、销售结构和企业的生产能力、各种材料及人工消耗定额、价格水平、产品库存以及企业经营目标等资料编制。生产预算涉及企业生产过程中的各个方面,是企业控制成本、考核生产部门业绩的主要依据。

2. 生产预算内容

(1)产品生产量预算

产品生产量预算是整个生产预算编制的基础,主要内容是生产项目和生产数量,反映了企业预算期内的产品产量安排。

(2)直接材料预算

直接材料预算是反映预算期内产品生产所需的各种材料消耗数量及其成本的预算,主要依据产品生产量预算、材料消耗定额及材料价格编制。编制预算的直接材料范围既包括直接用于生产活动构成产品实体的各种原料、主要材料和外购半成品,也包括用于产品生产的包装材料、燃料与动力和有助于产品形成的辅助材料。

（3）直接人工预算

直接人工预算是反映预算期内为完成生产预算所需的直接人工支出的预算。其主要依据产品生产量预算、工时定额、小时工资率及其他直接费用计提标准等资料编制。直接人工成本支出的范围既包括直接从事产品生产人员的工资、奖金、津贴和补贴，也包括按直接人工工资和提取的职工福利费。

（4）制造费用预算

制造费用预算是反映预算期内为完成生产预算而发生的各项间接成本支出的预算，包括企业各个生产单位为组织和管理生产所发生的一切费用，以及各个生产单位所发生的固定资产折旧费和维修费。其主要依据产品生产量预算、费用定额等资料编制。

4.3.2 生产量预算

生产量预算又称产量预算，它是对预算期产品的生产量进行预测并加以反映的一种预算。编制生产量预算可按产品名称、数量分类编制。编制的直接依据是销量预算，预计销售量是预计产量的基础因素，因为以销定产是现代企业确定其生产数量和品种的基本原则。但是，以销定产并不意味着任何时期的产销量均保持一致。这是因为，产品通常要经历一个或长或短的生产、储存过程，才能最终被销售出去。所以，生产量预算的编制要以销售量和预计产成品存货为基础。一是要预计销售量；二是要预计产成品存货；三是要预计期末产成品存货。因此，生产预算中的预计产品生产量可按以下公式计算：

预计产品生产量＝预算期销售量＋预算期末预计存货量－预算期初存货量

需要说明的是，预算期初存货量也就是预算之前的期末存货量。在生产量预算编制过程中，对于预算期产品的期末应有存量，一般可以根据企业和产品的不同性质，按相当于未来时期若干天预计销售量的额度来确定。

【例4-2】 根据【例4-1】所提供的销售数据，计算中兴公司2012年度产品生产量预算，如表4-6所示。

表4-6　　　　　中兴公司2012年度产品生产量预算表　　　　　单位：袋

	产品名称			
	A产品	B产品	C产品	D产品
预计销售量	15 000	12 000	10 000	6 000
加：预计年末存货	1 000	500	200	200
合计	16 000	12 500	10 200	6 200
减：预计年初存货	4 000	2 500	400	600
预计生产量	12 000	10 000	9 800	5 600

需要指出的是，年度生产量预算完成之后，企业要根据具体情况安排生产进度日程表。一般来说，生产进度可以在预算期内均衡完成，也可以集中力量在几个月内采取突击方式完成。均衡生产要求有一支比较稳定而富有经验的职工队伍，能充分利用企业的生产能力，尽量减少加班加点，使设备的使用具有相对稳定性。而季节性生产则往往带来仓储、保险、利息费用的增加，引起库存占用资金数额的扩大。

4.3.3 直接材料预算

直接材料在产品生产过程和最终的成本核算中占据重要地位,直接材料预算是以生产量预算为基础,关于企业生产产品所需直接原材料的投入、使用和购买情况的预算。

在实际工作中,经常把直接材料预算分为使用预算和采购预算两部分分别编制。这是因为,直接材料使用预算和采购预算一般是由不同的部门编制(使用预算通常由生产部门编制,采购预算则由采购部门编制),所以如果直接材料使用预算和采购预算联合编制,这样提供的信息会显得混乱,使用起来也不方便,尤其是当期的产品需要的材料不止一种,而是几种甚至几十种的时候,庞大的信息量可能会使具体的操作人员出现使用困难。而且这样联合编制的预算可能会产生误导,使得管理团队中谁应对某一具体的方面负责产生混淆。基于以上原因,尽管一个合并的直接材料使用和采购预算可以提供关于材料的总体情况,一般来说还是不采用联合编制的形式。

1. 直接材料使用预算

当产品生产量确定以后,就可以根据工艺流程和产品设计估算出需要的直接材料,当产品由多种原材料共同生产而成的时候应该先确定主要原材料的使用量,然后根据主要原材料和辅助原材料的搭配比例计算出辅助原材料的使用数量。直接材料使用预算一般由生产部门编制。

【例 4-3】 中兴公司生产的四种产品所使用的直接材料相同,根据产品生产流程设计,每克产品产出需要 1.2 克直接材料投入,则中兴公司四种产品各自需要的直接材料投入标准如表 4-7 所示。

表 4-7　　　　　中兴公司 2012 年度产品直接材料投入标准表

产品名称	A 产品	B 产品	C 产品	D 产品
直接材料投入标准(克/袋)	120	360	600	1 200

根据单位产品的原材料消耗量和产品生产量预算中各种产品的生产需要量,可以计算出直接材料的需要量,如表 4-8 所示。

表 4-8　　　　　中兴公司 2012 年度直接材料需要量预算表

产品名称	2012 年产品生产量(袋)	产品的直接材料投入标准(克/袋)	直接材料需要量(千克)
A 产品	12 000	120	1 440
B 产品	10 000	360	3 600
C 产品	9 800	600	5 880
D 产品	5 600 .	1 200	6 720
直接材料需要量(千克)			17 640

在这些材料投入中,除了正常的消耗转化为产品以外,还会有一些预算内的材料损失,比如生产过程中的失误、浪费等,这些损失在一定范围内是合理的也是不可避免的。中兴公司的每克产品生产都会伴随着 0.1 克的直接材料在正常的生产和操作条件下的损耗。因此,表 4-8 所计算出的直接材料需要量中实际上有一部分并没有形成最终产品,而

是损失了,生产和管理人员都必须了解这部分损失,具体见表4-9。

表4-9　　　　　中兴公司2012年度直接材料损失表

产品名称	直接材料损失标准(克/袋)	2012年度产品生产量(袋)	直接材料损耗(千克)
A产品	10	12 000	120
B产品	30	10 000	300
C产品	50	9 800	490
D产品	100	5 600	560
合计			1 470

由此可计算出直接材料的损失率:

$1\ 470 \div 17\ 640 \approx 8.33\%$

将正常的材料损失包括在预算内,使管理人员可以监控实际的材料损耗,当材料损耗超过预期的正常尺度时,管理人员需要进行调查分析,找出材料损耗超标的原因,并尽快采取措施进行修正。

2. 直接材料采购预算

直接材料使用预算完成之后,就可以在此基础上编制直接材料采购预算。直接材料采购预算需要采购部门获得生产部门的材料使用信息后编制。材料采购量必须能够满足预计的使用量,并且在预算期末有合适的材料储存量,当然还要考虑对预算期初的材料库存的调整。统计出材料采购量之后,再乘以企业经过市场调查确定的标准单价,就可得出直接材料的采购成本。

【例4-4】　中兴公司预计2012年直接材料期末库存为4 410千克,2012年直接材料期初库存为2 250千克,经过市场考察后确定的材料采购单价为100元/千克,其他数据同【例4-3】,则直接材料采购预算编制如表4-10所示。

表4-10　　　　　中兴公司2012年度直接材料采购预算表

项目	数量
预算直接材料需要量(千克)	17 640
+2012年直接材料期末库存(千克)	4 410
	22 050
-2012年直接材料期初库存(千克)	2 250
直接材料采购量(千克)	19 800
×直接材料的标准单价(元/千克)	100
2012年直接材料采购总成本(元)	1 980 000

4.3.4　直接人工预算

直接人工预算是企业在预算期内为完成生产预算所需的直接人工工资及福利费的预算。直接人工预算的政策性较强,生产部门要在公司人力资源及财务部的指导下编制,同时,公司人力资源及财务部还要汇总编制整个公司的工资总额预算。

1. 直接人工预算的编制方法

在实务中,直接人工预算的编制是比较复杂的,因为它和员工的物质利益密切相关,而且涉及很多政策性的事项。例如,企业各部门员工之间的工资水平差距要相对合理,要体现按劳分配、按贡献分配和多劳多得、多贡献多得的分配原则。具体编制时,要根据公司的工资政策和分配制度来确定直接人工预算的编制方法。两种常用的编制方法如下:

(1)劳动定额法

劳动定额是在一定的生产技术组织条件下,为生产单位合格产品或完成一定工作量所规定的必要劳动消耗量的标准,或者规定在单位时间内每个岗位(或工序、流水线等)完成合格产品数量或工作量的标准,具体包括定员定额、劳动生产率定额、工时定额、工资定额、服务定额等。

劳动定额法编制直接人工预算就是依据预算期的产品生产量、单位产品标准或工时定额、小时工资率和福利费用计提标准等资料计算编制直接人工预算的方法。如果产品生产耗用不同工种的人工,则按不同工种各自的小时工资率分别计算。

(2)工效挂钩法

工效挂钩法是指公司总部给下属单位核定工资基数、确定挂钩项目、设计挂钩比例、下达预算指标,并根据预算指标完成情况计算发放所在单位工资总额的办法。工效挂钩法一般适用于连续作业、协作作业、自动作业,劳动定额不易制定的化工企业、煤炭企业等。

实行工效挂钩法的关键是要做到两个科学合理:一是挂钩的项目及指标要科学、合理;二是各项目、指标提成或罚款的系数要科学、合理。工效挂钩法设计的总要求是:不管出现什么情况,工资发放总额都要在受控的范围内。

2. 直接人工预算的编制实例

【例4-5】 中兴公司2012年度四种产品需要的标准人工时间如表4-11所示,单位小时的工资标准是20元,其他资料同上例,则中兴公司2012年度直接人工预算见表4-12。

表4-11 中兴公司2012年度标准人工时间表

	A产品	B产品	C产品	D产品
每袋的标准人工小时数	1	2	4	5

表4-12 中兴公司2012年度直接人工预算表

产品名称	2012年预算产量(袋)	标准人工(小时数/袋)	生产时间(小时)
A产品	12 000	1	12 000
B产品	10 000	2	20 000
C产品	9 800	4	39 200
D产品	5 600	5	28 000
合计			99 200
工资标准(元/小时)			20
直接人工工资总成本(元)			1 984 000

4.3.5 制造费用预算

1. 制造费用内容

由于制造费用的发生并不是明确地为了某一种产品而产生的,所以也不能像直接材料、直接人工那样在发生的时候就直接归集到相应获益的产品上,只能在一定的期间内对制造费用加以汇总,然后按照一定的方法分配到相应的产品成本中。

为了便于规划与控制,在编制预算时,应按类别将制造费用划分为若干项目,逐项预计并确定其额度。一般是按成本习性将制造费用划分为变动制造费用和固定制造费用两大类。这样划分,便于运用不同的预算控制手段对变动制造费用和固定制造费用分别进行控制。因此其预算也要分成两部分来编制,变动制造费用依据分配率确定,固定制造费用采用增量法或零基预算法确定。

分解制造费用的方法主要有直接人工标准工时分配法、生产工人工资比例法、机器工时比例法、按年度计划分配率分配法等。这些方法虽然分配依据不同,但原理都是一样的:

首先,将制造费用总额除以一定的标准总额,这个标准可以是生产总工时、工人工资总额等。其次,计算出每一单位该标准应分摊的费用额。最后,按照每种产品消耗的这种标准的数量,乘以标准分摊额,得出该产品负担的制造费用。

以直接人工标准工时分配法为例,制造费用的分配应遵循如下公式:

制造费用分配率=预计制造费用总额/预计直接人工工作小时数

某产品负担的制造费用数额=该产品耗用的直接人工工作小时数×制造费用分配率

2. 制造费用预算编制实例

【例4-6】 中兴公司对制造费用采用直接人工标准工时分配率,制造费用资料如表4-13所示,其他资料同上例。

表 4-13　　　　　　　　　中兴公司制造费用资料表

项目	金额(元)
间接材料费用	120 000
间接人工费用	135 000
折旧费用	102 000
水电维修费用	46 000
管理费用	78 000
其他	15 000
合计	496 000

根据以上资料,可得

制造费用分配率=预计制造费用总额/预计直接人工工作小时数

　　　　　　=496 000÷99 200=5(元/小时)

中兴公司制造费用预算如表4-14所示。

表 4-14　　　　　　　　　中兴公司制造费用预算表

项目	生产时间（小时）	制造费用分配率（元/小时）	制造费用（元）
A产品	12 000	5	60 000
B产品	20 000	5	100 000
C产品	39 200	5	196 000
D产品	28 000	5	140 000
合计	99 200	—	496 000

4.4　成本、费用预算

4.4.1　产品成本预算

产品成本预算是对直接材料预算、直接人工预算和制造费用预算涉及的主要成本数据的汇总，得出企业产品的总成本、各种产品各自的总成本和各种产品的单位成本。因此，当产品生产量预算、直接材料预算、直接人工预算和制造费用预算编制完成以后，产品成本预算就会很容易地编制出来。

生产预算编制完成之后，企业产品成本的各要素项目都清楚了，但还不能了解各种产品总体的成本情况和单位成本数额，无法从整个企业供、产、销的链条上把握企业的生产经营状况，所以产品成本预算的编制是非常重要的。一般来说，产品成本预算需要由财务部门根据汇总来的采购部门、生产部门、管理部门等企业各相关部门各自的预算数据整理而成。

【例 4-7】　根据上述诸例，可以汇总中兴公司 2012 年各种产品的直接材料成本预算表（见表 4-15）、直接人工成本预算表（见表 4-16）和制造费用预算表（见表 4-14），编制出中兴公司 2012 年度产品成本预算表（见表 4-17）。

表 4-15　　　　　　　　中兴公司直接材料成本预算表

产品名称	直接材料需要量（千克）	直接材料单价（元/千克）	直接材料成本（元）
A产品	1 440	100	144 000
B产品	3 600	100	360 000
C产品	5 880	100	588 000
D产品	6 720	100	672 000
合计	17 640	—	1 764 000

表 4-16　　　　　　　　中兴公司直接人工成本预算表

产品名称	生产时间（小时）	单位时间人工成本（元/千克）	直接人工成本（元）
A产品	12 000	20	240 000
B产品	20 000	20	400 000
C产品	39 200	20	784 000

（续表）

产品名称	生产时间(小时)	单位时间人工成本(元/千克)	直接人工成本(元)
D产品	28 000	20	560 000
合 计	99 200	—	1 984 000

表 4-17　　　　　　　　　中兴公司 2012 年度产品成本预算表

产品名称	A产品	B产品	C产品	D产品	合计
预计生产量(袋)	12 000	10 000	9 800	5 600	—
直接材料成本(元)	144 000	360 000	588 000	672 000	1 764 000
直接人工成本(元)	240 000	400 000	784 000	560 000	1 984 000
制造费用(元)	60 000	100 000	196 000	140 000	496 000
生产成本(元)	444 000	860 000	1 568 000	1 372 000	4 244 000
单位生产成本(元)	37	86	160	245	

4.4.2　费用预算

费用指的是除制造费用以外的企业日常销售和经营管理活动所发生的各项费用,主要包括销售费用和管理费用。

1. 销售费用

销售费用是指企业在销售产品、自制半成品和提供劳务等过程中发生的费用,包括由企业负担的包装费、运输费、广告费、装卸费、保险费、委托代销手续费、展览费、租赁费(不含融资租赁费)和销售服务费、销售部门人员工资、职工福利费、差旅费、办公费、折旧费、修理费、物料消耗、低值易耗品摊销以及其他经费等。

销售费用不仅要反映预算期间预计的销售量所需要的相应费用支出,而且还要考虑营销努力,比如广告、促销等推广手段。应该注意的是:类似广告、促销等活动与企业的战略目标也是密切相关的。在未来一个较长的时间内保持现有市场份额,并且不断增长,相关市场推广的支出在战术预算中是必不可少的。

2. 管理费用

管理费用是指企业行政管理部门为组织和管理生产经营活动而发生的各项费用。管理费用属于期间费用,在发生的当期就计入当期的损益。具体项目包括:公司经费、董事会会费、业务招待费、工会经费、职工教育经费、税金、技术开发费、无形资产摊销、咨询费、诉讼费、会务费、坏账损失、上缴上级管理费、劳动保险费、待业保险费以及其他管理费用。

管理费用是一般管理业务所必要的费用。随着企业规模的扩大,一般管理职能日益显得重要,从而其费用也相应增加,因此编制管理费用预算时,要分析企业的业务和一般经济状况,务必做到费用合理化。管理费用多属于固定成本,所以,一般是以过去的实际开支为基础,按预算期的可预见变化来调整,重要的是,必须充分考察每种费用是否必要,以便提高费用效率。

【**例 4-8**】　中兴公司根据市场调研和销售预算、生产预算等相关预算编制了公司 2012 年度销售费用和管理费用预算,见表 4-18 和表 4-19。

表 4-18　　　　　　　　　　　中兴公司 2012 年度销售费用预算表

项目	金额(元)
销售人员工资	125 000
折旧费用	100 000
机器运行和维修费用	90 000
广告费用	150 000
相关费用分摊	50 000
销售佣金(预算销售收入的 1%)	57 500
合计	572 500

表 4-19　　　　　　　　　　　中兴公司 2012 年度管理费用预算表

项目	金额(元)
管理人员工资	300 000
折旧费用	95 000
办公用品等杂费	75 000
坏账准备	100 000
相关费用分摊	45 000
合计	615 000

在预算里列出的这些费用中,只有销售佣金、坏账准备的预期增减变动与销售量是相关的(不是生产量),当然坏账准备还会受其他相关因素的影响,比如购买的商誉等。机器运行和维修费用与销售量可以是半相关,其他费用基本是固定的。

◆ 本章小结

• 经营预算也称作业务预算、营业预算,它是预算期内企业日常生产经营活动的具体安排,是为规划和控制未来时期的生产、销售等经常性业务以及与此相关的各项成本和收入而编制的预算。

• 按照全面预算的编制顺序,经营预算是全面预算编制的起点,它包括销售预算、生产预算、其他费用预算等内容。

• 编制经营预算是在综合考虑企业内外的情况下,为企业的成长和发展创造一个良好的内外部环境。具体地说,编制经营预算的目的是协调企业内部关系、适应复杂多变的外部环境以及明确企业的生产经营目标和奖惩标准。

• 在市场经济条件下,企业的生产经营活动一般都是"以销定产"的,与此相适应,经营预算编制也往往是以销售预算的编制为起点。

• 销售量预测的基本方法按其性质划分为定性预测法和定量预测法。

● 预算单价的制定方法有：成本加成定价法、边际贡献定价法、随行就市定价法、竞争定价法和需求差别法。

● 生产预算的编制要以销售量和预计产成品存货为基础。

● 分解制造费用的方法主要有直接人工标准工时分配法、生产工人工资比例法、机器工时比例法、按年度计划分配率分配法等。

思考与练习

一、单项选择题

1.（   ）是全面预算编制的起点。

A. 资本支出预算　　　B. 筹资预算　　　　　C. 经营预算　　　　　D. 财务预算

2. 根据对事物的分析和主观判断能力对预测对象的性质和发展趋势做出推断的预测方法是（   ）。

A. 定性预测法　　　　B. 定量预测法　　　　C. 简单平均法　　　　D. 季节预测法

3. 根据有关的历史资料，运用现代数学方法对历史资料进行分析加工整理，并通过建立预测模型来对产品的市场销售趋势进行研究并做出推测的预测方法是（   ）。

A. 定性预测法　　　　B. 定量预测法　　　　C. 判断分析法　　　　D. 德尔菲法

4. 企业将一种新产品推向市场时，为该产品定了较高的价格。这种定价方法是（   ）。

A. 反向定价法　　　　B. 渗透定价法　　　　C. 撇脂定价法　　　　D. 折扣定价法

5. 生产预算中的预计产品生产量可按以下公式计算（   ）。

A. 预计产品生产量＝预算期销售量＋预算期末预计存货量－预算期初存货量

B. 预计产品生产量＝预算期销售量＋预算期末预计存货量＋预算期初存货量

C. 预计产品生产量＝预算期销售量－预算期末预计存货量－预算期初存货量

D. 预计产品生产量＝预算期销售量＋预算期末预计存货量

二、多项选择题

1. 企业进行销售预测时需要考虑以下外部因素（   ）。

A. 需求动向　　　　　　　　　　　　　B. 经济变动

C. 同业竞争动向　　　　　　　　　　　D. 政府、消费者团体的动向

2. 企业进行销售预测时需要考虑以下内部因素（   ）。

A. 营销策略　　　　　B. 销售政策　　　　　C. 销售人员　　　　　D. 生产状况

3. 产品价格确定的技巧主要有以下几种（   ）。

A. 反向定价法　　　　B. 渗透定价法　　　　C. 撇脂定价法　　　　D. 折扣定价法

三、简答题

1. 简述销售量预测的基本方法。

2. 如何制定直接材料、直接人工预算？

四、计算题

1. 某企业生产经营某种产品，过去 6 年的实际销售量如表 4-20 所示。按照简单平均法、移动平均法分别计算 2012 年销售量。

表 4-20　　　　　　　　　　　**产品实际销售量**　　　　　　　　　　　单位:万台

年份	实际销售量	年份	实际销售量
2006	22	2009	30
2007	24	2010	26
2008	28	2011	32

2.某机械厂有两个直接成本项目——直接材料成本和直接人工成本以及一个间接成本项目——制造费用(以直接人工小时为分配基础),机械厂6、7月份的有关销售成本预算如表4-21所示。请填写表中的空缺数据。

表 4-21　　　　　　　　　　　**销售成本预算表**　　　　　　　　　　　单位:千元

项目	6月份	7月份
期初产成品存货	87	
直接材料成本		847
直接人工成本	481	389
制造费用	772	
当月产品生产成本合计	2 215	1 878
可供销售的产成品		1 949
期末产成品存货		94
产品销售成本	2 189	

第5章 资本支出预算

学习目标

通过本章的学习,学生应该能够:

- 了解资本支出预算的概念;
- 了解资本支出预算的内容和特点;
- 了解资本支出预算的步骤及作用;
- 理解资金时间价值、风险和报酬的观念;
- 掌握资本支出预算编制方法。

引导案例

云南万绿生物股份有限公司(简称万绿公司)成立于1999年,是国内从事芦荟产业开发的大型企业,公司注册资金为3 000万元人民币,总部设在"中国芦荟之乡"——云南元江,在昆明、北京、上海等地设有分支机构。2005年,其计划投资芦荟深加工项目。以下是万绿公司购置固定资产的资本预算过程。

一、计划与预算(planning and budgeting)

1.项目背景

本项目是一个芦荟深加工项目,属于农产品或生物资源的开发利用,符合国家生物资源产业发展方向,是新兴的朝阳产业,且尚未开发和潜在的市场是巨大的。

2.需求情况

根据化妆品工业协会与国际咨询公司Datamonitor预测,中国化妆品市场今后几年以10%～20%的年均增长率发展,作为化妆品新生力量的芦荟化妆品,将以高于整个化妆品产业发展的速度增长,这是业内人士的普遍估计。

3.项目生产能力设计

采用双变量不确定性因素方法进行生产规模的研究,发现选择年产40吨芦荟冻干粉的生产规模是比较妥当的。

具体产品方案如下:

①建成一条年产800吨(折合冻干粉40吨)芦荟浓缩液生产线。400吨供应冻干粉生产线作为原材料,其余400吨无菌包装后外销。

②建成一条年产20吨芦荟冻干粉生产线。

4.项目总投资估算

进行如下的估算:

(1)投资总分析

(2)产品成本估算

(3)销售价格预测

二、项目评估(evaluating)

1.财务可行性分析

第一步,测算项目的现金流量

第二步,确定适当的折现率——资本成本或期望报酬率

第三步,固定资产投资评价指标计算

第四步,投资项目敏感性分析

2.资金的筹集与使用

本项目总投资3 931.16万元,其中:1 965.58万元向商业银行贷款,贷款利率8%;其余1 965.58万元自筹,投资者期望的最低报酬率为20%。

这一资本结构也是该企业目标资本结构。

本项目建设期为一年。在项目总投资中,建设性投资3 450.16万元,应在建设期期初一次全部投入使用;流动资金481.00万元,应在投产第一年年初一次投入使用。项目生产期为15年。

三、事后复核(postcompletion reviews)

万绿公司从项目投产至今,通过每年对该项目生产销售等各项实际财务数据分析,发现该项目的实际运作状况与预期基本相符,暂时不需修正预期。

资料来源:百度文库

http://wenku.baidu.com/view/dd5fba0aba1aa8114431d994.html

企业要生存,发展是硬道理。企业要发展,就要在做好日常生产经营活动的同时,不断寻求新的投资机会,做好多元化经营和扩大再生产,使企业的经营活动充满后劲和活力。云南万绿生物股份有限公司是否应该投资于新项目?企业应该如何对资本支出项目进行决策?通过本章的学习,以上问题将会得到解答。

5.1 资本支出预算概述

5.1.1 资本支出预算的概念

资本支出预算是企业全面预算体系的重要组成部分,是规划未来期间选择和评价长期资本投资活动(如固定资产的构建、扩建等)的相关原则和方法步骤的预算。

企业进行的资本支出活动,主要是为了生产经营发展的长远需要,属于资本性投资活动。因为长期投资预算不涉及企业的日常经营活动,是企业不经常发生的、一次性业务的预算,往往需要进行专门决策,故又称作专门决策预算。

5.1.2　资本支出预算的内容

资本支出是和收益性支出相对的,它的受益期涉及未来多个会计期间。在一般情况下,资本支出按性质可划分为内部资本支出和外部资本支出。内部资本支出是指企业用于固定资产新建、改建、扩建、改造方面的投资和无形资产方面的投资;外部资本支出是指企业用于长期股权、联营投资及长期债券等方面的投资。因此,资本支出预算的内容包括固定资产投资预算、权益性资本投资预算、联营投资预算、无形资产投资预算和债券投资预算。

5.1.3　资本支出预算的特点

良好的资本支出预算可以促进企业的发展,增强企业的活力和竞争力,但是不适当的资本预算会使企业处于不利境地,甚至导致企业破产。因此,资本支出预算十分重要。企业要想做好资本预算,就要把握住资本预算的以下特点,充分发挥其优势。

1. 长期性

资本支出的受益期涉及未来几个会计期间。决策一旦失误,将使企业蒙受巨大损失,不仅使得企业浪费了大量的资金,甚至还会影响企业的战略目标。

2. 一次性

资本支出预算的对象是企业一次性的资本性投资活动,随着资本支出活动的完成,针对该项目的资本支出预算也随之结束。

3. 资金量大

由于资本支出预算涉及固定资产、新产品投产和研发等项目,投入的资金量一般都很大。所以资本支出预算的结果对企业通常会有较大影响。

4. 时效性

资本预算的支出及其产生的报酬发生在不同时期,投资时需要一次性的大量资金投入,收益却分布在以后的较长时间内,因此要考虑货币的时间价值。

5. 高风险

不论是对内的固定资产投资,还是对外的联营投资、股权投资,不仅需要投入大量资金,而且投资项目完成后会形成大量的沉没成本和长期资产,如果市场、技术、价格等客观经济环境发生变化,都会给企业带来风险。

6. 专业技术性

资本支出活动不仅涉及基本建设、更新改造等技术性很强的活动,而且涉及股票、债券融资等专业特点明显的资本运作,这就决定了资本支出预算编制的专业性和技术性。

5.1.4　资本支出预算的步骤

资本支出预算是企业规划和控制的重点之一,也是全面预算系统中的重要组成部分。资本支出预算是一个综合性的工程,一般包含以下几个步骤:

①确定决策目标；

②提出各种可供选择的方案；

③估计战略、市场和技术因素，预计现金流量；

④估计并评价现金流量的风险程度；

⑤对各种投资方案进行比较选优；

⑥项目实施后，不断重新评估及事后审计。

5.1.5　资本支出预算的作用

通常情况下，资本支出涉及的都是比较大的投资项目或大量固定资产的购买，对企业的当期财务状况和未来期间的经营收益都有比较大的影响，同时存在很大的风险，因此资本支出预算的编制作用就是可以对这些项目进行事前、事中和事后的评价和控制。

1. 事前评价和甄选

资本支出项目在开始执行之前，必须对其可能带来的现金流出和未来的现金流入进行评价，考察对比各项目的投资获利情况和各自的风险程度，在企业可使用资金总量一定的前提下，在企业可承受的风险程度一定的基础上，选择未来收益和风险程度相宜的一个或几个项目。资本支出预算可以对这些评价和甄选情况加以总结概括，为管理人员的决策提供资料。

2. 事中跟踪和控制

对有些资本支出项目的资金投入很可能不是一次性的，同时在项目的进行过程中还可能出现很多变数，所以在资本支出预算的执行过程中，必须依照预算中拟定的标准，同时考虑情况的变化，对项目进行跟踪和控制，保证最终目标的成功完成。

3. 事后评价及对比

资本支出项目完成后，需要对其成功与否进行评价及对比。资本支出预算中的数据就可成为对比的依据，通过实际实现的各指标和预算指标相比，为该项目的最后评定提供依据，并为以后进行相关或类似的资本支出积累资料。

5.2　相关基本财务观念

在编制资本支出预算时，需要对各种投资方案进行比较选优。在比较中，不仅要考虑当期的情况，还要考虑未来期间的情况；不仅要考虑项目顺利进行的情况，还要考虑随时可能出现的风险。这样才能得出客观合理的决策。此时需要明确两个基本财务观念：资金时间价值、风险和报酬。

5.2.1　资金时间价值

资金时间价值，是指资金在经历一段时间的投资和再投资后所增加的价值，也称货币时间价值。

为了计算货币时间价值量，一般是用"现值"和"终值"两个概念表示不同时期的货币时间价值。现值又称本金,是指资金现在的价值。终值又称本利和,是指资金经过若干时期后包括本金和时间价值在内的未来价值。通常有单利终值与现值、复利终值与现值、年金终值与现值。

1. 单利终值与现值

单利是指只对借贷的原始金额或本金支付(收取)的利息。我国银行一般是按照单利计算利息的。

(1)单利终值

单利终值是本金与未来利息之和。其计算公式为

$$F = P + I = P \times (1 + i \times n)$$

式中　　F——单利终值;

　　　　P——本金,又称期初金额或现值;

　　　　I——未来利息;

　　　　i——利率;

　　　　n——计息次数。

【例 5-1】　张红将 1 000 元现金存入银行,银行一年期定期利率为 3%。计算第一年和第二年的终值。

$F_1 = 1\,000 \times (1 + 3\% \times 1) = 1\,030$（元）

$F_2 = 1\,000 \times (1 + 3\% \times 2) = 1\,060$（元）

(2)单利现值

$$P = F/(1 + i \times n)$$

式中　　P——本金,又称期初金额或现值;

　　　　i——利率;

　　　　F——单利终值;

　　　　n——计息次数。

【例 5-2】　张红希望 5 年后获得 100 000 元本利和,已知银行利率为 3%,采用单利计算,现在需要存入银行多少现金?

$P = F/(1 + i \times n) = 100\,000/(1 + 3\% \times 5) = 86\,956.52$（元）

2. 复利终值与现值

复利就是不仅本金要计算利息,本金所生的利息在下期也要加入本金一起计算利息,即通常所说的“利滚利”。

(1)复利终值

复利终值是指一定数量的本金在一定的利率下按照复利的方法计算出的若干时期以后的本金和利息。复利终值的计算公式为

$$F = P \times (1 + i)^n$$

式中　　F——复利终值;

　　　　P——本金,又称期初金额或现值;

　　　　i——利率;

　　　　n——计息次数。

复利终值公式中,$(1+i)^n$ 称为复利终值系数,用符号 $(F/P,i,n)$ 表示。复利终值系数可以通过查"复利终值系数表"获得。通过复利终值系数表,还可以在已知 F、i 的情况下查出 n;或在已知 F、n 的情况下查出 i。

(2)复利现值

复利现值是指未来一定时间的特定资金按复利计算的现在价值,即为取得未来一定本利和现在所需要的本金。例如,将 n 年后的一笔资金 F,按年利率 i 折算为现在的价值,这就是复利现值。由终值求现值,称为折现,折算时使用的利率称为折现率。

复利现值的计算公式为

$$P = F \times (1+i)^{-n}$$

式中,$(1+i)^{-n}$ 称为复利现值系数,用符号 $(P/F,i,n)$ 表示,其数值可通过查"复利现值系数表"获得。

【例5-3】 张红希望 5 年后获得 100 000 元本利和,已知银行利率为 3%,采用复利计算,现在需要存入银行多少现金?

$$P = F \times (1+i)^{-n} = F \times (P/F, 3\%, 5) \approx 100\ 000 \times 0.862\ 6 = 86\ 260(元)$$

3. 年金终值和现值

年金是指一定时期内,每隔相同的时间,收入或支出相同金额的系列款项。例如,折旧、利息、租金、保险费、零存整取等都属于年金问题。

年金根据每次收付发生的时点不同,可分为普通年金(后付年金)、先付年金(即付年金)、递延年金和永续年金四种。在这里只介绍最常见的普通年金。

普通年金是指从第一期起,在一定时期内,间隔相等时间,在每期期末收入或支出相等金额的系列款项。每一间隔期,有期初和期末两个时点,由于普通年金在期末这个时点上发生收付,故又称后付年金。

普通年金终值:

$$F = A \cdot \frac{(1+i)^n - 1}{i}$$

普通年金现值:

$$P = A \cdot \frac{1 - (1+i)^{-n}}{i}$$

式中　　F——普通年金终值;

　　　　P——普通年金现值;

　　　　A——每期期末收付的金额;

　　　　i——利率;

　　　　n——计息期数。

$\frac{(1+i)^n - 1}{i}$ 和 $\frac{1 - (1+i)^{-n}}{i}$ 分别为年金的终值系数和年金的现值系数,可以根据已经编制好的系数表查得。

【例5-4】 甲企业连续 4 年每年年末存入银行 100 000 元,已知银行利率为 3%,计算第 4 年年末本利和。

$$F = A \times (F/A, 3\%, 4) \approx 100\ 000 \times 4.183\ 6 = 418\ 360(元)$$

5.2.2 风险和报酬

1.风险和风险的衡量

(1)风险的含义

在企业财务活动中,每一个环节都可能面临着风险。风险是指在一定条件下或一定时期内,某一项行动具有多种可能而不确定的结果。从财务管理的角度来看,风险是企业在各项财务活动过程中由于各种难以预料或无法控制的因素作用,使企业实际收益与预计收益发生背离,从而蒙受经济损失的可能性。

风险产生的原因是由于缺乏信息和决策者不能控制未来事物的发展过程而引发的。风险具有多样性和不确定性,人们可以事先估计采取某种行动可能导致的各种结果以及每种结果出现的可能性大小,但无法确定最终结果是什么。

风险是客观的、普遍的,广泛地存在于企业的财务活动中,并影响着企业的财务目标。企业的财务管理工作几乎都是在存在风险和不确定的情况下进行的,离开了风险因素就无法正确地评价企业报酬的高低。因此,企业财务人员必须了解风险的相关知识。

(2)风险的类型

企业面临的风险有很多,按风险的起源和影响可以将风险分为基本风险和特定风险。

基本风险是指风险的起源与影响方面都与特定的组织或个人无关,至少是某一个特定的组织和个人所不能阻止的风险,即全社会普遍存在的风险。它由企业的外部因素引起,企业无法控制、无法分散,涉及所有的投资对象,又称系统风险或不可分散风险,如战争、自然灾害、经济衰退、经济周期的变化等带来的风险。

特定风险是指由特定的因素引起,其损失仅仅涉及特定组织或者个人的风险,如个别企业的特有事件造成的风险。它是随机发生的,只与个别企业和个别投资项目有关,不涉及所有企业和所有项目,是可以分散的,又称非系统风险和可分散风险,如产品开发失败、工人罢工、失去销售市场等。特有风险还可以进一步分为经营风险和财务风险。

①经营风险

经营风险是指由于企业生产经营方面的原因给企业目标带来不利影响的可能性。这些生产经营方面的原因可能来自于企业内部,也可能来自于企业外部,例如,由于原材料供应地发生变动或出现新材料等因素将会给企业带来供应方面的风险,由于销售决策失误将会给企业销售方面带来风险。

②财务风险

财务风险是指由于企业举债而给企业目标带来不利影响的可能性,又称筹资风险。企业举债,借入的资金需要还本付息,当无力偿还到期债务时,企业便会陷入困境甚至破产,同时会对自有资金的盈利能力造成影响。借款虽可以解决企业资金短缺的困难,但也改变了企业的资金结构和自有资金利润率,借入资金所获得的利润是否大于支付的利息额具有不确定性,所以借款就有风险。因此,企业要确定合理的资金结构,提高资金盈利能力,防止财务风险加大。

(3)风险的衡量

风险是客观存在的,所以应该正视风险并且将风险程度予以量化,进而进行比较准确的衡量。衡量风险的指标主要有收益率的概率、期望值、方差、标准差和标准差率等。

对风险进行衡量时,一般利用概率分布,采用期望值和标准差来计算与衡量风险的大小。

①概率

概率是用百分数或小数来表示随机事件发生可能性及出现结果可能性大小的数值。概率分布必须符合以下两个要求(P_i 为第 i 种情况发生的概率):

$$0 \leqslant P_i \leqslant 1; \sum P_i = 1$$

②期望值

期望值是一个概率分布中的所有可能结果,以各自相对应的概率为权数计算的加权平均值。其计算公式为

$$E = \sum_{i=1}^{n} X_i P_i$$

式中　　E——期望收益率;

　　　　X_i——第 i 种可能结果的收益率;

　　　　P_i——第 i 种可能结果的概率;

　　　　n——可能出现结果的个数。

【例 5-5】　A 公司和 B 公司股票的收益率及其概率分布见表 5-1,试计算两个公司股票的期望收益率。

表 5-1　　　　　　　　　　　股票收益率及其概率分布

经济情况	发生概率	收益率/%	
		A 公司	B 公司
好	0.3	40	70
一般	0.6	20	20
差	0.1	0	−30

两个公司股票的期望收益率的计算如下:

$E_A = 40\% \times 0.3 + 20\% \times 0.6 + 0 \times 0.1 = 24\%$

$E_B = 70\% \times 0.3 + 20\% \times 0.6 + (-30\%) \times 0.1 = 30\%$

从计算结果来看,B 公司股票的期望收益率高于 A 公司。

③方差

收益率的方差是用来表示某资产收益率的各种可能结果与其期望值之间的离散程度的一个指标,一般用 σ^2 表示。其计算公式为

$$\sigma^2 = \sum_{i=1}^{n} \left[(X_i - E)^2 \cdot P_i \right]$$

式中　　σ^2——方差;

　　　　E——期望收益率;

　　　　X_i——第 i 种可能结果的收益率;

　　　　P_i——第 i 种可能结果的概率;

　　　　n——可能出现结果的个数。

【例 5-6】　某企业有 A、B 两个投资项目,两个投资项目的收益率及其概率分布情况如表 5-2 所示。试判断项目 A 和项目 B 的风险哪个更大?

表 5-2 项目 A 和项目 B 的收益率及其概率分布

项目实施情况	该种情况概率		投资收益率/%	
	项目 A	项目 B	项目 A	项目 B
好	0.2	0.3	15	20
一般	0.6	0.4	10	15
差	0.2	0.3	0	-10

根据公式分别计算项目 A 和项目 B 的期望投资收益率如下：

项目 A 的期望投资收益率 $E_A = 15\% \times 0.2 + 10\% \times 0.6 + 0 \times 0.2 = 9\%$

项目 B 的期望投资收益率 $E_B = 20\% \times 0.3 + 15\% \times 0.4 + (-10\%) \times 0.3 = 9\%$

从计算结果来看，A、B 两个投资项目的收益率是一样的。这就要对两个投资项目的风险进行衡量。根据公式分别计算项目 A 和项目 B 投资收益率的方差如下：

项目 A 的方差 $\sigma_A^2 = (15\% - 9\%)^2 \times 0.2 + (10\% - 9\%)^2 \times 0.6 + (0 - 9\%)^2 \times 0.2$
$= 0.002\ 4$

项目 B 的方差 $\sigma_B^2 = (20\% - 9\%)^2 \times 0.3 + (15\% - 9\%)^2 \times 0.4 + (-10\% - 9\%)^2 \times 0.3$
$= 0.015\ 9$

由此可见，在期望收益率相同的情况下，项目 B 的风险比项目 A 的风险大。

④标准差

标准差是各种可能的报酬率偏离期望报酬率的综合差异，是反映离散程度的一种量度，是衡量风险大小的一种统计指标，一般用 σ 表示。一般来说，标准差越大，离散程度越大，风险就越大。其计算公式为

$$\sigma = \sqrt{\sum_{i=1}^{n} \left[(X_i - E)^2 \cdot P_i \right]}$$

仍用【例 5-6】资料，通过计算，项目 A 的标准差 $\sigma_A \approx 0.049$，项目 B 的标准差 $\sigma_B \approx 0.126$，所以项目 B 的风险比项目 A 的风险大。

⑤标准差率

标准差率是收益率的标准差与期望值之比，也可称为变异系数，一般用 v 表示。在期望值不同的情况下，标准差率越大，风险越大；反之，风险越小。其计算公式为

$$v = \frac{\sigma}{E} \times 100\%$$

【例 5-7】 甲、乙方案的资料见表 5-3，计算两方案的标准差率。

表 5-3 甲、乙方案资料

项目	甲	乙
期望值/%	10	20
标准差/%	5	6

甲方案标准差率 $= 5\% \div 10\% \times 100\% = 50\%$

乙方案标准差率 $= 6\% \div 20\% \times 100\% = 30\%$

所以乙方案的风险较小。

标准差率以相对数衡量资产的全部风险的大小,它表示每单位预期收益所包含的风险,即每一元预期收益所承担的风险的大小。

2.风险和报酬的关系

人们对待风险的态度是有差别的,一般的投资者都是风险厌恶者,在报酬率相同的情况下人们一般会选择风险小的项目;风险相同时他们会选择报酬率高的项目。但问题是,有时候风险大的项目,报酬率较高;风险小的项目报酬率也较低,那么投资者将如何决策呢? 这就要看高报酬是否高到值得投资者去冒险,以及投资者对待风险的态度。

风险和报酬的基本关系是风险越大要求的报酬率越高。如前所述,各投资项目的风险大小是不同的,在投资报酬率相同的情况下,人们会选择风险小的项目,竞争的结果使其风险增加,报酬率下降。最终,高风险的项目必须有高报酬,否则就没有人投资;低报酬的项目必须低风险,否则也没有人投资。风险与报酬的这种关系是市场竞争的结果。

投资者要求获得的期望投资报酬率应该包括两部分(如图 5-1 所示),一部分是无风险报酬率,是投资者无论进行何种投资都能够达到的最低报酬率,是最低的社会平均资金利润率,相当于国库券的利息率。另一部分是风险报酬率,它与风险的大小有关,风险越大则要求的风险报酬率就越高。

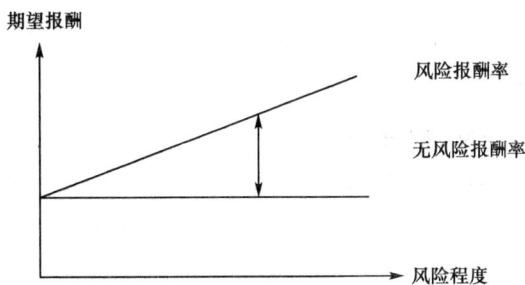

图 5-1　风险与报酬的关系

在没有通货膨胀的情况下,风险与报酬的关系可表示为

$$风险报酬率＝风险报酬率斜率×风险程度$$
$$必要投资报酬率＝无风险报酬率＋风险报酬率$$

用数学公式可表示如下:

$$R = b \times V$$

式中　　R——风险报酬率;

　　　　b——风险报酬率斜率,即图 5-1 中风险报酬率直线的斜率;

　　　　V——风险程度,一般用标准差率表示。

$$K = R_F + R$$

式中　　K——必要报酬率;

　　　　R_F——无风险报酬率;

　　　　R——风险报酬率。

风险报酬率斜率取决于全体投资者的风险回避态度,可以通过统计方法来测定。如果大家都愿意冒险,风险报酬率斜率就小,风险溢价不大;如果大家都不愿冒险,风险报酬率斜率就大,风险附加值就大。

5.3 资本支出预算编制

5.3.1 现金流量

资本支出预算编制的基础就是预测投资项目的现金流量,这也是资本支出预算决策最重要和最困难的环节。所谓现金流量,在投资项目决策中是指一个项目引起的企业现金支出和现金收入增加的数额,这里的"现金"是广义上的现金,它不仅包括各种货币资金,而且包括项目需要投入企业拥有的各种非货币资源的变现价值。

资本支出预算要求以实际支出和收到的现金流量作为项目评价的基础,而不采用会计利润作为评价依据,其原因如下:

(1)现金流量考虑了货币的时间价值因素

要做出科学合理的资本支出预算,必须要考虑货币时间价值,这就要求企业在进行资本支出预算时要搞清楚每笔预期收入和支出款项的具体发生时间,因为投资项目是长期的,不同的发生时间具有不同的价值。而会计利润的确定是以权责发生制为基础的,不仅没有考虑现金收入和支出的时间,而且也不考虑货币时间价值;现金流量的确定依据是收付实现制,考虑了货币时间价值,即不同时间点上的同量现金收入和支出具有不同的价值。以此为基础评价投资项目更为科学合理。

(2)现金流量考虑了投资的实际效果

会计利润的计算是以权责发生制为基础的,收入和费用不一定实际收到和付出了,很多都只是"应计项目",而不是实际现金流量,因此用其评价投资项目的实际效果会有很大不利影响,而现金流量是实际流入或流出企业的现金数额。

(3)现金流量可使资本支出预算更客观

会计利润在各年的分布量受到折旧计提方法、存货计价、费用摊派等会计政策和方法选择等人为因素的影响,而现金流量的确定不受这些因素的影响,从而保证了项目评价基础的客观性。但会计利润和现金流量两者并不是互相排斥的,所以资本支出预算中的现金流量可以以会计利润为基础进行相应的调整。

1.现金流量的构成

投资决策中的现金流量一般由以下三个部分构成:

(1)初始现金流量

初始现金流量是指开始投资时发生的现金流量,这部分现金流量一般是现金流出量。主要包括:固定资产上的投资,包括固定资产的购建成本、运输成本和安装成本等;流动资产上的投资,包括材料、产成品和现金等流动资产的投资;其他投资费用,包括与项目有关的职工培训费、技术转让费等;原有固定资产的变价收入,主要指固定资产更新时原有资产的变卖收入等。

(2)营业现金流量

营业现金流量是指投资项目投入使用后,在其寿命期内由于生产经营所带来的现金流入和流出的数量。该现金流量一般按年度计算。其中,现金流入量是指项目投产后每一年的营业收入,现金流出量是指与项目有关的现金支出和交纳的税金。

(3)终结现金流量

终结现金流量是指资本项目完结时发生的现金流量,主要包括:固定资产的产值收入或变现收入,原来垫支在各种流动资产上的资金的收回,停止使用的土地的变价收入等。

2. 现金流量的计算

如果一个项目每年销售收入等于营业现金收入,付现成本(不包括折旧成本)等于营业现金支出,那么,年营业现金净流量可用下列公式计算:

$$每年净现金流量（NCF）=每年营业收入×付现成本-所得税$$

$$每年净现金流量（NCF）=净利+折旧$$

【例5-8】 中兴公司准备购入一项设备以扩充公司的生产能力。现有甲、乙两个方案可供选择,甲方案需投资 10 000 元,使用寿命为 5 年,采用直线法计提折旧,5 年后设备无残值。5 年中每年销售收入为 6 000 元,每年的付现成本为 2 000 元。乙方案需投资 12 000 元,采用直线法计提折旧,使用寿命也为 5 年,5 年后有残值收入 2 000 元。5 年中每年的销售收入为 8 000 元,付现成本第一年为 3 000 元,以后随着设备变陈旧,逐年将增加修理费 400 元,另需垫支营运资金 3 000 元,假设所得税率为 25%,要求计算两个方案的现金流量。

第一步,计算两个方案的年折旧额:

甲方案年折旧额＝10 000÷5＝2 000(元)

乙方案年折旧额＝(12 000－2 000)÷5＝2 000(元)

第二步,计算两个方案的营业现金流量,如表5-4所示。

表 5-4　　　　　　　　甲、乙方案营业现金流量计算表　　　　　　　　单位:元

方案	项目	计算关系	第1年	第2年	第3年	第4年	第5年
甲方案	销售收入(1)		6 000	6 000	6 000	6 000	6 000
	付现成本(2)		2 000	2 000	2 000	2 000	2 000
	折旧(3)		2 000	2 000	2 000	2 000	2 000
	税前利润(4)	(4)=(1)-(2)-(3)	2 000	2 000	2 000	2 000	2 000
	所得税(5)	(5)=(4)×25%	500	500	500	500	500
	税后净利润(6)	(6)=(4)-(5)	1 500	1 500	1 500	1 500	1 500
	净现金流量(7)	(7)=(3)+(6)	3 500	3 500	3 500	3 500	3 500
乙方案	销售收入(1)		8 000	8 000	8 000	8 000	8 000
	付现成本(2)		3 000	3 400	3 800	4 200	4 600
	折旧(3)		2 000	2 000	2 000	2 000	2 000
	税前利润(4)	(4)=(1)-(2)-(3)	3 000	2 600	2 200	1 800	1 400
	所得税(5)	(5)=(4)×25%	750	650	550	450	350
	税后净利润(6)	(6)=(4)-(5)	2 250	1 950	1 650	1 350	1 050
	净现金流量(7)	(7)=(3)+(6)	4 250	3 950	3 650	3 350	3 050

第三步,结合初始现金流量和终结现金流量编制两个方案的全部现金流量(见表5-5)。

在现金流量的计算中,为了简化计算,假设各年投资是在年初(第0年)一次进行的,

把各年营业现金流量看作各年年末一次发生,把终结现金流量看作最后一年年末发生。

表5-5 甲、乙方案全部现金流量表 单位:元

方案	项目	第0年	第1年	第2年	第3年	第4年	第5年
甲方案	固定资产投资	−10 000					
	营业现金流量		3 500	3 500	3 500	3 500	3 500
	现金流量合计	−10 000	3 500	3 500	3 500	3 500	3 500
乙方案	固定资产投资	−12 000					
	营运资金垫资	−3 000					
	营业现金流量		4 250	3 950	3 650	3 350	3 050
	固定资产残值						2 000
	营运资金回收						3 000
	现金流量合计	−15 000	4 250	3 950	3 650	3 350	8 050

5.3.2 非折现现金流量指标

非折现现金流量指标是指不考虑资金时间价值,把不同时间的货币收支看成等效的各种指标。这类指标主要有投资回收期和平均报酬率。

1. 投资回收期

投资回收期(Payback Period Method,PPM)是指回收初始投资所需要的时间,一般以年为单位,是一种使用很广泛的投资决策指标。投资回收期法是根据投资回收期的长短来确定投资项目优劣的方法。回收期越短,说明资金回收速度越快,在未来期内承担的风险越小,投资效益越好。投资回收期的具体计算方法因每年营业净现金流量是否相等而有所不同。

(1)每年营业净现金流量相等的计算公式

$$投资回收期 = \frac{原始投资额}{每年营业净现金流量}$$

(2)每年营业净现金流量不相等的计算公式

$$投资回收期 = \frac{累计净现金流量末}{次出现负值的年份} + \frac{累计净现金流量末次负值的绝对值}{下一年营业净现金流量}$$

【例5-9】 中兴公司的有关资料见表5-5,分别计算甲、乙两个方案的投资回收期。

甲方案每年净现金流量相等,

甲方案:投资回收期 = 10 000 ÷ 3 500 ≈ 2.857(年)

乙方案每年净现金流量不相等,所以应先计算其各年尚未回收的投资额(详见表5-6)。

表5-6 乙方案各年尚未回收的投资额计算表 单位:元

年次	每年净现金流量	累计净现金流量
第0年	−15 000	−15 000
第1年	4 250	−10 750
第2年	3 950	−6 800

(续表)

年次	每年净现金流量	累计净现金流量
第3年	3 650	−3 150
第4年	3 350	200
第5年	8 050	8 250

乙方案回收期＝3＋3 150÷3 350≈3.94(年)

经过计算后,可以看出甲方案的投资回收期短于乙方案,如不考虑其他因素,甲方案可以作为扩大生产能力的投资方案。

投资回收期的概念容易理解,计算也比较简便,但这一指标的缺点是没有考虑货币的时间价值,没有考虑回收期满后现金流量状况,因而不能充分说明问题。

【例5-10】 有两个方案的预计净现金流量详见表5-7,试计算投资回收期,比较优劣。

表 5-7　　　　　　　甲、乙方案预计净现金流量表　　　　　单位:元

	第0年	第1年	第2年	第3年	第4年	第5年
甲方案	−10 000	4 000	6 000	6 000	4 000	4 000
乙方案	−10 000	4 000	6 000	6 000	6 000	6 000

两个方案的投资回收期相同,都是2年,如果用投资回收期进行评价,似乎两者不相上下,但实际上乙方案每年的营业净现金流量明显优于甲方案。

2.平均报酬率

平均报酬率(Average Rate of Return,ARR)是投资项目寿命周期内平均的年投资报酬率,也称平均投资报酬率。平均报酬率有多种计算方法,最常见的计算公式为

$$平均报酬率＝平均现金流量÷初始投资额×100\%$$
$$投资利润率＝年平均利润÷平均投资额$$

【例5-11】 根据前例的中兴公司资料(详见表5-5)计算平均报酬率。

甲方案平均报酬率＝3 500÷10 000×100%＝35%

乙方案平均报酬率＝[(4 250＋3 950＋3 650＋3 350＋8 050)÷5]÷15 000 ＝31%

平均报酬率的决策原则:在进行决策时,只有高于必要的平均报酬率的方案才能入选;而在有多个方案的互斥选择中,则选用平均报酬率最高的方案。

平均报酬率法的优点是简明、易算、易懂。其主要缺点是没有考虑资金的时间价值,第一年的现金流量与最后一年的现金流量被看作具有相同的价值,所以,有时会做出错误的决策。

5.3.3 折现现金流量指标

折现现金流量指标是指考虑资金时间价值的各种指标。这类指标主要有净现值、现值指数和内含报酬率。

1.净现值

净现值(Net Present Value,NPV)是指投资项目投入使用后的净现金流量,按一定贴现率折算为现值,减去投资额现值以后的差额。净现值法就是通过观察和比较不同方

案净现值的大小进行方案选择的方法。如果净现值为正数,说明投资报酬率大于预定的贴现率,该投资方案可行;如果净现值为零,投资报酬率等于预定的贴现率,该投资方案既无盈利也不亏损;如果净现值为负数,则说明投资报酬率低于预定的贴现率,该投资方案不可取。在资本投资额相同的方案中,净现值越大,投资经济效果越好,方案就越优。

(1)净现值的计算公式

$$NPV = \sum_{t=1}^{n} \frac{NCF_t}{(1+k)^t} - C$$

式中 NPV——净现值;

   NCF_t——投资项目在第 t 年年末的净现金流量;

   k——贴现率(资金成本或企业要求的报酬率);

   n——项目预计使用年限;

   C——项目初始投资额。

(2)确定贴现率

贴现率是指今后收到或支付的款项折算为现值的利率,它反映了投资者对资金时间价值估计的一个参数,其大小应取决于银行贷款利率的高低、投资项目性质、经营风险、经营目标和期望报酬率。

在实践中常用的贴现率一般有三种:一是采用银行贷款平均利率作为贴现率,这是投资项目获利水平的下限标准;二是以行业平均利润率为贴现率,体现了本行业投资利润率的标准,若低于这一标准,即使投资项目不亏本,也会使行业平均利润水平下降;三是以企业的平均资金成本为贴现率,说明项目的资金利润率若不能高于企业的资金成本,实际上是无利可图的。

贴现率在项目评估中起着关键的作用,不同的贴现率会带来不同的净现值,而不同的净现值又将影响投资方案的取舍。因此,在使用净现值法时,首先需要合理确定贴现率,一般投资项目趋向于选取略大于银行同期贷款利率的数值作为贴现率。

(3)净现值的计算过程

第一步,计算每年的营业净现金流量。

第二步,计算未来报酬总现值。如果每年的营业净现金流量相等,则按年金法折成现值;如果每年的营业净现金流量不相等,则先对每年的营业净现金流量进行折现,然后合计加总。之后将终结现金流量折算成现值,二者之和即为未来报酬总现值。

第三步,计算净现值。

净现值=未来报酬总现值-项目初始投资额

【例5-12】 根据前面所举例的中兴公司的资料(详见表5-5),假设资本成本为10%,计算净现值。

甲方案的 NCF 相等,可用公式计算:

甲方案:NPV = 未来报酬总现值-项目初始投资额

      = $NCF \times (P/A, 10\%, 5) - 10\ 000$

      = $3\ 500 \times 3.791 - 10\ 000$

      = $3\ 268.5$(元)

乙方案的 NCF 不相等,所以各年现金流量分别列表进行计算,详见表5-8。

表5-8　　　　　　　　　乙方案净现值计算表(净现值法)

年次	每年营业净现金流量(1)	现值指数(2)	现值=(1)×(2)
1	4 250	0.909	3 863.25
2	3 950	0.826	3 262.70
3	3 650	0.751	2 741.15
4	3 350	0.683	2 288.05
5	8 050	0.621	4 999.05
未来报酬总现值			17 154.20
减:项目初始投资额			15 000
净现值			2 154.2

从上面计算中可以看出,两个方案的净现值均大于零,故都是可取的。但甲方案的净现值大于乙方案,故中兴公司应选用甲方案。

净现值法的决策原则:在只有一个备选方案的采纳与否决决策中,净现值为正者则采纳,净现值为负者则不采纳;在有多个备选方案的互斥选择决策中,应选用净现值是正值中的最大者。

净现值法充分考虑了资金的时间价值,能够反映投资项目在整个经济年限内的总效益,可以根据需要来改变贴现率进行敏感性分析,因而是一种较好的方法。但净现值法在使用时需要企业事先确定一个贴现率,确定过程中不可避免地有人为因素的影响,一定程度上不能客观地得出未来报酬的总现值,而且无法揭示各方案自身的报酬比率究竟是多少。另外,净现值法是对两个或多个方案的净现值绝对数的比较,没有考虑初始投资大小、回收期长短等因素,不能真实反映方案的获利能力。

2. 现值指数

现值指数(Present Index,PI)也称为获利指数、净现值率,是投资项目未来报酬总现值与初始投资额的现值之比。现值指数法是通过观察和比较不同方案现值指数的大小进行方案选择的方法。

(1)现值指数的计算公式

$$现值指数 = \frac{未来报酬总现值}{初始投资额}$$

(2)计算过程

第一步,计算未来报酬总现值,这与计算净现值所采用的方法相同。

第二步,计算现值指数,即根据未来报酬总现值和初始投资额之比计算现值指数。

【例5-13】 根据前面所举例的中兴公司资料(详见表5-5和表5-8)计算现值指数。

甲方案现值指数＝13 268.5÷10 000≈1.327

乙方案现值指数＝17 154.2÷15 000≈1.144

现值指数法的决策原则:在只有一个备选方案的采纳与否决决策中,现值指数大于或等于1,则方案可行,反之,方案不可行;在有多个方案的互斥选择决策中,应选择现值指数超过 1 最多的投资方案。

现值指数法考虑了资金的时间价值,能够真实地反映投资项目的盈亏程度;而且由于是相对数,克服了净现值的一部分缺点,消除了不同投资方案因原始投资额不同而带来的不可比性,有利于在不同投资方案之间进行对比。但现值指数法仍不可避免地受人为因素的影响,无法提示各方案自身的报酬比率究竟是多少。另外,现值指数的经济含义也不易理解。

3. 内含报酬率

内含报酬率(Internal Rate of Return,IRR)也称内部收益率,是使投资项目净现金流量总现值与原始投资额总现值相等时的折现率,即投资项目净现值等于零时的折现率。它反映了投资项目本身可达到的报酬水平。

(1)内含报酬率的计算公式

$$\sum_{t=1}^{n} \frac{NCF_t}{(1+r)^t} - C = 0$$

式中　　NCF_t——投资项目在第 t 年年末的净现金流量;

　　　　r——内含报酬率;

　　　　n——项目预计使用年限;

　　　　C——项目初始投资额。

(2)内含报酬率的计算过程

①每年的营业净现金流量相等

第一步,计算年金现值系数:

年金现值系数＝初始投资额/每年营业净现金流量

第二步,查年金现值系数表,在相同的期数内找出与上述年金现值系数相邻近的较大和较小的两个贴现率。

第三步,根据上述两个邻近的贴现率和已求得的年金现值系数,采用插值法计算出该投资方案的内含报酬率。

②每年的营业净现金流量不相等

第一步,先预估一个折现率,并按此折现率计算净现值。如果计算出的净现值为正数,则表明预估的贴现率小于该项目的实际内含报酬率,应提高贴现率,再进行测算;如果计算出的净现值为负数,则表明预估的贴现率大于该方案的实际内含报酬率,应降低贴现率,再进行测算。经过如此反复测算,找到净现值由正到负并且比较接近于零的两个折现率。

第二步,根据上述两个邻近的贴现率,再用插值法计算出方案的实际内含报酬率。

【例 5-14】 根据前面所举例的中兴公司的资料(详见表 5-5),计算内含报酬率。

第一步,由于甲方案的每年 NCF 相等,因而,可采用如下方法计算内含报酬率。

年金现值系数＝初始投资额/每年营业净现金流量＝10 000÷3 500≈2.857

查年金现值系数表,5 年期间与 2.857 相邻近的年金现值系数在 22%～23%,现用插值法计算如下:

折现率			年金现值系数		
22%			2.864		
?	$x\%$	1%	2.857	0.007	0.060
23%			2.804		

$x \div 1 = 0.007 \div 0.060$

$x \approx 0.12$

甲方案的内含报酬率＝22%＋0.12%＝22.12%

第二步,计算乙方案内含报酬率。

由于乙方案每年的 *NCF* 不相等,因而需要采用"逐步测试"法找出相邻的两个贴现率,然后用插值法计算内含报酬率。乙方案内含报酬率测试见表5-9。

表5-9   **乙方案净现值计算表(内含报酬率法)**   金额单位:元

年次	每年营业净现金流量	测试10%		测试15%		测试16%	
		复利现值系数	现值	复利现值系数	现值	复利现值系数	现值
0	−15 000	1.000	−15 000	1.000	−15 000	1.000	−15 000
1	4 250	0.909	3 863.25	0.870	3 697.50	0.862	3 663.5
2	3 950	0.826	3 262.70	0.756	2 986.20	0.743	2 934.85
3	3 650	0.751	2 741.15	0.658	2 401.70	0.641	2 339.65
4	3 350	0.683	2 288.05	0.572	1 916.20	0.552	1 849.20
5	8 050	0.621	4 999.05	0.497	4 000.85	0.476	3 831.80
净现值	—	—	2 154.20	—	2.45	—	−381

由表5-9可得出,该项目的内含报酬率一定在15%～16%。

现用插值法计算如下:

折现率			年金现值系数		
15%			0.25		
?	$x\%$	1%	0	2.45	383.45
16%			−381		

$x \div 1 = 2.45 \div 383.45$

$x \approx 0.006$

乙方案的内含报酬率＝15%＋0.006%＝15.006%

从计算结果可以看出,甲方案的内含报酬率较高,故甲方案效益比乙方案好。

内含报酬率法的决策规则:在只有一个备选方案的采纳与否决策中,如果计算出的内含报酬率大于或等于企业的资金成本或必要报酬率就采纳,反之,则拒绝;在有多个备选方案的互斥选择决策中,应选用内含报酬率超过资金成本或必要报酬率最多的投资项目。

内含报酬率能够清晰地反映投资项目的真实回报率,而且是相对指标,无需预先设定贴现率。但计算过程比较复杂,特别是每年 *NCF* 不相等的投资项目,一般要经过多次测算才能求得。

【例 5-15】 中兴公司资本支出项目经过以上各例的分析计算,决定采用甲方案,则利用以上各例资料,可编制资本支出预算,如表 5-10 所示。

表 5-10　　　　　　　中兴公司甲方案的资本支出预算表　　　　　　单位:元

	第 0 年	第 1 年	第 2 年	第 3 年	第 4 年	第 5 年
固定资产投资	−10 000					
营业现金流量		3 500	3 500	3 500	3 500	3 500
现金流量合计	−10 000	3 500	3 500	3 500	3 500	3 500

内含报酬率＝22.12%

5.4 资本支出预算中的风险调整

在进行资本支出预算决策时,现金流量均为假定或已知。但在现实经济生活中存在许多的不确定因素,使得项目具有某种程度的不确定性或风险。当项目的预计风险很大不容忽视时,就必须考虑风险因素的影响,进行相应的调整。调整的方法主要有贴现率风险调整和现金流量风险调整。

5.4.1 贴现率风险调整

贴现率风险调整是根据投资项目所承担的风险程度,确定相应的风险报酬率,加入到先前确定的资本成本中,构成所要求达到的投资报酬率,作为风险程度调整后的贴现率,并据以进行投资决策分析。因此,按风险程度调整的贴现率 R^* 就等于无风险利率 R 加上与项目相适应的风险报酬率 K,即 $R^* = R + K$。可见,项目的风险越大,则相应的风险贴现率就越大。以此来解决投资中隐含的风险,使经过调整的投资收益率与项目可能发生的风险水平相适应,使之能够成为"可接受的水平"的一种风险型投资决策技术。

无风险收益率或贴现率是由投资者根据对风险的态度,以及对项目隐含风险的预期决定的。不同的投资项目将会有不同的贴现率,这与作为社会折现率的贴现率是不一样的。因此,从一定程度上看,无风险贴现率是投资者主观的意愿决定的一个对风险的调整系数。

5.4.2 现金流量风险调整

由于不确定性因素的存在,会使预计的每年现金流量发生相应的变化,因此也就需要根据风险程度对每年的现金流量进行风险调整。具体的调整方法也有很多,最常用的是确定性等价法。这种方法就是把确定的预计各年现金流量,按一定的约当系数折算为大体相当于确定的现金流量的数量,然后利用无风险贴现率进行净现值计算和投资决策评价。约当系数又称确定等价因子,是第 t 年确定的现金流量 NCF_t^* 同与之相当的不确定的现金流量的期望值 NCF_t 的比值,通常用 d_t 来表示。即

$$NCF_t^* = d_t \times NCF_t$$

在进行评估时,可根据各年现金流量风险的大小,选择不同的约当系数。约当系数

为0~1,风险越大,约当系数越小。约当系数的选择因决策者的风险态度不同而不同,那些敢于承担风险的决策者会选用较大的约当系数,而不愿冒险的保守投资者则会选择较小的约当系数。因此为了避免过多的主观人为因素的影响,有些企业也采用现金流量的标准差率来确定约当系数。

5.5 资本支出预算的事后审计

采用折现现金流量方法评价投资方案需要对现金流量进行预测,这些预测对投资方案的接受与否具有很大的影响。如果预测不准确,将会导致决策者决策失误,造成损失。鉴于资本支出预算的重要性,大多数组织都会对项目进行系统的跟踪,这个程序也被称为事后审计或重新评价。

在事后审计中,管理人员首先要给予项目相关的实际现金流量信息,然后计算该项目的实际净现值或内部收益率,最后将该项目的预测值与实际结果进行比较。如果该项目未实现其预期目标,就要进行调查以确定其错误出自何处。有时,事后审计会揭示现金流量预测程序的缺陷。在这种情况下,就应该采取措施以提高未来现金流量分析的准确程度。

在进行项目评价时,事后审计的目标应是为资本支出预算人员、项目经理和管理团队提供有用的信息,而不是应用于惩罚性目的。

本章小结

• 资本支出预算是企业全面预算体系的重要组成部分,是规划未来期间选择和评价长期资本投资活动(如固定资产的构建、扩建等)的相关原则和方法步骤的预算。

• 资本支出预算的内容包括固定资产投资预算、权益性资本投资预算、联营投资预算、无形资产投资预算和债券投资预算。

• 资本支出预算具有长期性、一次性、资金量大、时效性、高风险、专业技术性等特点。

• 通常情况下,资本支出涉及的都是比较大的投资项目或大量固定资产的购买,对企业的当期财务状况和未来期间的经营收益都有比较大的影响,同时存在很大的风险,所以资本支出预算的编制作用就是可以对这些项目进行事前、事中和事后的评价和控制。

• 在编制资本支出预算时,我们需要明确两个基本财务观念:资金时间价值、风险和报酬。

• 资本支出预算要求以实际支出和收到的现金流量作为项目评价的基础,而不采用会计利润作为评价依据,是因为:现金流量考虑了货币的时间价值因素、投资的实际效果并且现金流量可使资本预算更客观。

• 非折现现金流量指标是指不考虑资金时间价值,把不同时间的货币收支看成等效的各种指标。这类指标主要有投资回收期和平均报酬率。

• 折现现金流量指标是指考虑资金时间价值的各种指标。这类指标主要有净现值、现值指数和内含报酬率。

思考与练习

一、单项选择题

1. 资本支出预算又称( )。

A. 经营预算　　　　B. 专门决策预算　　　C. 筹资预算　　　　D. 财务预算

2. 在一般情况下资本支出按性质可划分为( )。

A. 内部资本支出和外部资本支出　　　　B. 固定资产支出和无形资产支出

C. 权益性资本投资和债券投资　　　　D. 联营投资和股权投资

3. 普通年金是指( )。

A. 先付年金　　　　B. 后付年金　　　　C. 永续年金　　　　D. 递延年金

4. 按风险的起源和影响可以将风险分为( )。

A. 基本风险和特定风险　　　　B. 经济风险和技术风险

C. 静态风险和动态风险　　　　D. 自然风险和社会风险

5. 当某方案的净现值大于零时,其内部收益率( )。

A. 可能小于零　　　　B. 等于零

C. 一定大于设定折现率　　　　D. 可能等于设定折现率

6. 在对原始投资额相同的互斥方案进行决策时,可采用的方法之一是( )。

A. 投资回收期法　　B. 净现值法　　　C. 内部收益率法　　D. 净现值率法

7. 净现值随贴现率的变动而( )。

A. 同方向变动　　　B. 反方向变动　　　C. 正比例变动　　　D. 反比例变动

二、多项选择题

1. 资本支出预算的内容包括( )。

A. 固定资产投资预算　　　　B. 权益性资本投资预算

C. 联营投资预算　　　　D. 无形资产投资预算

E. 债券投资预算

2. 非折现现金流量指标主要有( )。

A. 投资回收期　　B. 平均报酬率　　　C. 净现值　　　　D. 现值指数

3. 折现现金流量指标主要有( )。

A. 净现值　　　　B. 现值指数　　　C. 内含报酬率　　　D. 平均报酬率

4. 一般情况下,下列表述正确的有( )。

A. 净现值大于0,方案可行

B. 净现值大于0,现值指数必定大于1

C. 净现值大于0,投资报酬率大于资金成本

D. 现值指数大于1,方案可行

三、简答题

1. 简述资本支出预算的步骤。

2. 简述资本支出预算的特点。

四、计算题

1.天成公司原有一套生产设备的主机是四年前购入的,原购置成本为 200 000 元,估计尚可使用六年,期满无残值,已计提折旧 80 000 元,账面折余价值为 120 000 元。若继续使用旧主机每年可获销售收入净额 298 000 元,每年付现的直接材料、直接人工和变动制造费用等营业成本为 226 000 元。现该公司为了提高产品的产量与质量,准备更换一台装有电脑自动控制设备的新主机,约需价款 300 000 元,估计可使用六年,期满估计有残值 15 000 元。购入新主机时,旧主机可作价 70 000 元。使用新主机后,每年可增加销售收入 50 000 元。同时每年可节约付现的营业成本 10 000 元。天成公司资本成本为12%,其财务对比资料如表 5-11 所示。请对天成公司是继续使用旧主机,还是更换新主机作决策分析。

表 5-11　　　　　　　　　天成公司新旧主机财务对比

	原主机	新主机
购入成本(元)	200 000	300 000
使用年限(年)	10	6
已使用年数(年)	4	0
期满残值(元)	0	15 000
年折旧额(元)	20 000	47 500
账面价值(元)	120 000	300 000
可作价(元)	70 000	0
年销售收入(元)	298 000	348 000
年付现营业成本(元)	226 000	216 000

2.某企业准备投资 400 万元生产新产品,通过市场预测,每年可获得收益及其概率如表 5-12 所示,假设该企业的风险价值系数为 8%,计划年度无风险报酬率为 5.67%,此项目是否可行?

表 5-12　　　　　　　　　每年收益及其概率

市场情况	预计每年收益(万元)	概率
好	150	0.2
中	90	0.5
差	30	0.3

第6章 筹资预算

学习目标

通过本章的学习,学生应该能够:

- 掌握企业筹资动机、筹资渠道和筹资方式;
- 掌握企业筹资原则;
- 了解筹资预算的重要性;
- 了解经营预算的编制内容和编制依据;
- 掌握经营资金需要量的两个预测方法;
- 了解项目筹资预算的编制目的、编制依据和特点;
- 掌握公司融资和项目融资的异同之处;
- 了解权益资本、债务资本举措;
- 了解项目资金筹措来源表和项目投资与筹资预算表的编制内容。

引导案例

位于成都市近郊新津县、拥有2亿多元资产、占全国泡菜市场60%份额的新蓉新公司,近年来却被流动资金的"失血"折磨得困苦不堪。企业创始人、总经理田玉文(人称"田大妈")目前在由成都市市委宣传部、统战部和市工商联联合召开的一次座谈会上大倒苦水。这位宣称"除了'田玉文'认不到多少字"的企业家当场发问:"我始终弄不懂:像我们这样的企业,一年上税三四百万,解决了附近几十个县的蔬菜出路,安排了六七千农民就业,从来没有烂账,为啥就贷不到款?!"

新蓉新公司最近的流动资金状况的确成问题。四、五月份正是蔬菜收购和泡菜出厂的旺季,该公司这段时间每天从农民手中购进价值70余万元的大蒜、萝卜等蔬菜,但是田大妈坦言,她已经向农民打了400多万元的"白条"。

这种状况让田大妈非常苦恼,她能有今天——据她自己说——全靠她的一诺千金。在她看来,"白条"所带来的信誉损失是难以接受的。新蓉新公司从零开始做到如今的2亿多元,历史上只有工商银行的少量贷款,大部分贷款都是"向朋友借的"。也正是为了维护这种民间信用关系,田大妈最近一气偿还了"朋友"的借款共2 000多万元。据说,现在新蓉新公司的民间借款几乎已经全部偿清。

这也正是新蓉新公司目前面临流动资金困境的主要原因之一。此外,为了引进设备建一个无菌车间,田大妈新近花了100多万元,购进土地110亩。近日,田大妈与她的长子、新蓉新公司董事长陈卫东为此发愁:如果弄不到800万元贷款,下一步收购四季豆就没法进行了。

田大妈说,一周前,公司已向工商银行提出了800万元公司贷款申请,但是目前还没有动静。

据田大妈说,新蓉新公司现有资产2.63亿元,资产负债率在10%左右。另据新津县委办公室负责人介绍,该公司目前已签订了3亿多元供货合同,在国内增加了几百个网点,预计年内市场份额能达到80%。

资料来源:http://jpkc.dyxy.net/2011yjjp/kjswxl/caiwu/cs14.html

企业为什么要进行筹资预算?企业筹资预算有哪些渠道及方式,企业怎样从中选择?企业筹资预算具体包括哪些内容?我们编制筹资预算的依据有哪些?怎样帮助田大妈解决流动资金困境的难题?通过本章的学习,上述问题将得到解答。

6.1　筹资预算概述

中国有句古话"兵马未动,粮草先行"。与此相似,企业要持续进行生产经营,尤其是进行长期投资活动,就必须制定筹资方案,编制筹资预算,按照预算运作资金,提高资金的使用效率,确保生产经营活动的进行和企业的运作。

筹资预算指的是:在预算期内,公司对需要借入的长期借款、短期借款、经批准可以使用的债券以及原有的借款、债券的偿还问题进行预算的财务活动。筹资预算主要解决两个问题:资本筹集方式、资本需要总量和时间安排。

6.1.1　企业筹资动机

筹资动机是企业进行筹资活动的基本出发点,可以归纳为以下四种类型。

1. 偿债性筹资动机

偿债性筹资动机指的是企业为了偿还一定债务而产生的筹资动机,其具体可分为两种情况:

(1)调整性偿债筹资

调整性偿债筹资是企业因需要调整现有的负债结构而产生的筹资动机。如果企业有足够能力支付到期债务,但是原有债务结构不合理,那么企业有可能进行举债筹资来调整负债结构,使之更加合理。

(2)恶化性偿债筹资

恶化性偿债筹资指的是,企业现有支付能力已经不足以偿还到期债务,不得已只能举债偿还。换句话说,恶化性偿债筹资就是借新债还旧债。如果出现这种情况,就说明企业的财务状况已经恶化。

2. 扩张性筹资动机

扩张性筹资动机指的是,因企业需要扩大生产经营规模或者追加对外投资而产生的筹资动机。产生这种筹资动机的企业,通常是具有良好发展前景、处于成长时期的企业。扩张性筹资会扩大企业资产规模,使得企业的收益增长。但是扩张性筹资所需要的资金量通常较大,这会使企业负债规模迅速扩大,并改变企业的资金结构,使企业承担较大的筹资风险。

3. 解困性筹资动机

解困性筹资动机指的是,企业为了缓解临时财务困境而产生的筹资动机。企业在生产经营过程中,不可避免地会遇到各种各样临时的财务困境,例如:突发事件导致企业急需支付大量资金时,上游供应商出现问题导致需要增加存货储备时,季节性销售导致存货大量增加等。上述情况都会使企业对资金的需求急剧增加,所以企业会想方设法去筹措资金,以解燃眉之急。

4. 混合性筹资动机

混合性筹资动机指的是,企业为满足多种需要而产生的筹资动机。企业可以通过混合性筹资活动达到多种目的,例如:调整资本结构、偿还债务、调整债务结构、扩大资金规模、缓解临时财务困境等。混合性筹资动机包含了上述的偿债性筹资、扩张性筹资和解困性筹资三种筹资动机。

6.1.2 企业筹资渠道

明确企业的筹资渠道就是解决资金从哪里来的问题。分析筹资渠道的特点有助于企业充分拓宽和正确利用筹资渠道,合理确定企业的资金来源结构。

目前,企业筹资渠道主要有以下几种:

(1)企业自有资金

企业自有资金主要包括资本金、留存收益(即盈余公积金和未分配利润)、发行股票以及计提折旧形成的沉淀资金等。这类资金的特点是企业不用归还。

(2)银行信贷资金

银行是目前我国各类企业最为主要的资金来源。我国银行主要分为商业性银行和政策性银行。商业性银行是以盈利为目的,从事信贷资金投放的金融机构,它主要为企业提供各种商业贷款。政策性银行是为特定企业提供政策性贷款。

(3)非银行金融机构资金

非银行金融机构主要包括:信托投资公司、保险公司、租赁公司、证券公司和财务公司等。它们提供各种金融服务,包括:信贷资金投放、物资融通以及为企业承销证券等。

(4)其他企业资金

企业在生产经营过程中,往往会形成部分暂时闲置的资金,为了一定目的,这笔资金可以在企业间相互投资。此外,企业间的购销业务可以通过商业信用方式完成,从而形成企业间的债权债务关系,形成债务人对债权人的短期信用资金占用。企业间的相互投资和商业信用的存在,使得其他企业资金也成为企业筹资的来源之一。

(5)国家财政资金

国家对企业的投资,可以以拨款的形式向企业无偿投入,也可以以基建贷款、减免各种税款等形式投入资金。不管是以何种形式形成的,从产权关系来看,它们都属于国家投入的资金,产权归国家所有。

(6)民间资金

企业职工和居民个人的结余货币,作为"游离"于银行与非银行金融机构以外的个人资金,可以对企业进行投资,形成民间资金来源渠道。目前,随着证券市场的发展和股份经济的推行,民间资金筹资渠道的作用会越来越大。

(7)国外及境外资金

国外及境外资金包括以下三种:银行信贷资金、政府贷款资金、企业及民间资金。随着我国金融市场的改革开放,越来越多的国外及境外资金成为企业筹资的来源。

6.1.3 企业筹资方式

明确企业筹资方式是解决如何取得资金的问题。目前,企业的筹资方式主要有以下几种:

(1)吸收直接投资

吸收直接投资是指企业按照"共同投资、共同经营、共担风险、共享利润"的原则来吸收国家、法人、个人、外商投入资金的一种筹资方式,是企业筹集自有资金的重要方式。

(2)内部积累

内部积累指的是企业通过利润分配形成的留存收益,即盈余公积金和未分配利润。它是企业筹措内部资金的一种筹资方式。

(3)银行借款

银行借款指的是企业向银行申请贷款,通过银行信贷形式筹集资金,包括向国外、境外银行借款。

(4)发行股票

发行股票指的是股份有限公司经国家批准,以发行股票的形式向国家、企业、个人以及国外、境外筹集资金,形成企业资本金的一种筹资方式。

(5)发行债券

发行债券指的是企业经国家批准,以发行各种债券的形式筹集资金。

(6)租赁筹资

租赁指的是出租人以收取租金为条件,在契约或合同规定的期限内,授予承租人占有和使用财产权利的一种契约性行为。

(7)商业信用

商业信用指的是企业在商品交易中以延期付款或者预收货款进行购销活动而形成的借贷关系,是企业之间的直接信用,包括应付账款、应付票据、预收账款等。它是企业筹集短期资金的一种方式。

(8)政府贷款

政府贷款指的是政府间利用国库资金提供的长期低息优惠贷款,具有援助性。

(9)国际债券

国际债券指的是我国政府、银行、企业在国际市场上以外国货币为面值发行的债券,分为外国债券和欧洲债券两大类。

(10)出口信贷

出口信贷指的是一国为了支持和鼓励该国大型机械设备、工程项目的出口,由商业银行或专业银行向该国出口商或国外进口商提供利息补贴和信贷担保的优惠贷款方式,包括买方信贷、卖方信贷和混合信贷。

企业资金的取得可以来源于不同的筹资渠道和筹资方式。筹资渠道和筹资方式之间关系紧密,同一渠道的资金可以采用不同筹资方式取得,同一筹资方式又适用于不同的筹资渠道。企业在筹集资金时,必须使两者搭配合理,其搭配情况如表6-1所示。

表6-1 筹资方式与筹资渠道的配合

筹资方式 ＼ 筹资渠道	企业自有资金	银行信贷资金	非银行金融机构资金	其他企业资金	国家财政资金	民间资金	国外及境外资金
吸收直接投资			√	√	√	√	√
内部积累	√						
银行借款		√	√		√		√
发行股票	√		√			√	
发行债券			√	√		√	√
租赁筹资			√	√			
商业信用				√			
政府贷款					√		
国际债券							√
出口信贷							√

6.1.4 企业筹资结构

企业的资金有多种来源渠道和方式,但从资金来源的结构来看,可分为企业的自有资金和债务资金两种。前者的特点是企业不必归还,如:发行股票、内部积累(留存收益,即盈余公积金和未分配利润)。后者的特点是企业必须连本带息偿还,如:发行债券、银行借款、商业信用、租赁筹资、政府贷款、国际债券、出口信贷。

企业筹资的结构指的是债务资金和自有资金的构成比例。它反映了债权人提供资金和企业权益资金来源的相对保障的程度,以及企业利用债务资本进行经营活动、扩大盈利的能力。

负债经营可以缓解企业自有资金的不足,从而提高权益资本的收益水平。但是若负债资本比例过高,则会使财务风险过大、偿债能力过低等。企业在融资时,要先考虑企业能够拿出多少自有资金进行投资,然后再考虑需要借入多少债务资金。自有资金越充足,越容易争取到债务资金;反之,自有资金匮乏,债务资金就不太会跟进。债务资金与权益资金的比率的高低和变化,与企业的预期筹资效益和筹资风险是密切相关的。

一般的,企业资产负债率在50%以下是较正常的。大于70%代表着相对较大的财务风险。

6.1.5 企业筹资原则

1.合理确定资金需要量,科学安排筹资时间

不管企业通过什么渠道、采取什么方式筹集资金,都需要预先确定资金的需要量。通过预算手段完成资金的需求量和需求时间的测定,使资金的筹措量与需要量达到平衡,防止因筹资不足而影响生产经营或因筹资过剩而增加财务费用。

2.合理组合筹资渠道和方式,力求降低资金成本

不同筹资渠道和筹资方式可以满足不同的筹资需要,在资金的筹集难度、资金成本和筹资风险方面也不尽相同。综合考察各种筹资渠道和筹资方式的难易程度、资金成本和筹资风险,研究各种资金来源的构成,求得资金来源的最优组合,以降低筹资的综合成本。

3.优化资本结构,降低筹资风险

企业的资本结构是由自有资金和债务资金构成的。筹资过程中合理选择和优化筹资结构,做到长、短期资本、债务资本和自有资本的有机结合,有效地规避和降低筹资中各种不确定性因素给企业带来损失的可能性,并提高自有资金收益比率。

4.拟定好筹资方案,认真签订和执行筹资合同

在进行筹资成本、资本结构和投资效益可行性研究的基础上,拟定好筹资方案。筹资时间应与用资时间相衔接,而且要考虑资金市场的供应能力。在筹资方案的实施过程中,筹资者与出资者应遵守国家有关法律法规,按法定手续认真签订合同、协议,明确各方的责任和义务。此后,必须按照企业筹资方案和合同、协议的规定执行,恰当支付出资人报酬,按期偿还借款,维护有关各方合法权益及企业信誉。

6.1.6　筹资预算的重要性

筹资预算是资本支出预算的核心内容。

1.项目投资总额并不等于对外筹资总额

对外筹资总额是投资总额减去部分内源性资金(如其他营业性现金流入量、项目折旧或利润再投资等)后的净额,因此预算的作用就在于事先明确项目的对外筹资总量,从而使筹资行为在事先规划的过程中为投资服务。

2.项目的交错及资本对外需要量的影响

举例来说,有时候 B 项目所需的资本投入来自于 A 项目试运行所产生的现金流,因此单纯从某一项目来确定对外筹资总额并不完全正确,还需要考虑其他项目对该项目的影响,从总量上进行预算调整。

6.2　经营筹资预算

筹资预算是指公司在预算期内需要新借入的长期借款、短期借款、经批准使用的债券以及对原有借款、债券还本付息的预算,包括经营筹资预算和项目筹资预算。

6.2.1　经营筹资预算的编制内容

经营筹资预算指的是,企业在预算期内对生产经营活动所需要的资金进行筹集,对到期借款进行偿还的预算。其编制内容如下。

1.预算期内生产经营活动的资金流入、流出和余缺情况

若企业盈利,其产品、原料供求关系稳定,生产经营活动的资金流量是入大于出的。通常情况下,资金的余缺情况与企业的盈利能力相关。资金越富足,企业的盈利能力越高。

2. 预算期偿还外借经营债务的种类、偿还时间与金额

企业经营所需资金很大一部分是通过短期举债筹集的。企业要定期支付利息,还要按照合同规定的时间偿还本金。有的时候,为偿还现有短期负债,企业要借入新债。如果再生产的产品、材料供求关系稳定,假设企业此时生产经营活动所需的资金全部来源于自有资金,那么企业不需要偿还任何短期债务,此时,只要企业盈利,它的经营资金就会是富余的。所以,如何对外借债务进行控制,让富余资金发挥效益是企业经营筹资预算编制的重点。

3. 预算期经营资金余缺的运筹方案

企业在确定预算期所经营资金的富余总量或缺口总量后,要相应制定资金余缺的方案。如果出现资金富余,企业需要根据资金富余的数额、时间相应采取短期投资、定期存款等方式来提高资金效益。如果出现资金缺口,企业应首先采取措施开发企业内部资金潜能,然后再考虑向银行或非银行金融机构贷款。

4. 预算期新增外借经营债务的种类、金额与时间

企业在预算期要逐项明确债权单位、借债种类、借债方式、借债时间、借债期间和借债金额等事项,以便编制经营筹资预算。

5. 预算期外部债务的资金成本

企业在编制经营筹资预算前,应逐项列明借款利率及筹资费用,以便企业进行筹资决策。

6.2.2 经营筹资预算的编制依据

1. 企业有关资金筹措的决策资料

企业需要的资金筹措的决策资料主要有:公司制定的财务战略、融资战略、年度资金计划和公司决策层对财务部门筹资方案的审批意见等。

2. 预算期企业经营预算中的资金需求情况

企业筹资时间与筹资金额的选择根据之一就是经营预算的现金流入流出净额。经营预算的资金需求情况是筹资预算的主要编制依据之一。

3. 企业现有短期负债在预算期内的偿还时间与金额

企业现有短期负债在预算期内的偿还时间和金额对编制经营筹资预算具有很大的影响,是制定企业筹资时间和筹资金额的主要依据。

4. 企业预算期内的资金需要量预测

通过科学预测企业生产经营活动的资金,使企业的财务部门做到心中有数,可以有效地避免资金筹集的盲目性。

5. 企业自有资金状况与内部资金挖潜措施

企业自有资金包括实收资本、资本公积、未分配利润等股东权益和计提折旧形成的资金来源。内部资金挖潜包括:清仓利库、清收欠款、处理积压物资、压缩资金等传统方法以及盘活存量资产、调整产品结构、开发闲置资源、提高资金效率等现代资金运营管理措施。企业要在上述细节上下工夫,做到"西瓜要抱,芝麻也要拣"。企业股东权益占资产比率的大小、计提折旧的多少和内部资金挖潜措施是否得力,都会对经营筹资预算的编制造成重要影响。

6.企业的筹资渠道和筹资方式

企业资金有多种来源渠道和方式,不同的渠道和方式有不同的特点。具体而言,一个企业要根据自身情况以及筹资渠道和筹资方式的特点、成本、风险等多方面因素来选择适合自身的筹资渠道和筹资方式。

7.预算期金融市场的情况

金融市场是指资金供应者和资金需求者双方通过信用工具进行交易,完成货币借贷和资金融通、办理各种票据和有价证券交易活动的市场,如存款、贷款、保险、票据贴现、黄金与外汇市场等。金融市场构成复杂,风险不确定,存在很多影响因素,例如国内外金融市场贷款利率、汇率走势、融资成本、国内外政治局势等。企业在编制经营筹资预算时,要充分考虑预算期金融市场的情况。

6.2.3　经营资金需要量的预测

经营资金需要量的预测就是以预测企业生产经营规模的发展和资金利用效果的提高等为依据,在分析有关历史资料、技术经济条件和发展规划的基础上,运用数学方法对预测资金需要量进行科学的预计和测算。经营资金需要量的预测是企业编制经营筹资预算的必要步骤,是进行经营决策的主要依据,是提高经济效益的重要手段。在编制经营筹资预算之前,企业应采取适当方法预测经营资金的需要量,从而保证在不会因资金数量过剩而造成的闲置浪费的前提下,使得筹集的资金保证企业生产经营需要。下面介绍两种预测资金增长趋势和资金需要量的方法。

1.资金增长趋势预测

资金增长趋势预测一般运用回归分析法(最小二乘法)原理,对过去若干期间的销售量(额)以及资金量进行分析计量,确定反映销售量(额)与资金量之间的相互关系的回归直线,并以此为依据推算未来期间资金需要量的预测值。

虽然影响资金总量变动的因素很多,但从短期经营决策角度来看,引起资金发生增减变动的最直接、最重要因素是销售收入。在其他因素不变的情况下,销售收入增加,往往意味着企业生产规模扩大,从而需要更多的资金;相反,销售收入减少,往往意味着企业生产规模缩小,所需要资金也就随之减少。因此,资金需要量与销售收入之间存在着内在的相互联系,利用这种相互联系可以建立数学模型,预测未来期间销售收入一定水平下的资金需要总量。

资金增长趋势预测法的具体步骤为:首先使用最小二乘法原理,用回归直线方程求出 a 和 b 的数值,然后运用线性公式"$Y=a+bX$"预测资金需要量。回归直线方程如下:

$$\sum Y = na + b\sum X$$
$$\sum XY = a\sum X + b\sum X^2$$

式中　　X——销售量或销售额;

　　　　Y——资金量;

　　　　n——预测资料期数;

　　　　a——当销售量或销售额为零时的资金量;

b——资金量和资金量（额）变化的比率。

以下将举例说明运用回归分析预测资金需要量的过程。

【例6-1】 2008～2012年ABC公司销售收入和资金需要量预测如表6-2所示，运用回归分析法预测2013年销售额达到500万元时，以及2014年销售额达到550万元时的资金需要量。

表6-2　　　　　ABC公司销售收入和资金需要量预测资料表　　　　　单位：万元

年度（N）	销售收入（X）	资金需要量（Y）	XY	X^2
2008	250	175	43 750	62 500
2009	300	200	60 000	90 000
2010	200	150	30 000	40 000
2011	350	225	78 750	122 500
2012	400	250	100 000	160 000
$n = 5$	$\sum X = 1\,500$	$\sum Y = 1\,000$	$\sum XY = 312\,500$	$\sum X^2 = 475\,000$

将表6-2中数据代入回归直线方程：

$1\,000 = 5a + 1\,500b$

$312\,500 = 1\,500a + 475\,000b$

得到：$a = 50, b = 0.5$

将 $a = 50$、$b = 0.5$ 代入 $Y = a + bX$，

得到：$Y = 50 + 0.5X$

将2013年预计的销售额500万元代入 $Y = 50 + 0.5X$，测得2013年的资金需要量为

$Y = 50 + 0.5 \times 500 = 300$（万元）

将2014年预计的销售量550万元代入 $Y = 50 + 0.5X$，测得2014年的资金需要量为

$Y = 50 + 0.5 \times 550 = 325$（万元）

资金增长趋势预测法是一种比较科学合理的预测方法，但是使用时也要注意以下两个问题。首先，销售量（额）与资金需要量之间存在的线性关系的假设应符合实际情况。其次，确定 a、b 的数值，回归分析模型应该利用预测年度前连续若干年的历史资料，至少要有三年以上的资料。

2. 资金需要增加量预测

资金需要增加量预测是根据销售收入和资金量的历史资料，以及预算期内销售收入的预计增长情况，推算出为实现预期销售收入所必须增加的资金量。资金需要增加量预测的常用方法是销售百分比法。

销售百分比法是根据资金各个项目与销售收入总额之间的依存关系，按照预算期销售收入的增加情况来预测需要相应增加多少资金的方法。

使用销售百分比法预测资金需要量的方法和步骤如下：

第一步，研究分析资产负债表中的各个项目与销售额之间的依存关系，确定敏感项目。所谓敏感项目，是指随销售额变动而变动的项目。在资产类项目中，现金、应收账款、应收票据以及存货等通常都会随着销售额的增加而增加；若固定资产的利用率已经达到满负荷状态，则其需要随销售额的增长而增加设备投资。上述项目构成敏感资产。

在负债类项目中,应付账款、应付票据、应交税金等一般会随着销售额的增加而增加;在计件工资制或者劳动密集型的企业中,应付工资及应付福利费项目也会随着销售额的增加而相应增加。上述构成了敏感负债,短期借款、长期借款、实收资本和留存收益等为非敏感项目。

第二步,计算基期敏感项目在基期消费收入中的百分比。将基期资产负债表中的基期敏感项目金额与基期销售收入相除,计算其金额占销售收入的百分比。其计算公式如下:

$$销售敏感资产百分比 = 基期资产敏感项目金额 / 基期销售收入$$
$$销售敏感负债百分比 = 基期负债敏感项目金额 / 基期销售收入$$

第三步,根据预算期销售收入增加量,利用上一步计算得到的销售敏感资产(负债)百分比,分别计算敏感资产(负债)引起的资金占用增量。其计算公式如下:

$$敏感资产引起的资金占用增量 = 预算期销售收入增量 \times 销售敏感资产百分比$$
$$敏感负债引起的资金占用增量 = 预算期销售收入增量 \times 销售敏感负债百分比$$

第四步,根据资产平衡原理确定预算期内资金需要增加量。其计算公式如下:

$$预算期内资金需要增加量 = 敏感资产引起的资金占用增量 - 敏感负债引起的资金占用增量$$

第五步,计算预算期内需要从企业外部筹集的需求量。其计算公式如下:

$$预算期内部收益留存增量 = 预算期销售收入 \times 销售净利润率 \times 收益留存率$$
$$预算期外部筹资需求量 = 预算期内资金需要增加量 - 预算期内部收益留存增量$$

预算期内部收益留存增量是在经股东同意后,企业预算期实现的税后净利润留在企业内部用于生产经营的那部分资金。预算期外部筹资需求量是预计资产的增加额扣除预计负债的增加额,再扣除预计留存收益的增加额的净值。预算期外部筹资需求量也可以用如下公式计算:

$$\Delta F = \frac{A}{S_0} \times \Delta S - \frac{B}{S_0} \times \Delta S - P \times E \times S_1$$

式中　ΔF ——预算期外部筹资需求量;

　　　A ——随销售收入变化而变化的资产(即敏感资产);

　　　B ——随销售收入变化而变化的负债(即敏感负债);

　　　S_0 ——基期销售收入;

　　　S_1 ——预算期销售收入;

　　　ΔS ——预算期销售收入增量;

　　　P ——销售净利润率;

　　　E ——收益留存率;

　　　A/S_0 ——敏感资产占基期销售收入的百分比;

　　　B/S_0 ——敏感负债占基期销售收入的百分比。

以下将通过一个例子来解释说明运用销售百分比法进行资金需要增加量预测的程序和方法。

【例 6-2】　天成公司 2011 年在设备满负荷运转的情况下,实现销售收入 3 200 万元。天成公司 2011 年年末的资产负债表如表 6-3 所示。

表6-3　　　　　　　　　天成公司 2011 年年末资产负债表

资产	金额(万元)	负债及所有者权益	金额(万元)
现金	50	应付账款	270
应收账款	400	应付票据	150
应收票据	100	应交税费	70
存货	700	长期负债	750
固定资产净值	950	实收资本	1 080
无形资产	160	未分配利润	40
资产总计	2 360	负债及所有者权益总计	2 360

天成公司 2012 年的有关财务计划是实现销售收入 3 800 万元、销售净利润率 7.5%、收益留存率 40%。

要求:根据上述资料,利用销售百分比法预测天成公司 2012 年需要筹集的资金数量。

第一步,根据天成公司 2011 年年末资产负债表分析各项与当年销售收入的依存关系,确定敏感项目。经分析,敏感性资产为现金、应收账款、应收票据、存货以及固定资产净值。敏感性负债为应付账款、应付票据和应交税费。

第二步,计算基期敏感项目占基期销售收入的百分比。

销售敏感资产百分比=(50+400+100+700+950)/3 200=68.75%

销售敏感负债百分比=(270+150+70)/3 200≈15.31%

天成公司 2011 年销售敏感项目百分比如表 6-4 所示。

表6-4　　　　　　　　天成公司 2011 年销售敏感项目百分比

资产	金额(万元)	销售百分比(%)	负债及所有者权益	金额(万元)	销售百分比(%)
现金	50	1.56	应付账款	270	8.44
应收账款	400	12.5	应付票据	150	4.69
应收票据	100	3.13	应交税费	70	2.18
存货	700	21.88			
固定资产净值	950	29.68			
合计	2 200	68.75	合计	490	15.31

第三步,根据 2012 年销售收入增量计算资金变动率。

预算期销售收入增量=3 800－3 200=600(万元)

敏感资产引起的资金占用增量=600×68.75%=412.5(万元)

敏感负债引起的资金占用增量=600×15.31%=91.86(万元)

第四步,计算 2011 年需要增加的资金需求总量。

预算期内资金需要增加量=412.5－91.86=320.64(万元)

第五步,计算预算期需要从企业外部筹资的数量。

预算期内部收益留存增量=3 800×7.5%×40%=114(万元)

预算期外部筹资需求量=320.64－114=206.64(万元)

预算期外部筹资需求量也可以用如下公式进行计算：

$$\Delta F = \frac{A}{S_0} \times \Delta S - \frac{B}{S_0} \times \Delta S - P \times E \times S_1$$

$$= \frac{2\,200}{3\,200} \times 600 - \frac{490}{3\,200} \times 600 - 7.5\% \times 40\% \times 3\,800$$

$$\approx 206.63(万元)$$

计算结果表明,当销售收入从 3 200 万元增加到 3 800 万元时,预计需要增加的资金数量为 320.64 万元。因为 2012 年实现的税后利润向股东分配后,尚存留 40%,所以,预计天成公司 2012 年需要从企业外部增加的筹资额约为 206.63 万元。

在这里假定销售百分比法中预测年度非敏感项目、敏感项目及其与销售收入的百分比均与基年基本保持不变,在实际当中,非敏感项目、敏感项目及其与销售的百分比很有可能会变动,具体表现为:非敏感资产、非敏感负债项目的构成及其数量的增减变动,敏感资产、敏感负债项目的构成及其与销售百分比的增减变动。这些变动对资金需要总量和追加外部筹资额都会产生一定的影响,必须根据变动因素对计算参数作相应的调整。

销售百分比法的主要优点在于能为财务管理提供短期的预计财务报表,以适应外部筹资的需要,并且易于使用。这种方法的不足之处在于,如果有关固定比率的假定不真实,以之为依据进行预测就会导致错误的结论。因此,在与销售有关的因素发生变动的情况下,必须要进行相应的调整。

6.2.4　经营筹资预算的编制方法

实施经营资金需要量预测和经营预算编制完成后,企业的相应部门应开始着手编制经营筹资预算。预算编制人员既要全面熟悉、掌握公司内部的生产经营及资金状况,又要熟悉外部金融市场的现状及动向;既要总揽全局,又要具有资金管理、资金运作方面的技能。因此,编制经营筹资预算是一项专业性、技术性和经验性很强的工作。以下是经营筹资预算的编制方法和具体步骤:

第一步,将经营预算中的各项现金收付事项及收付时间、金额等进行汇总和审核,计算出预算期内经营预算的现金余缺数量。

第二步,对比经营预算的现金余缺数量和经营资金需要量,如果二者差距较大,相关人员应认真分析,找出造成差异的原因。

第三步,认真分析企业在预算期内各项短期债务的种类、利率、偿还时间及金额,确定企业在预期内需要偿还的原有短期债务数额。

第四步,将企业在预算期内需要偿还的原有短期债务数额与经营预算的现金余缺相加,得到预算期内企业的现金余缺总量。

第五步,对预算期资金市场的总体情况进行预测,结合上一步得到的预算期内企业的现金余缺总量制定预算期的如下具体筹资方案:如果预算期现金出现结余,则应制定提前偿还借款或将结余资金投向短期债券市场的融资方案;如果预算期现金出现短缺,则应先挖掘企业内部自有资金的潜力,制定相关方案,然后根据资金成本高低和预算期资金市场情况制定企业借外债的方案。

第六步,组织相关人员,对拟定的预算期的筹资方案进行评审。

第七步,根据上一步通过评审的筹资方案编制经营筹资预算。

以下将通过一个例子来具体理解经营筹资预算的编制方法。

【例6-3】 信达公司2012年的经营预算已编制完毕,财务部门着手编制经营筹资预算,其具体过程如下:

首先,相关人员做好编制筹资预算前的准备工作,具体包括:

①对公司2012年的经营资金需要量进行预测。

②在审核经营预算草案无误后,对企业经营预算的现金收付余缺数量进行汇总。

③对公司在2012年内所需偿还的各项短期融资债务进行排列,确认公司2012年年初银行短期借款余额为8 100万元,2012年1~4季度各归还1 350万元;银行承兑汇票期初余额为1 350万元,2012年1季度和2季度各承付675万元。

最终确定,2012年信达公司需要增加现金2 700万元。经营活动现金余缺情况如表6-5所示。

表6-5　　　　　2012年信达公司经营活动现金余缺情况表

序号	项目	单位	现金收入金额	现金支出金额	收支差额
1	经营预算小计	万元	27 000	22 950	4 050
1.1	生产预算	万元	0	405	−405
1.2	销售预算	万元	27 000	675	26 325
1.3	供应预算	万元	0	21 600	−21 600
1.4	费用预算	万元	0	270	−270
2	短期融资负债小计	万元	0	6 750	−6 750
2.1	承兑汇票承付	万元	0	1 350	−1 350
2.2	偿还银行借款	万元	0	5 400	−5 400
3	合计	万元	27 000	29 700	−2 700

然后,根据经营活动的现金余缺情况制定如下的筹资方案:

①挖掘自有资金潜力。加强存量资金管理、压缩资金占用108万元,收回应收账款27万元。公司可采取的具体举措包括:清仓利库、压缩库存、处理超储积压物资等。

②利用企业信用筹资270万元。企业可以采取出具商业汇票等具体措施,利用自身的商业信用,减少对外采购资金的支付。

③利用银行信用筹资405万元。企业可以采取办理银行承兑汇票等措施,推延企业现金流出的时间,既可调节企业可支配的现金流量,又可有效降低资金的筹集成本。

④资金剩余缺口1 890万元。企业可通过增加银行借款的形式进行筹资。

根据上述筹资方案,财务人员编制2012年信达公司经营筹资预算,如表6-6所示。

表6-6　　　　　2012年信达公司经营筹资预算表

序号	项目	筹资方式	筹资费用	总金额（万元）	分季度预算			
					1季度	2季度	3季度	4季度
一	现金短缺数额	—	—	2 700	1 080	675	270	675
1	经营预算净支出	业务活动	0	−4 050	−945	−1 350	−1 080	−675
2	承付到期票据			1 350	675	675	0	0

（续表）

序号	项目	筹资方式	筹资费用	总金额（万元）	分季度预算			
					1季度	2季度	3季度	4季度
3	偿还到期借款	—	—	5 400	1 350	1 350	1 350	1 350
二	筹资方案			2 700	1 080	675	270	675
1	内部筹资			135	27	54	40.5	13.5
1.1	盘活存量资产	内部挖潜	0	108	13.5	40.5	40.5	13.5
1.2	清理应收账款	内部挖潜	0	27	13.5	13.5	0	0
2	信用筹资	—		675	202.5	202.5	135	135
2.1	商业承兑汇票	商业票据	0	270	135	67.5	0	67.5
2.2	银行承兑汇票	银行票据	1‰	405	0	135	135	135
3	银行借款	—	—	1 890	850.5	418.5	94.5	526.5
3.1	建设银行借款	短期借款	7%	270	135	135	0	0
3.2	中国银行借款	短期借款	7%	1 620	715.5	283.5	94.5	526.5
三	现金收支差额	—	—	0	0	0	0	0

一般来讲，需要通过编制现金预算确认现金筹措的数额。

6.3 项目筹资预算

项目筹资预算是企业在预算期内为筹资和经营项目所做的安排与计划，项目筹资安排与经营筹资预算有很多不同之处。

6.3.1 编制项目筹资预算的目的及要求

1. 论证投资项目在资金上的可行性

一个长期投资项目资金的来源多样，数额一般较大。在完成项目可行性研究报告时，相关人员要对投入资金进行分析、论证，确保项目资金来源的可靠性。融资方案是否可行是项目筹资预算的首要目的。

2. 实现项目资金的供求平衡

在项目筹资预算中，要针对项目的资金需要量等因素提出相应的资金供给方案，保证资金供给的数量与时间达到资金供求平衡。

3. 满足项目可行性研究报告使用者的决策需要

项目可行性研究报告是使用者在进行决策前，对项目的全面科学的分析论证，为使用者的决策提供了关键性的信息。因为项目经营人、出资人、债权人等都是使用者，所以在可行性报告中的项目筹资部分必须满足他们了解项目融资结构、融资成本、融资风险和融资计划等信息的需要，以便对项目进行投资决策。

4. 符合有关评审部门对投资项目的评审要求

企业在经过专门评估机构的评审和政府职能部门的审核之后，才可以进行长期投资项目的建设。因此，项目筹资预算要符合上述单位的评审要求，使其能够判断项目筹资是否可靠、合理及可行。

6.3.2 项目筹资预算的编制依据

1.企业有关项目资金筹措的决策资料

企业有关项目的资金筹措的决策资料包括:公司制定的投资战略、融资战略、项目可行性研究资料和决策层对项目筹资方案的审批意见等。

2.企业自有资金状况

出资人、债权人及潜在投资者都是"嫌贫爱富"的。企业自有资金的多少,不仅决定了企业能拿出多少自筹资金进行项目融资,更关系到企业可以筹集多少外部债务资金。

3.发行股票的有关审批文件

经批准发行股票或配股、增发股票的企业应当以自身的股票发行计划、配股计划和股票增发计划等资料为依据,编制筹资预算。

4.发行债券的有关审批文件

经批准发行债券的企业应当以自身债券发行计划等资料为依据,进行筹资预算的编制。

5.长期投资预算

企业要对项目资金的使用去向、使用时间、使用金额等事项做出详细的规划。企业在此基础上制定的长期投资预算是决定项目筹资时间、筹资金额等的主要依据。

6.项目资金的筹集渠道与融资方式

项目资金的筹集渠道与融资方式很多。不同的筹资渠道和融资方式具有不同的特点及风险。企业要根据自身实力、项目的具体情况和债权人的融资条件等多种因素来决定投资项目具体的筹资渠道和融资方式。

7.金融市场的变化情况

金融市场的变化情况对企业的项目筹资产生较大影响,是企业项目筹资预算编制的主要依据。其包括贷款政策、贷款利率、汇率走势、证券价格、融资成本和各国政策变化等。

6.3.3 项目筹资预算的特点

1.筹资用途的特定性

企业的项目筹资是服务于一个具体的长期投资项目,所以筹集的资金用途是特定的,即专款专用。

2.预算时间期间的长期性

编制项目筹资预算时,其预算作用的时间的长短是由长期投资项目的实施时间的长短决定的。预算时间期间不受会计期间的约束和限制。

3.预算编制时间具有不确定性

预算时间期间虽然具有长期性,但是其编制时间也是不确定的,它由长期投资项目的需要决定,不受企业统一预算编制时间的限制。

4.预算内容的依附性

项目筹资预算服务于具体特定的长期投资项目,其筹资预算对象是特定的,它依附于具体特定的投资项目。项目筹资方案也是投资项目可行性报告的有机组成部分,它不可脱离可行性报告而单独存在。因此没有特定的投资项目,就没有具体的项目筹资预算。

6.3.4 项目筹资预算的编制方法和编制内容

项目筹资预算具有较强的目的性,且依附于具体特定的长期投资项目,因此企业制定的项目筹资预算要符合项目可行性研究报告的要求。以下将介绍符合项目可行性要求的项目筹资预算的编制方案和编制内容。

1. 明确投资项目的融资方式

目前,国际上通用的项目融资方式有两种:公司融资、项目融资。这两种投资项目的融资方式在一些方面有明显不同,例如:投资者与项目的关系、风险约束机制、投资决策与信贷决策的关系、各种财务比率的约束等。企业在撰写项目可行性报告时,需要选择是采用公司融资方式还是项目融资方式。在这之后,企业要按照选择的融资方式对"资金来源与融资方案"进行详细阐述。

(1)公司融资

企业融资是指企业从自身生产经营现状及资金运用情况出发,根据企业未来经营与发展策略的需要,通过一定的渠道和方式,利用内部积累或向企业的投资者及债权人筹集生产经营所需资金的一种经济活动。其基本特点如下:

①公司是投资者。公司要进行投资决策,承担投资风险及投资责任。

②公司是借款和其他债务资金的债务方。尽管所得资金是用于投资项目,整个公司的资产及现金流量(包括项目本身)都可以用于债务偿还和抵押担保,即债权人对债务有完全的追索权,即使项目失败也必须由公司还贷。

以公司融资的方式搞项目建设,一般情况下有两类参与方:一是公司作为投资者,要做出投资决策;二是当需要债务资金支持时,银行(以及其他债务资金提供者)要做出信贷决策。

当项目规模较大或投资对公司发展有重大影响,或要改变股权结构来筹集权益资本时,公司股东会作为第三参与方,对项目的投融资提出意见。

(2)项目融资

项目融资是一个专用的金融术语,与通常所说的"为项目融资"完全不是一个概念,不可混淆。项目融资是指为建设和经营项目而成立新的独立法人项目公司,由项目公司完成项目的投资建设和经营还贷。国内的许多新建项目、房地产公司开发某一房地产项目、外商投资的三资企业等,一般都是以项目融资方式进行的。项目融资的基本特点如下:

①项目的投资决策由项目发起人(企业或政府)做出,项目发起人发起组建项目公司,项目发起人与项目法人并非一体。

②项目公司承担投资风险,但是因为决策在先、法人在后,所以无法承担决策责任,只承担建设责任。

③由于先有投资者的筹资、注册,然后才有项目公司,所以项目法人自身不负责筹资,只能是按照投资者拟定的融资方案实施(签订合同等)。

④通常情况下,债权人仅对项目本身的资产和盈利能力具有追索权,而对项目发起

人没有追索权或只有有限追索权。项目公司财务独立,以项目自身的盈利能力来偿还债务,并以自身的资产承担债务担保责任。项目能否还贷完全取决于项目自身是否有财务效益。

以项目融资方式搞项目建设,一般情况下有三类参与者:一是项目发起方,可能是企业也可能是政府,可能是一家也可能是多家,它们是项目实际的投资决策者,通常也是项目公司的股份持有者;二是项目公司,它是投资决策产生的结果,因而无法对投资决策负责,只负责项目投资、建设、运营、偿贷;三是当需要债务资金支持时,银行(及其他债务资金提供方)要做出信贷决策。

(3)公司融资与项目融资在资金筹措上的异同

①在企业融资情况下,项目的总投资可分为两个部分。第一部分是公司原有的非现金资产直接利用于拟建项目,这部分投资无论在投资估算还是在融资分析中,原则上都不必涉及;第二部分是拟建项目需要公司用现金支付的投资,投资估算和资金筹措所对应的就是这部分投资。

图 6-1 反映了公司融资时投资与筹资的对应关系。

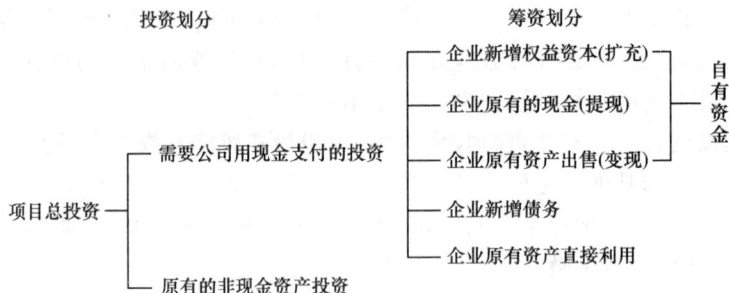

图 6-1　公司融资时投资与筹资的对应关系示意图

企业能够投入到拟建项目上的现金来源有四个:一是企业新增的、可用于投资的权益资本(简称扩充);二是企业原有的(包括在项目建设期内将陆续产生的)、可用于投资的现金(简称提现);三是企业原有的非现金资产变为现金资产(简称变现);四是企业新增的债务资金。前三个部分合称自有资金。

②在项目融资情况下,问题要简单得多。项目融资实际上可看作公司融资的一个特例,由于不存在任何"企业原有的"资产或负债,此时项目总投资的资金来源仅由新增权益资本和新增债务资金(即图 6-1 中相应部分)两部分构成,见图 6-2。

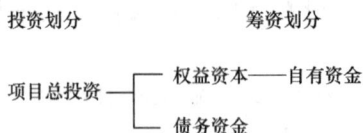

图 6-2　项目融资时投资与筹资的对应关系示意图

(4)融资方式的选择

项目的投资与建设无论是采取公司融资方式还是项目融资方式,均需要说明一些事项。

若采取公司融资方式,则需说明以下几点:第一,公司近几年的主要财务比率及其发展趋势。权益资本是否充足?若不充足,应如何扩充权益资本?第二,建设期内公司提现投资的可能数额。若提现不足以满足投资需求,拟采取哪些变现措施?原股东对这些设想持何态度?债务资金占多大比例?第三,公司既有的长期债务与资信情况。第四,所拟各渠道债务资金的数额、成本、时序、条件及约束、债权人的承诺程度等。

若采取项目融资方式,则需说明以下几点:权益资本的数额及占总投资的比例;各出资方承诺缴付的数额、比例、资本形态和性质及承缴文件;各出资方的商业信誉(对外商要有资信调查报告);投资结构的设计等。筹措债务资金的内容及注意事项与公司融资基本相同。

无论采用何种融资方式,当使用政府直接控制的资金渠道时,要说明政府的态度和倾向性意见;当使用债务资金时,要作债权保证分析。

2.自有资金和权益资本的举措

(1)公司融资方式的权益资本举措

当项目的投资建设是以公司融资的方式进行时,可行性研究应通过分析公司的财务报告,说明公司是否能够拿出以及能够拿出多少自有资金进行投资。这一分析的另一个作用是借以判断项目是否有希望获得债务资金,因为债务资金与自有资金的关系不是互补而是互动:自有资金越充足,越容易争取到债务资金;反之,债务资金越不会跟进。项目自有资金的来源可分为扩充权益资本、提现和变现三部分。

①扩充权益资本的渠道包括变股东权益为留存收益、原股东追加资本、扩股融资和配股与私募四种方式,企业可根据自身需要进行选择。无论采取哪一种或哪几种方式扩充权益资本,最终要使公司包括拟建项目在内的资产负债率控制在安全界限(60%)以内。

②提现是指企业为了获得债权人的支持,对投资项目进行的现金投入。在市场经济国家,如果债权人对企业展现出的资产负债情况感到满意,完全可以以债务资金方式提供项目所需的全部现金。在我国,由于有一些具体规定(例如自有资金要占30%),也由于债务人的资信通常不太可靠,为了能争取债权人的支持,公司对项目也必须要有一定量的现金投入。这就需要通过现金流量、损益等分析企业提现的可能性。当提现不足时,要考虑变现的途径。

③变现是指企业扩充权益资本和完成提现分析后,如果项目建设期内现金仍然不足,融资方案中就需要有变现分析。变现是把企业其他类型的资产变为现金,其途径主要有:流动资产变现、对外长期投资变现、固定资产变现、资产组合变现(售股变现)、现金流量变现(TOT 和 ABS)。当以项目融资方式投资建设时,TOT(Transfer Operate Transfer)和 ABS(Asset Backed Securitization)也可以成为项目发起人、项目投资者筹集项目资本金的融资渠道。

(2)项目融资方式的权益资本举措

当项目的投资建设是以项目融资方式进行时,可行性研究报告中要就权益资本筹措情况做出详细说明,包括出资方、出资方式、股本资金来源及数额、股本资金认缴进度等相关内容。上报可行性研究报告须附有各出资方承诺出资的文件,以非现金形式作价出资的,还须附有资产评估证明等相关材料。

在项目融资中,权益资金的来源主要有三个:一是股本资金,即投资者为设立项目公司而实际投入的各种财务资产;二是准股本资金,即项目投资者或者与项目利益有关的第三方所提供的一种从属性债务;三是安排项目公司上市,发行项目公司股票。此外,还包括接受的捐赠。项目融资最常见的准股本资金的三种形式是无担保贷款、可转换债券和零息债券。

3. 债务资金举措

(1)债务资金来源

债务资金按其使用年限可分为短期(1 年内)、中期(1~5 年)、长期(5 年以上)债务。项目投资中所需要筹集的是中长期债务资金,需要通过在国内外的资本市场进行各类负债融资来解决。

债务资金的国内来源主要有银行贷款、债券融资、信托投资公司融资、租赁融资等。债务资金的国外来源主要有国际贸易中长期出口信贷、国际银团贷款、国际债券融资、国际租赁融资、政府贷款、世界银行集团贷款、亚洲开发银行贷款、国际项目融资等。

西方国家的债务资金主要靠直接融资方式(证券)取得,而东亚国家则主要靠银行贷款。我国资本市场处于发展阶段,因此通过银行获得债务资金的比例就更高一些。

(2)债务资金分析要点

在融资方案设计中,仅仅列举出几种债务资金来源是远远不够的,还必须具体描述债务资金的基本要素以及债权保证。

①债务资金的基本要素

下述的债务资金基本要素,是对每一项负债必须阐明的。

第一,时间和数量。在融资方案的设计中要考虑每项债务资金可能提供的数量,即初期支付时间、贷款期和宽限期、分期还款的类型(等额分期偿还本金、等额分期偿还本息或其他形式)。

第二,融资成本。反映融资成本的主要要素,对于贷款是利息,对于租赁是租金,对于债券是债息。应说明这些成本是固定的还是浮动的,何时调整及如何调整,每年计息几次,对应的年利率是多少等。除了这些与债务总额或未偿还债务总额呈正相关关系的资金占用费之外,每项债务资金还附有其他一些费用,如手续费、代理费、管理费、承诺费、牵头费、担保费、信贷保险费及其他杂费等。对于上述伴随债务资金发生的资金筹集费,应说明其计算方法及数额。

第三,建设期利息的支付。建设期内是否需要支付利息,将影响筹资总量,因此需要说明债权人的要求是什么,不同的债权人会有不同的付息条件。

第四,附加条件。对于债务资金的一些附加条件应有所说明,例如:必须购买哪类货物,不得购买哪类食物;借外债时,对所借币种及所换币种有何限制等。

第五,利用外债的责任。从外债管理和外汇角度,中国企事业单位、金融机构或者其他机构对中国境外国际金融机构、企业、政府及境内外金融机构用外国货币承担的具有契约性偿还义务的全部债务,均需要进行登记并接受国家外汇管理部门的检测。

②债权保证

债权人为了保障其权益,需要一些能够巩固其债权人地位的措施,使其权益不受侵犯,到期能收回本息。为此,债务人及涉及的第三方对债权人提供履行债务的特殊保证,这就是债权保证。

分析债务资金时,应根据可行性研究阶段所能做到的深度,对债务人及有关第三方提出的债权保证加以说明,债权保证的形式主要有借款人保证、担保、抵押、质押等。

4. 编制融资方案

在提出了可行的权益资本筹措方式和债务资金筹措方式之后,需要把它们综合成融资方案,并对方案进行分析。

融资方案分析的步骤是:第一,合理安排权益资本和债务资金的筹措数额和投入时序,使得资金的供给在总量和结构两方面均与项目的需求相匹配,形成供求平衡的融资方案;第二,对若干可行的融资方案,根据一定标准进行比较和权衡,推荐入选方案;第三,对入选方案进行风险分析。

一个完整的融资方案是由项目资金筹措来源表和项目投资与筹资预算表两部分组成。

(1)编制项目资金筹措来源表

项目资金筹措来源表把所选择的自有资金或权益资本筹措方式与债务资金筹措方式汇集起来,以文字和表格加以说明。

【例6-4】　星海公司计划2012年投资建设年产9 400吨A产品项目。项目建设投资11 225万元,其中企业自有资金投资3 500万元,债务资金7 725万元。编制的资金筹措来源表如表6-7所示。

表6-7　　　　　　　　　9 400吨A产品项目资金筹措来源表

序号	渠道	金额(万元)	融资条件	融资可信度
1	自有资金	3 500		
1.1	公司现金提取	2 100		公司书面承诺
1.2	股东权益转资本公积金	800		董事会书面承诺
1.3	对外长期投资变现	600		公司预计
2	债务资金	7 725		
2.1	某国买方信贷	450(美元)	2008年初期支付;2012开始还款;贷款期限10年;年利率5%,每年必付;中国银行转贷手续费0.4%;无其他财务费用	公司意向
2.2	中国银行长期贷款	3 600	2007年初期支付;2010年开始还款;贷款期限8年;还款期内尽快偿还本金;年利率6%,每年必付;由甲公司担保,无其他财务费用	中国银行书面承诺
2.3	建设银行短期贷款	1 200	2008年初期支付;2012年开始还款;贷款期限9个月;还款期尽快偿还本金;年利率7%,每年必付	建设银行书面承诺
3	资金筹措合计	11 225		

注:1美元=6.5元人民币

107

（2）编制项目投资与筹资预算表

项目投资与筹资预算表是投资估算、融资方案这两部分内容的衔接处，在编制时应注意以下这几个问题：

首先，各年资金筹措要满足当年的投资需求和因资金筹措和占用引起的当年的财务费用，即存在如下的平衡关系：

$$\sum_{t=1}^{n} 年资金筹措额 = \sum_{t=1}^{n}（项目投资额 + 财务费用）$$

其次，建设期内的财务费用（包括资金占用费和资金筹集费），可全部计入固定资产投资。

再次，当债权方要求建设期内利息照付时，必须相应扩大借款，一部分用于投资计划，一部分用于付息。扩大借款的计算公式如下：

$$X = \frac{A + Bi}{1 - \frac{i}{2}}$$

式中　　X——当年实际借款额；

　　　　A——当年投资所需借款额（不含财务费用）；

　　　　B——年初累计借款额；

　　　　i——借款年利率。

如果债务资金渠道不止一个，企业可根据自身需要，安排所有渠道资金都相应扩大债务，扩大的部分可用于支付各自的财务费用。企业也可以只选择一个渠道的资金扩大债务，用于支付所有渠道资金的财务费用。

企业在融资条件许可的情况下，为达到自身债务风险降低等目的，各渠道资金的时序安排须掌握如下原则：先权益资本后债务资金，先低成本债务后高成本债务，先国内后国外。

以下将通过一个例子对项目的资金筹措做出较为详尽的说明。

【例6-5】　星海公司根据年产量9 400吨A产品项目可行性研究中的项目投资预算和项目融资预算方案，编制项目投资与筹资预算表，如表6-8所示。

表6-8　　　　　　　　9 400吨A产品项目投资与筹资预算表

序号	项目	筹资金额（万元）	分年度预算		
			2010年	2011年	2012年
1	项目总投资（1.1+1.2+1.3）	11 225	5 514	5 053.05	657.95
1.1	项目建设投资	9 735.05	5 098	4 637.05	0
1.1.1	工程费用	5 943.5	2 997.25	2 946.25	0
1.1.2	其他费用	3 039.95	1 714.95	1 325	0
1.1.3	预备费用	751.6	385.8	365.8	0
1.2	建设期财务费用	889.95	216	216	457.95
1.2.1	买方信贷利息	157.95	0	0	157.95
1.2.2	中国银行贷款利息	648	216	216	216
1.2.3	建设银行贷款利息	84	0	0	84

（续表）

序号	项目	筹资金额（万元）	分年度预算		
			2010 年	2011 年	2012 年
1.3	投产后流动资金	600	200	200	200
2	资金筹措	11 225	5 358	3 654	2 213
2.1	自有资金	3 500	1 383	1 279	838
2.1.1	公司现金提取	2 100	700	700	700
2.1.2	股东权益转资本公积	800	538	211	51
2.1.3	对外长期投资变现	600	145	368	87
2.2	债务资金	7 725	3 975	2 375	1 375
2.2.1	买方信贷	2 925	975	975	975
2.2.2	中国银行贷款	3 600	2 200	1 000	400
2.2.3	建设银行贷款	1 200	800	400	0
3	资金筹措与投资差额（2－1）	0	－156	－1 399.05	1 555.05

在完成融资方案的编制之后，要对各方案进行分析，衡量和鉴别风险分析，选择优秀的融资方案实施。

本章小结

- 筹资预算是指在预算期内，公司对需要借入的长期借款、短期借款、经批准可以使用的债券以及原有的借款、债券的偿还问题进行预算的财务活动。筹资预算主要解决两个问题：资本筹集方式、资本需要总量和时间安排。

- 企业的筹资动机有四种：偿债性筹资动机、扩张性筹资动机、解困性筹资动机、混合性筹资动机。企业要充分拓宽和正确利用筹资渠道，令两者相互搭配，合理确定企业的资金来源结构。

- 企业筹资的结构指的是债务资金和自有资金的构成比例。它反映了债权人提供资金和企业权益资金来源的相对保障的程度，以及企业利用债务资本进行经营活动、扩大盈利的能力。

- 企业筹资有四大原则：合理确定资金需要量，科学安排筹资时间；合理组合筹资渠道和方式，力求降低资金成本；优化资本结构，降低筹资风险；拟定好筹资方案，认真签订和执行筹资合同。

- 目前，国际上通用的项目融资方式有两种：公司融资、项目融资。公司融资和项目融资在资金筹措上有不同之处。

- 权益资本和债务资金的筹措是在进行融资时要考虑的。在提出了可行的权益资本筹措方式和债务资金筹措方式之后，需要把它们综合成融资方案，完成项目资金筹措来源表和项目投资与筹资预算表后，对融资方案进行分析、比较、权衡、鉴别，选择优秀的融资方案实施。

思考与练习

一、单项选择题

1. 如果企业现有支付能力已经不足以偿还到期债务,只能借新债还旧债,此时企业筹资的动机为(   )。

A. 调整性偿债筹资   B. 扩张性偿债筹资   C. 恶化性偿债筹资   D. 解困性偿债筹资

2. 企业的筹资结构指的是(   )。

A. 企业留存收益与债务资金的比率   B. 企业留存收益与长期债务的比率

C. 企业权益资本与债务资金的比率   D. 企业权益资本与长期债务的比率

3. 在企业筹资中,筹资者与出资者应遵守国家有关法律法规,按法定手续认真签订合同、协议,明确各方的责任和义务。这符合企业筹资的(   )原则。

A. 合理确定资金需要量,科学安排筹资时间

B. 合理组合筹资渠道和方式,力求降低资金成本

C. 优化资本结构,降低筹资风险

D. 拟定好筹资方案,认真签订和执行筹资合同

4. 下列哪一项不属于经营筹资预算的编制依据(   )。

A. 企业预算期内的资金需要量预测

B. 企业自有资金状况与内部资金挖潜措施

C. 项目资金的筹集渠道与融资方式

D. 预算期金融市场的情况

5. 资金增长趋势预测,作为经营资金需要量的预测方法之一,其基本原理是(   )。

A. 偏最小二乘法   B. 二阶段最小二乘法

C. 最小二乘法   D. 插值法

6. 下列关于销售百分比法的说法正确的是(   )。

A. 销售百分比法是资金需要增加量预测的常用方法

B. 使用销售百分比法预测预算资金需要量时,企业的应付工资构成了敏感性负债

C. 使用销售百分比法预测预算资金需要量时,企业的应收账款、应收票据构成了敏感性资产

D. 销售百分比法的不足之处在于,如果有关固定比率的假定不真实,以之为依据进行预测就会导致错误的结论

7. 预算期内需要从企业外部筹集的需求量的计算公式为(   )。

A. 外部融资需求量=经营资产增加一预计总负债一预计股东权益

B. 外部融资需求量=经营资产增加一经营负债增加一留存收益的增加

C. 外部融资需求量=预计总资产一经营负债增加一留存收益的增加

D. 外部融资需求量=预计总资产一经营负债增加一预计股东权益增加

8. 下列不属于敏感性资产的是(   )。

A. 应收账款   B. 应收票据   C. 存货   D. 无形资产

9. 下列关于资金增长趋势预测的说法中不正确的是(   )。

A. 资金增长趋势预测对过去销售量(额)以及资金量的计量,确定反应销售量(额)与资金量之间的相互关系,并以此为依据推算未来期间资金需要量的预测值

B. 资金增长趋势预测中的线性公式 $Y=a+bX$ 中的 a 表示资金量和资金量(额)变化的比率

C. 在资金增长预测法中,运用回归模型分析,应该利用预测年度前连续若干年的历史资料,至少要有三年以上的资料

D. 使用资金增长预测法的一个前提:虽然影响资金总量变动的因素很多,但从短期经营决策角度来看,引起资金发生增减变动的最直接、最重要因素是销售收入

10. 下列关于项目筹资预算的编制目的中,错误的是(   )。

A. 相关人员在项目筹资预算中,要考虑企业有关项目资金筹措的决策资料

B. 相关人员要对投入资金进行分析,论证投资项目在资金上的可行性

C. 相关人员在编制项目筹资预算时,要符合有关评审部门对投资项目的评审要求

D. 相关人员要保证资金供给的数量与时间达到资金供求平衡

11. 项目筹资预算服务于具体特定的投资项目,没有特定的投资项目,就没有具体的项目筹资预算,这体现的是项目筹资预算的(   )。

A. 筹资用途的特定性   B. 预算时间期间的长期性

C. 预算编制时间具有不确定性   D. 预算内容的依附性

12. 下列关于公司融资的说法错误的是(   )。

A. 公司融资是指企业根据未来经营与发展策略,通过一定的渠道方式,利用内部积累或向企业的投资者及债权人筹集生产经营所需资金的一种经济活动

B. 在公司融资中,公司是投资者,公司要进行投资决策,承担投资风险及投资责任

C. 在公司融资中,公司是借款和其他债务资金的债务方,债权人对债务有完全的追索权,即使项目失败也必须由公司还贷

D. 一般情况下,公司融资有两类参与方:公司股东会和银行及其他债权人

13. 在项目融资方式下,下列属于权益资金的来源的是(   )。

A. 扩充   B. 提现   C. 股本资金   D. 变现

14. 下列属于公司融资方式的权益资本筹措的资金来源的是(   )。

A. 无担保贷款   B. 零息债券   C. 可转换债券   D. TOT 和 ABS

15. 甲公司向乙公司提供债务资金,但是要求乙公司必须购买其子公司丙公司的特定原材料X,这体现了债务资金的(   )基本要素。

A. 融资成本   B. 附加条件

C. 建设期利息的支付   D. 利用外债的责任

16. 关于项目投资与筹资预算表,下列说法正确的是(   )。

A. 各年资金筹措要满足当年的投资需求和因资金筹措和占用引起的当年的其他业务成本

B. 建设期内的财务费用(包括资金占用费和资金筹集费),可全部计入在建工程成本

C. 当债权方要求建设期内利息照付时,必须相应扩大借款,一部分用于投资计划,一部分用于付息

D. 如果债务资金渠道不止一个,企业要选择一个渠道的资金扩大债务,用于支付所有渠道资金的财务费用

二、计算题

1.表 6-9 是大华公司 2007~2011 年的销售收入和资金需要量的情况。试运用回归分析法预测 2012 年销售额达到 450 万元时的资金需要量。

表 6-9　　　　　　　　　大华公司销售收入和资金需要量

年度（N）	销售收入（万元）	资金需要量（万元）
2007	200	150
2008	250	175
2009	300	200
2010	350	225
2011	400	250

2.新兴公司 2011 年在设备满负荷运转的情况下,实现销售收入 1 500 万元。公司 2011 年年末的资产负债表如表 6-10 所示,已知,新兴公司 2012 年欲实现销售收入 2 000 万元、销售净利润率 7.5%、收益留存率 40%,试运用销售百分比法进行资金需要增加量的预测。

表 6-10　　　　　　　　新兴公司 2011 年年末的资产负债表

资产	金额（元）	负债及所有者权益	金额（元）
货币资金	200 000	应付账款	1 200 000
应收账款	1 800 000	应付票据	800 000
应收票据	400 000	应交税费	300 000
存货	3 000 000	长期负债	3 000 000
固定资产净值	5 000 000	实收资本	5 500 000
无形资产	600 000	未分配利润	200 000
资产总计	11 000 000	负债及所有者权益总计	11 000 000

三、简答题

1.简述企业筹资的动机。

2.简述运用回归分析法进行资金增长趋势预测和运用销售百分比法进行资金需要增加量预测的大致步骤,并说出两种方法的优缺点。

3.简述编制经营筹资预算的具体步骤。

4.简述项目筹资预算的特点。

5.什么是公司融资? 其特点有哪些?

6.什么是项目融资? 其特点有哪些?

7.简要叙述公司融资和项目融资在资金筹措上的异同。

8.在项目筹资预算中,运用公司融资方式时权益资本的来源有哪几种? 请各举三个例子。

9.在项目筹资预算中,举例说明债务资金的国内来源和国际来源,要求每种至少举五个例子。

10.简要叙述项目筹资预算中债务资金的五大要素。

第7章　财务预算

通过本章的学习,学生应该能够:

- 掌握财务预算的概念及其与其他预算的关系;
- 了解财务预算在全面预算体系中的作用;
- 了解现金预算的作用;
- 掌握确定现金最佳持有量的五种分析模式;
- 了解利润预算的编制方法、编制原则;
- 了解利润分配预算的一般编制步骤;
- 了解资产负债预算的编制步骤。

引导案例

2000 年 10 月,中石化经过重组分别在中国香港、美国纽约、英国伦敦成功上市,2001 年在上海证券交易所上市。上市以后,对中石化对外信息披露和加强内部管理提出了新的挑战,这就要求中石化必须以全新的经营理念、经营机制、管理模式、运作方式进行操作,逐步与国际接轨。作为企业管理的核心,也对进一步提升财务管理的水平提出了更高的要求。因此,中石化开始进行信息化建设的实践。

一、财务预算管理的起步

直接促动中石化加快财务信息管理系统建设的因素是其在海内外的成功上市,因为成功上市后要实现内部管理从行业管理的模式向企业管理的模式转变。而在上市之初,中石化没有统一的内部会计制度和统一的核算成本办法,多种财务信息系统平台造成了汇总、合并处理的困难。在这种情况下,中石化在启动 ERP 项目建设的同时,2000 年开始实施财务管理信息系统,同年推广完成账务和报表系统,2001 年推广炼化企业成本核算和固定资产系统,然后逐步向企业应用靠拢,并与 ERP 的应用结合。

不过,当时的财务信息管理系统主要还是面向企业应用,且主要是核算层面的应用。而面向总部的应用,特别是管理层面的应用尚未全面展开。中石化选择了预算管理作为突破口,在进行成本控制体系的规划时,选用海波龙的财务预算管理解决方案 Hyperion Planning。中石化财务部信息处相关人员表示,中石化之所以选择海波龙的解决方案,主要是出于两方面的考虑,一方面是埃森哲的推荐,海波龙的财务预算管理解决方案在全球领先;另一方面是中石化高层赴国外考察时发现国外大型石油化工企业普遍采用海波龙的解决方案。

二、财务分析体系的实施

过去,中石化可以实现财务信息穿透查询的功能,即总部工作人员可以通过网络登录到各级单位的服务器中,查询相关的财务明细信息。这种查询模式只能解决"一查到底"的需求,但总部应用信息的模式更多是"先粗后细""横向对比"等,更多的是基于报表数据,而报表数量大,每年报表格式还经常发生变化。由于报表数量众多,做好分析还需要熟悉不同的业务背景,所以过去主要精力都放在"复制""粘贴"等手工重复劳动上,分析体系也不成规范,分析手段比较原始,造成工作人员工作量大、疲于应付的局面。

为进一步提升财务分析的水平,中石化引入咨询公司普华永道,通过比较国外企业与中石化在分析体系上的差异,针对不同部门的需求特点提供相应的解决方案,帮助中石化建立比较完善的分析体系,改变原有的以手工操作为主的手段,充分应用 IT 工具,对明确的、重复的分析需求,最终用户鼠标一点就可生成相关的分析图表;对临时产生的分析需求,关键用户可通过图形化的方式自定义实现。并通过多维数据库旋转、切片、钻取、维度切换、WHAT—IF 等手段进行分析,从而使管理人员能够真正将主要精力从"手工劳动"生成分析报表转移到应用先进的手段去发现问题、解决问题上来。为了实现这样的目标,中石化采用了 Hyperion Essbase 解决方案,将过去以"报表"为基本存储单元变为以"报表数据项"为基本存储单元的多维数据库"元数据"存储模式。

资料来源:http:://www.cnki.com.cn/Article/CJFDTOTAL—ZKJS200506012.htm

中石化在财务预算管理上的成功经验有哪些? 企业为什么要进行财务预算? 财务预算在全面预算管理中起到了什么样的作用? 财务预算包括哪几部分内容? 怎样进行企业的财务预算? 通过本章的学习,上述问题将得到解答。

7.1 财务预算概述

财务预算作为全面预算体系的最后一环,从利润、现金流量、财务状况三方面反映了企业全面预算的总体目标,与其他预算紧密联系、相互衔接、共同构成完整的全面预算体系。财务预算在企业的经营和发展中起着至关重要的作用,也是企业战略目标顺利实现的重要保障。

7.1.1 财务预算的概念及内容

财务预算是指企业在预测和决策的基础之上,围绕自身战略目标,对未来一定时期内资金的取得和投放、各项收入和支出、经营成果及其分配等资金运转所做的具体安排。财务预算具体包括现金预算、利润预算、资产负债预算等内容。财务预算的具体预算均是由财务部门负责编制的。

现金预算又称现金收支预算,是指企业在预算期内对不同时点上的现金收入、现金支出、现金多余和不足、现金的筹资和运用等现金收付活动的总体安排。现金预算很重要,因为企业生存的首要条件就是把可用的现金去偿付到期的债务。现金预算以全面预算体系的经营预算、投资预算和筹资预算为基础,反映了企业在一定时期内的现金流量。

利润预算是指企业以利润目标为出发点,反映了预算期内经营成果的,按照利润表的内容格式编制的预算。利润预算是在汇总销售预算、产品生产成本预算、销售及管理费用预算、现金预算等的基础上编制的,其目的在于动态地反映企业预算期的盈利水平。

资产负债预算是利用基期期末资产负债表,根据预算期销售、生产、成本等预算有关数据调整的,按照资产负债表的内容和格式编制的,综合反映企业预算期初、期末的财务状况的预算,其目的在于静态地反映预算期财务状况的稳定性和流动性。

7.1.2 财务预算在全面预算体系中的作用

财务预算作为全面预算体系中的最后一环,可以从价值方面总括地反映经营期决策预算与业务预算的结果,因此,它在全面预算体系中占有举足轻重的地位。财务预算的作用主要体现在以下四个方面。

1. 目标和导向作用

一个企业的财务预算的目标是其自身利润的最大化,这也是全面预算体系的终极目标。所以,财务预算对全面预算的编制起着明确目标和指引方向的作用。为了防止在编制预算过程中出现某个分项预算的偏离,企业要首先拟定一个预算编制总目标,令各部门参照它来编制分项预算。预算编制总目标的主要内容就是财务预算中的利润预算、绩效评价预算的有关部门,例如销售收入、生产成本、期间费用、销售利润率、资产负债率等。拟定的预算编制总目标在全面预算的编制中起到了目标和导向作用,同时也为审定、分析、修订、平衡全面预算起到了依据作用。

2. 控制和约束作用

财务预算在整个全面预算过程中,进行系统规划、全面协调和综合平衡,串联起全面预算的各个部分预算,使各部分预算作为一个有机整体统一服从于企业预算期的经营总目标。如果经营预算、投资预算和筹资预算与财务预算发生冲突,其他预算要服从于财务预算。

3. 合理配置财务资源作用

财务预算可以综合平衡各项财务资源的合理配置和企业的财务收支。如果企业的财务资源出现供不应求或供过于求的现象,财务人员可以通过编制财务预算,优化投资结构,控制低效率开支,将财务资源中的大部分或最有价值的部分分配到企业效率最高的生产经营活动中去,从而确保了企业财务资源的合理配置和有效利用,使得财务资源的投入产出比率提高,有机协调企业的资产结构与资本结构、资产盈利性和流动性。

4. 制定绩效评价标准作用

绩效评价,作为财务预算的一部分,综合了企业各专业、各部门的绩效评价指标,使得企业的经营活动、投资活动、财务活动更加目标化、具体化、系统化和定量化。企业通过进行财务预算编制中的绩效评价,明晰各部门权责分配,后期再对工作结果展开总结与分析,并将其数量化表示出来,充分体现出企业经营管理的客观性。绩效评价为企业的生产经营活动和长期投资活动提供了具体标准和依据。因此可以认为,财务预算的一个作用就是为考核评价各部门各层次工作绩效提供标准和依据。

7.2 现金预算

7.2.1 现金预算概述

1.现金预算的定义

现金预算是有关预算的汇总,由现金收入、现金支出、现金多余或不足、资金的筹集和运作四个部分组成。这里所说的现金是企业的库存现金和银行存款等货币资金。

现金预算实际上是销售预算、生产预算、直接材料预算、直接人工预算、产品成本预算、制造费用预算、销售及管理费用预算等预算中,关于现金收支部分的汇总,以及收支差额平衡措施的具体计划。因此,现金预算的编制要以其他各项预算为基础。

现金预算是按照收付实现制原则编制的,即以现金收到或付出为标准,来记录各项活动,而不考虑与现金收支行为相连的经济业务实质上是否发生。现金预算的内容不仅决定了企业在预算期内现金流入流出总量,也决定了企业在预算期内所需现金的筹措总额和筹措时间。因此,现金预算是全面预算体系的重要预算,是经营预算、投资预算以及利润预算顺利实施的保障。

2.现金预算的作用

(1)现金预算是现金流管理的重要工具

曾经有学者说过"现金为王"这四个字,足以见得现金流在企业运作过程中的重要性。现金是企业资本的一种资产表现,是企业的血液。现金的循环运动是企业生存的基本前提和实现资本增值的关键环节。现金流量是企业经营的晴雨表。在企业的经营管理中,现金流管理的理念与方法对于企业的生存和发展至关重要。企业管理以财务管理为中心,财务管理则以现金流管理为重点,编制现金预算正是企业加强现金流管理的重要措施。

(2)编制现金预算有利于企业事先对现金收支活动进行计划安排

正如前文所述,现金预算以销售预算、生产预算、产品成本预算、制造费用预算等为基础。所以编制现金预算有助于对上述预算事先安排计划。这样企业就解决了现金何时、从何处而来,又何时用于何方的问题。现金预算为实现预算期企业经营目标,进行所须投入资源及产出效果、经营成果等的事先计划和规划,使得企业的经营活动按照预定的计划和规划运行,确保经营目标的实现和现金收支的平衡。没有现金预算的话,就无法对现金收支活动进行合理的计划、平衡和调度,就有可能使企业陷入财务困境。

(3)通过编制现金预算,企业可以合理调剂现金余缺

预算期应该融资的现金数量等于期初现金余额加上预算期现金收入,再减去预算期现金支出和期末现金余额。如果融资额是正的,企业可以安排进行投资;如果融资额是负的,企业必须筹措资金。现金预算可以清楚地显示企业预算期内的现金余缺情况。在了解现金余缺情况后,企业可以相应地制定方案,合理调剂现金余缺,避免资金多余所造成的浪费和资金短缺对经营活动的影响。

(4)编制现金预算可以有效提高企业对到期债务的偿付能力

在市场经济下,企业面临着各种各样的风险,而其中对企业影响最大的风险就是财

务风险。财务风险最主要的表现形式就是支付风险。这种风险是由企业未来现金流量的不确定性和债务到期日之间的矛盾引起的。如果企业没有处理好二者的关系,就可能影响到企业的正常生产经营活动,甚至破产。现金预算可以预测未来时期企业对到期债务的直接偿付能力,可以直接揭示出企业现金短缺的时期,使财务部能够在显露短缺时期来临之前安排筹资,从而避免了在债务到期时,因无法偿还而影响企业的信誉,为企业以后融资增加阻力;或企业被迫"拆东墙补西墙",在高利率条件下举借新的债务。这些都在一定程度上增加了企业的财务风险。

(5)通过编制现金预算,可以合理配置财务资源

通过编制现金预算,企业可以合理配置财务资源,合理调控企业的经营活动和投资活动。现金预算是以销售预算、生产预算、直接材料预算等各项经营预算为基础的,需要它们所提供的数据,而销售预算是各项预算的基础。这就需要企业加强内部各部门之间的沟通交流,相互之间提出改进建议,明确各部门的责任,便于各部门之间的协调。此外,编制现金预算对其他预算的现金活动进行汇总,能合理调配各类预算中的现金收付时间和收付金额,促使企业各项业务活动开源节流,以实现财务资源的最佳配置。

3. 现金预算与其他预算的关系

由前文可知,现金预算是对其他预算中的有关现金收支部分的汇总以及对现金收支差额所采取的平衡措施。同时,现金预算的编制是以企业经营预算、资本支出预算和筹资预算的编制为基础的。所以,企业在进行经营预算、投资预算和筹资预算时,要将后来现金预算需要运用的数据准备好。在实务中,相关人员在编制各项预算时,会将其中涉及现金收付的所有项目单独列示出来。总之,现金预算以各项预算为基础,以各预算中的现金流量作为数字依据。

现金预算对其他预算的汇总不是简单的汇总,其他预算也需要根据企业现金预算的总体安排合理配置各自的现金收支数额和时间,特别是筹资预算通常需要根据现金预算的资金余缺情况编制或修订资金筹措方案。

7.2.2 现金预算的内容

现金预算的组成内容有:期初现金余额、预算期现金收入、预算期现金支出、现金余缺、融资方案、期末现金余额等。

期初现金余额是指企业在预算期期初的现金结存数。企业在编制现金预算时,通常根据企业核定的现金最佳持有量和现金收支的具体情况来预计预算期期初的现金余额。

预算期现金收入是指企业预算期内各项现金的收入。企业现金收入的主要来源是销货收入。企业现金收入的数据来源是经营预算、资本支出预算、筹资预算和利润预算中的现金收入项目。

预算期现金支出是指企业预算期内的各项现金支出。企业现金支出主要包括:直接材料、直接人工、制造费用、销售与管理费用。现金支出的数据来源于经营预算、资本支出预算、筹资预算以及利润预算中的现金支出项目。

现金余缺是期初现金余额与预算期现金收入相加,减去预算期现金支出与期末现金余额后的差额。如果计算出来的现金余缺是正的,那么企业预算期内的现金有剩余,财务部门可以相应针对剩余资金做出合理安排。如果计算出来的现金余缺是负的,那么企

业预算期内的现金有短缺,财务部门应采取措施进行融资。

融资方案是在计算出企业预算期内现金是否剩余或短缺之后,所采取的资金调节措施。当现金余额不足时,企业可以通过各种筹资渠道和筹资方式来保持现金收支平衡。当现金余额剩余时,企业可以根据自身情况和需要进行债务偿还和短期投资,以达到调节现金的目的。

期末现金余额是指企业在预算期末结转的现金余额。期末现金余额不是被动计算出来的,而是企业主动计算出来的。具体来说,期末现金余额的制定实际上是根据企业的现金最佳持有量决定的,以保证经营活动、投资活动、筹资活动和财务活动的顺利进行。现金最佳持有量是一个恰当的现金余额,在此现金余额的基础上,不会因为现金结存不足而导致企业支付能力下降,也不会因为现金结存过多而导致现金空置。因此可以写出现金预算的公式,如下:

(期初现金余额＋预算期现金收入)－(预算期现金支出＋期末现金余额)＝融资金额

7.2.3 现金最佳持有量的计算

凯恩斯的货币需求理论指出,企业持有现金的动机主要有三个:第一,交易动机,这是营业性和资本性的目的所产生的一种日常业务需要;第二,预防动机,这是为了应付意外事件而做的现金准备;第三,投机动机,即企业应持有足够的现金以抓住随时可能出现的盈利机会。作为生产经营单位,企业应确定最合理的现金持有量,既确保现金存量花费的代价最低,又能确保现金需求的持有量水平。如果现金持有量太大,会降低企业收益水平;如果现金持有量太小,又可能影响交易的正常进行以及意外的现金需要,产生中断交易的风险。这就要求财务人员下一番工夫,测定出本企业最合理的现金持有量。最合理的现金持有量能使企业的现金机会成本、管理成本和短缺成本三者的综合成本最低。

在这里需要指出的是现金最佳持有量不仅仅是预算期末的现金余额,也是每天的现金结存量,因此亦可将之称为"每天的现金余额"。

确定现金最佳持有量的常用方法有:成本分析模式、存货分析模式、现金周转分析模式、因素分析模式和随机模式。

1. 成本分析模式

成本分析模式是根据持有现金有关成本,分析预测其总成本最低时现金持有量的一种方法。

(1)持有现金的成本

企业持有的现金,将会有三种成本:机会成本、管理成本和短缺成本。

①机会成本,又称作占用成本。现金作为企业的一项资金占用,是有代价的,这种代价就是它的机会成本。现金作为资金总体的一部分,来自于债权人或股东,所以持有资金要考虑到占用资本的机会成本的存在。现金资产的流动性极佳,但盈利性极差。持有现金则不能将其投入生产经营活动,失去因此而获得的收益。企业为了经营业务,有必要持有一定的现金,以应付意外的现金需要。但现金拥有量过多,机会成本代价大幅度上升,就不合算了。

②管理成本。企业拥有现金,会发生管理费用,如管理人员工资、安全措施费等,这些费用是现金的管理成本。

③短缺成本。现金的短缺成本,是因缺乏必要的现金,不能应付业务开支所需,而使企业蒙受的损失或为此付出的代价。

上述三种成本与资金占用量的关系:机会成本随现金持有量的增加而增加;短缺成本随现金持有量的增加而减少;管理成本是一种固定成本,与现金持有量之间无明显的比例关系。

(2)确定现金最佳持有量

上述三项成本之和最小的现金持有量,就是现金最佳持有量。如果把以上三种成本线画在一个图上(见图 7-1),就能表现出持有现金的总成本(总代价),找出最佳现金持有量的点:机会成本线向右上方倾斜,短缺成本线向右下方倾斜,管理成本线为平行于横轴的平行线,总成本线便是一条抛物线,该抛物线的最低点即为持有现金的最低总成本。

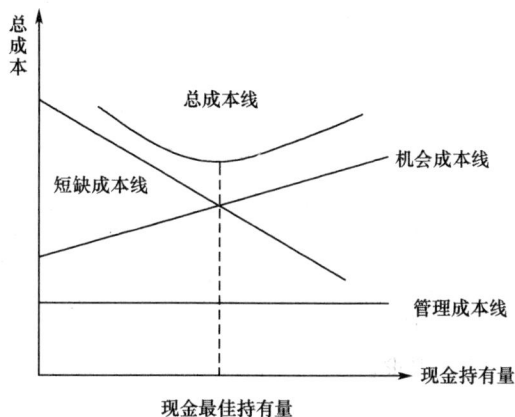

图 7-1 成本分析模式现金最佳持有量示意图

(3)运用成本分析模式确定现金最佳持有量

企业要根据自身的需要,规划出若干个现金持有量,然后将每个项目的机会成本、管理成本和短缺成本相加,选取其中三者之和最低的方案,就是企业的现金最佳持有量。

【例 7-1】 阳光公司有 A、B、C、D 四种现金持有量方案,如表 7-1 所示。A 方案的现金持有量是 25 000 元,短缺成本是 12 000 元;B 方案的现金持有量是 50 000 元,短缺成本是 6 750 元;C 方案的现金持有量是 75 000 元,短缺成本是 2 500 元;D 方案现金持有量为 100 000 元,短缺成本是 0 元。这四种方案的管理成本都是 20 000 元,机会成本率为 12%。

表 7-1　　　　　　　　　　现金最佳持有量方案计算表　　　　　　　　　单位:元

方案	A	B	C	D
现金持有量	25 000	50 000	75 000	100 000
机会成本	3 000	6 000	9 000	12 000
管理成本	20 000	20 000	20 000	20 000
短缺成本	12 000	6 750	2 500	0
总成本	35 000	32 750	31 500	32 000

将以上各方案总成本相加进行比较可知,C 方案的总成本最低,也就是说当企业现金持有量为 75 000 元时,各方面的总代价最低,对企业最合算,故 75 000 元是该企业的现金

最佳持有量。

2.存货分析模式

从上面的分析中可以知道,企业平时持有较多的现金,会降低现金的短缺成本,但也会增加现金占用的机会成本;而平时持有较少的现金,则会增加现金的短缺成本,却能减少现金占用的机会成本。如果企业平时只持有较少的现金,在有现金需要时(如手头的现金用尽),通过出售有价证券换回现金(或从银行借入现金),便能既满足现金的需要,避免短缺成本,又能减少机会成本。因此,适当的现金与有价证券之间的转换,是企业提高资金使用效率的有效途径。这与企业奉行的营运资金政策有关。但是,如果每次任意量地进行有价证券与现金的转换,还是会加大企业的成本,因此如何确定有价证券与现金的每次转换量,是一个需要研究的问题。这可以应用现金持有量的存货模式解决。

现金持有量的存货模式又称鲍曼模型,是威廉·鲍曼(William Baumol)提出的用以确定目标现金持有量的模型。

企业每次以有价证券转换回现金是要付出代价的(如支付经纪费用),这被称为现金的交易成本。现金的交易成本与现金转换次数、每次的转换量有关。假定现金每次的交易成本是固定的,在企业一定时期现金使用量确定的前提下,每次以有价证券转换回现金的金额越大,企业平时持有的现金量便越高,转换的次数便越少,现金的交易成本就越低;反之,每次转换回现金的金额越低,企业平时持有的现金量便越低,转换的次数会越多,现金的交易成本就越高。可见,现金的交易成本与现金的平时持有量成反比,这与现金短缺成本的性质是一致的。在现金成本构成图上,可以将现金的交易成本与现金的短缺成本合并为同一条曲线,并不再考虑大体为固定不变的管理成本,这样,现金的成本构成可重新表现为图 7-2 所示。

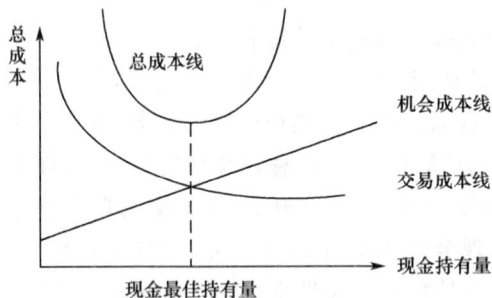

图 7-2 存货模式下的现金持有量

在图 7-2 中,现金的机会成本线和交易成本线交叉点相应的现金持有量即是总成本最低的现金持有量,它可以运用现金持有量存货模式求出。下面通过举例,说明现金持有量存货模式的应用。

【例 7-2】 金达企业的现金使用量是均衡的,每周的现金净流出量为 100 000 元。若该企业第 0 周开始时持有现金 300 000 元,那么这些现金够企业支用 3 周,在第 3 周结束时现金持有量将降为 0,其 3 周内的平均现金持有量则为 150 000 元(300 000 元÷2)。第 4 周开始时,企业需将 300 000 元的有价证券转换为现金以备支用;待第 6 周结束时,现金持有量再次降为零,这 3 周内的现金平均余额仍为 150 000 元。如此循环,企业一段时期内的现金持有状况可表现为表 7-2 所示。

表7-2　　　　　　　　　　　　金达企业现金持有状况　　　　　　　　　　单位:元

初始现金持有量 C	现金平均持有量 $C/2$	机会成本($K=0.1$) $(C/2)\times K$
600 000	300 000	30 000
400 000	200 000	20 000
300 000	150 000	15 000
200 000	100 000	10 000
100 000	50 000	5 000

在表7-2中,每3周为一个现金使用的循环期,以 C 代表各循环期之初的现金持有量,以 $C/2$ 代表各循环期内的现金平均持有量。

如果企业将 C 定得高些,比如定为 600 000 元,每周的现金净流出量仍为 100 000 元,这些现金将够支用6周,企业可以在6周后再出售有价证券补充现金,这能够减少现金的交易成本;但6周内的现金平均余额将增加为 300 000 元(600 000 元÷2),这又会增加现金的机会成本。

如果企业将 C 定得低些,比如定为 200 000 元,每周的现金净流出量还是 100 000 元,那么这些现金只够支用2周,企业必须频繁地每2周就出售有价证券,这必然增加现金的交易成本;不过2周循环期内的现金平均余额可降为 100 000 元(200 000 元÷2),这降低了现金的机会成本。

因此,企业需要合理地确定 C,以使现金的相关总成本最低。解决这一问题先要明确三点:

①一定期间内的现金需求量,用 T 表示。

②每次出售有价证券以补充现金所需的交易成本,用 F 表示。则一定时期内出售有价证券的总交易成本为

$$总交易成本 = (T/C)\times F$$

③持有现金的机会成本率,用 K 表示。则一定时期内持有现金的总机会成本表示为

$$总机会成本 = (C/2)\times K$$

在以上的举例中,企业一年的现金需求量为 100 000 元/周×52 周＝5 200 000 元。该企业有几种确定 C 的方案,每种方案对应的机会成本和交易成本分别见表7-2和表7-3。

表7-3　　　　　　　　　　各种方案对应的交易成本　　　　　　　　　单位:元

现金需求量 T	初始现金持有量 C	交易成本($F=1\,000$) $(T/C)\times F$
5 200 000	600 000	8 667
5 200 000	400 000	13 000
5 200 000	300 000	17 333
5 200 000	200 000	26 000
5 200 000	100 000	52 000

计算出各种方案的总机会成本和总交易成本,然后将它们相加,就可以得到各种方案的总成本:

$$总成本 = 总机会成本 + 总交易成本 = (C/2) \times K + (T/C) \times F$$

该企业各种初始现金持有量方案的总成本见表7-4。

表7-4	各方案的总成本		单位:元
初始现金持有量	总机会成本	总交易成本	总成本
600 000	30 000	8 667	38 667
400 000	20 000	13 000	33 000
300 000	15 000	17 333	32 333
200 000	10 000	26 000	36 000
100 000	5 000	52 000	57 000

表7-4显示,当企业的初始现金持有量为300 000元时,现金总成本最低。以上结论是通过对各种初始现金持有量方案的成本逐次计算得出的。

此外,也可以利用公式求出成本最低的现金持有量,这一现金持有量称为最佳现金持有量,以 C^* 表示。

从图7-2中已知,最佳现金持有量 C^* 是机会成本线与交易成本线交叉点所对应的现金持有量,因此 C^* 应当满足:总机会成本 = 总交易成本,即

$$(C^*/2) \times K = (T/C^*) \times F$$

整理后,可得出

$$(C^*)^2 = \frac{2TF}{K}$$

等式两边分别取平方根,有

$$C^* = \sqrt{\frac{2TF}{K}}$$

本例中,$T = 5\,200\,000$ 元,$F = 1\,000$ 元,$K = 0.1$,利用上述公式即可计算出最佳现金持有量为

$$C^* = \sqrt{\frac{2TF}{K}} = \sqrt{\frac{2 \times 5\,200\,000 \times 1\,000}{0.1}} \approx 322\,490(元)$$

使用存货模式确定最佳现金持有量时有三个假设条件:

①现金支出均匀发生,波动较小;

②企业预算期内现金需要量可以预测;

③现金的持有成本和转换成本易于预测。

3. 现金周转分析模式

现金周转模式是指根据企业生产经营活动中的现金周转时间、过程,在已知的存货周转期和应收、应付账款周转期的前提下,来确定最佳现金持有量的方法。现金周转期是介于公司支付现金与收到现金之间的时间段,影响现金周转模式的因素有三个:存货周转期,即将原材料转化成产品并销售出去所需要的时间;应收账款周转期,即应收账款收回变现所需要的时间;应付账款周转期,即企业从收到尚未付款的原材料开始到现金支出之间所用的时间。这三个因素和现金周转期的关系如图7-3所示。

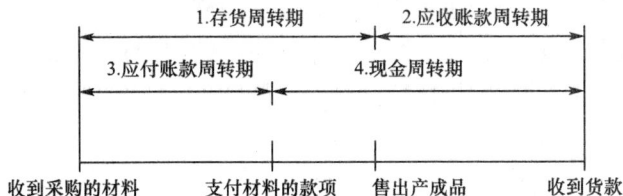

图 7-3　现金周转模式关系示意图

运用现金周转模式来计算最佳现金持有量的步骤如下：

首先，确定现金周转期，具体公式如下：

$$现金周转期＝存货周转期＋应收账款周转期－应付账款周转期$$

然后，确定现金周转率，具体公式如下：

$$现金周转率＝360÷现金周转期$$

在此之后，确定最佳现金持有量，具体公式如下：

$$最佳现金持有量＝企业年现金需求总额÷现金周转率$$
$$＝企业年现金需求总额÷360×现金周转期$$

以下将举例来具体学习一下现金周转模式。

【例 7-3】　南海公司 2013 年预计全年需要现金 1 200 万元，预计存货周转期为 80 天，应收账款周转期为 40 天，应付账款周转期为 30 天，求最佳现金持有量。

首先，确定现金周转期。

现金周转期＝80＋40－30＝90（天）

然后，确定现金周转率。

现金周转率＝360÷90＝4（次）

最后，即可确定最佳现金持有量。

最佳现金持有量＝1 200÷4＝300（万元）

运用现金周转模式有三个前提假设条件。如果这三个假设条件不存在，求出的最佳现金持有量会发生一定的偏差，企业此时要根据实际情况对计算结果进行校正。这三个假设条件分别是：

一是企业的现金需求量不存在不确定因素，企业的生产经营在一年内持续稳定地进行；

二是材料采购与产品销售产生的现金流量在数量上基本一致；

三是现金付出的时间发生在应付账款支付的时候。

4. 因素分析模式

因素分析模式是根据上一年企业现金占用额和相关因素的变动情况，来判断企业今年的最佳现金持有量。其计算公式如下：

$$最佳现金持有量＝（上年现金平均占用额－不合理占用额）$$
$$×（1±预计销售收入变化的百分比）$$

【例 7-4】　大华公司 2011 年平均占用现金为 900 万元，经分析，其中 50 万元为不合理占用额。2012 年销售收入预计比 2011 年增长 12％，则 2012 年最佳现金持有量为

（900－50）×（1＋12％）＝952（万元）

由例题可以看出,因素分析法相比于其他方法较简单。但是这种模式的一个假设为企业的现金需求量与业务量是同比例增长的,这一点有时与实际情况并不相符,因此采取此模式时企业应根据实际情况对计算结果进行校正。

5. 随机模式

随机模式是在现金需求量难以预知的情况下进行现金持有量控制的方法。对企业来讲,现金需求量往往波动大且难以预知,但企业可以根据历史经验和现实需要,测算出一个现金持有量的控制范围,即确定现金持有量的上限和下限,将现金持有量控制在上下限之内。当现金量达到控制上限时,用现金购入有价证券,使现金持有量下降;当现金持有量降到控制下限时,则抛售有价证券换回现金,使现金持有量回升。若现金量在控制的上下限之内,便不必进行现金与有价证券的转换,保持它们各自的现有存量。这种对现金持有量的控制如图 7-4 所示。

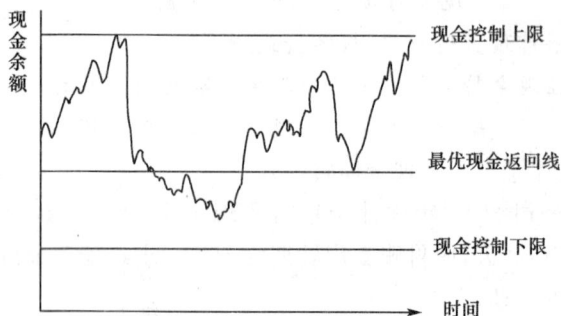

图 7-4　随机模式示意图

由图 7-4 可以看到,企业的现金存量(表现为现金每日余额)是随机波动的,当其达到了现金控制上限时,企业应用现金购买有价证券,使现金持有量回落到最优现金返回线的水平。当现金存量降到了现金控制下限时,企业则应转让有价证券换回现金,使其现金存量回升至最优现金返回线的水平。现金存量在上下限之间的波动属控制范围内的变化,是合理的,不予理会。以上关系中的现金控制下限 L、最优现金返回线 R、现金控制上限 H 的计算方法如下:

①下限 L 受企业每日的最低现金需要量、管理人员风险承受倾向等因素的影响。

②最优现金返回线 R 的计算公式如下:

$$R = \sqrt[3]{\frac{3b\delta^2}{4i}} + L$$

式中　b——每次有价证券的固定转换成本;

　　　i——有价证券的日利率;

　　　δ——预期每日现金余额变化的标准差;

　　　L——现金存量的下限。

③上限 H 的计算公式如下:

$$H = 3R - 2L$$

【例 7-5】　甲公司有价证券的年利率为 9%,每次有价证券的固定转换成本为 50 元,公司认为任何时候其银行活期存款及现金余额均不能低于 1 000 元,又根据以往经验测算出现金余额变化的标准差为 800。计算其最优现金返回线 R、现金控制上限 H。

首先，计算出有价证券的日利率：

$9\% \div 360 = 0.025\%$

然后，计算出最优现金返回线 R：

$$R = \sqrt[3]{\frac{3b\delta^2}{4i}} + L = \sqrt[3]{\frac{3 \times 50 \times 800^2}{4 \times 0.025\%}} + 1\,000 \approx 5\,579(\text{元})$$

最后，计算出现金控制上限 H：

$H = 3R - 2L = 3 \times 5\,579 - 2 \times 1\,000 = 14\,737(\text{元})$

这样，当公司的现金余额达到 14 737 元时，即应以 9 158 元(14 737 元－5 579 元)的现金去投资于有价证券，使现金持有量回落为 5 579 元；当公司的现金余额降至 1 000 元时，则应转让 4 579 元(5 579 元－1 000 元)的有价证券，使现金持有量回升为 5 579 元。

随机模式适合所有企业现金最佳持有量的测算，但是此方法建立在企业的现金未来需求总量和收支不可预测的前提下，因此计算出来的现金持有量比较保守。

7.2.4　现金预算的编制程序

编制现金预算的大致程序如下：

首先，公司拟定预算期现金收支总目标和现金政策，例如原材料采购的"三三四制"（即采购时付款 30%，采购的第二个月付款 30%，剩余 40% 在第二季度付清）。企业拟定的预算期现金收支总目标和现金政策必须在布置预算编制时由预算委员会予以公布，以方便各部门按照政策编制现金预算。

然后，各预算执行部门根据企业预算委员会下达的现金收支总目标编制经营预算、投资预算等时，须将涉及现金收支的项目单独列示出来，形成详细的各预算单位现金预算。

最后，财务部门对各预算单位编制的现金收支预算进行审查、汇总，提出综合平衡的建议。在审查、平衡过程中，预算委员会应当进行充分协调，对发现的问题提出初步调整意见，并反馈给有关预算执行单位予以修正，最后要汇总成企业现金预算方案。

【例 7-6】　承接第四章与第五章的例子，中兴公司的经营预算与资本支出预算已经编制完成，为编制现金预算，现补充如下系列条件：

①全年销售收入在四个季度的实现情况如表 7-5 所示，每个季度实现的销售额中有50%并未立即收到现金而成为应收账款，在下一个季度收回，2012 年年初的应收账款为500 000 元，则各季度现金收入情况如表 7-5 所示。

表 7-5　　中兴公司销售收入各季度现金收入情况表　　单位：元

	一季度	二季度	三季度	四季度	年度总计
销售收入	2 500 000	500 000	1 250 000	1 500 000	5 750 000
期初应收账款收回(1)	500 000				
现销收入(2)	1 250 000	250 000	625 000	750 000	2 875 000
应收账款收回(3)		1 250 000	250 000	625 000	2 125 000
期末应收账款结转				750 000	750 000

（续表）

	一季度	二季度	三季度	四季度	年度总计
现金收入合计 (4)＝(1)＋(2)＋(3)	1 750 000	1 500 000	875 000	1 375 000	5 500 000

②购买直接材料的总成本在四个季度中进行分摊，如表7-6所示，购买时并不完全立即支付现金，50%在下一季度进行支付，2012年期初应付账款余额为500 000元。

表7-6　　　　　　中兴公司直接材料采购费用各季度分摊表　　　　单位：元

	一季度	二季度	三季度	四季度	年度总计
直接材料采购成本	300 000	500 000	740 000	440 000	1 980 000
期初应付账款付现(1)	500 000				500 000
采购直接材料付现(2)	150 000	400 000	620 000	590 000	1 760 000
期末应付账款结转				220 000	220 000
现金支出合计 (3)＝(1)＋(2)	650 000	400 000	620 000	590 000	22 60 000

③直接人工成本在各季度的分配情况如表7-7所示。

表7-7　　　　　　中兴公司直接人工各季度付现表　　　　单位：元

	第一季度	第二季度	第三季度	第四季度	年度合计
直接人工成本付现	700 000	650 000	300 000	334 000	1 984 000
现金支出合计	700 000	650 000	300 000	334 000	1 984 000

④制造费用中除了折旧之外都在发生时立即付现。

总付现制造费用为：496 000－102 000＝394 000（元）。各季度的制造费用如表7-8所示。

表7-8　　　　　　　　制造费用各季度付现表　　　　单位：元

	第一季度	第二季度	第三季度	第四季度	年度合计
制造费用付现	150 000	74 000	70 000	100 000	394 000
现金支出合计	150 000	74 000	70 000	100 000	394 000

⑤销售费用和管理费用中，扣除折旧费用之外都在发生时立即付现，总的付现销售费用和管理费用为：(572 500－100 000)＋(615 000－95 000)＝992 500（元）。各季度发生情况如表7-9所示。

表7-9　　　　　　中兴公司销售费用、管理费用各季度付现表　　　　单位：元

	一季度	二季度	三季度	四季度	年度总计
销售费用付现	200 000	92 500	80 000	100 000	472 500
管理费用付现	300 000	70 000	50 000	100 000	520 000
现金支出合计	500 000	162 500	130 000	200 000	992 500

⑥资本支出都发生在年初，第一季度为实现方案甲发生现金支出10 000元。

⑦中兴公司2012年年初现金余额为200 000元。

⑧根据上述资料,编制中兴公司 2012 年现金预算表,如表 7-10 所示。

表 7-10　　　　　　中兴公司 2012 年现金预算表　　　　　　单位:元

	第一季度	第二季度	第三季度	第四季度	年度合计
期初余额	200 000	40 000	150 500	55 500	200 000
加:现金收入					
现销收入(表 7-5)	1 250 000	250 000	625 000	750 000	2 875 000
应收账款收回(表 7-5)	500 000	1 250 000	250 000	625 000	2 625 000
本期可动用现金合计	1 950 000	1 540 000	1 025 500	1 430 500	5 700 000
减:现金支出					
购买直接材料(表 7-6)	650 000	400 000	620 000	590 000	2 260 000
支付工人工资(表 7-7)	700 000	650 000	300 000	334 000	1 984 000
支付制造费用(表 7-8)	150 000	74 000	70 000	100 000	394 000
支付销售、管理费用(表 7-9)	500 000	162 500	130 000	200 000	992 500
方案甲投入	10 000				10 000
本期现金支出合计	2 010 000	1 286 500	1 120 000	1 224 000	5 640 500
现金多余(或不足)	−60 000	253 500	−94 500	206 500	59 500
向银行借款(期初)	100 000	0	150 000		250 000
向银行还款(期末)	0	100 000	0	150 000	250 000
支付利息	0	3 000	0	4 500	7 500
期末现金余额	40 000	150 500	55 500	52 000	52 000

⑨为保证生产经营需要,中兴公司根据以往的经验,判断 2012 年各季度至少要保证现金盈余 40 000 元。现金不足时,公司于每季度初向银行借款,年利率为 6%。现金盈余超出 5 万元时,公司于季度末向银行还贷。

根据表 7-10 上半部分的内容,发现第一季度现金不足,需要向银行贷款 10 万元,将在第二季度末还款,到期一次还本付息;第三季度初借款 15 万元,第四季度末还清,到期一次还本付息。

应计利息如下:

第二季度应支付的利息为:100 000×6%×6/12＝3 000(元)

第四季度应支付的利息为:150 000×6%×6/12＝4 500(元)

现金预算的编制,以各项营业预算和资本预算为基础,它反映各预算期的收入款项和支出款项,并作对比说明。其目的在于资金不足时筹措资金,资金多余时及时处理现金余额,并且提供现金收支的控制限额,发挥现金管理的作用。

7.3　利润预算

7.3.1　利润预算概述

利润预算主要包括收入预算和支出预算。它基本等同于企业的损益表,反映未来一定时期内的预计收入和支出。收入预算方面主要有销售预算、营业外收入预算、投资收入预算和其他业务收入预算。支出预算主要有销售成本预算、营业外支出预算、各种期间费用预算及税务预算。

1. 利润管理的作用

（1）利润预算更具前瞻性和不确定性

在企业利润预算管理模式下，企业管理者先通过科学预测确定企业将实现的目标利润，其他预算都以目标利润为导向，围绕目标利润的实现进行编制，这使各部门的管理工作更有前瞻性。

（2）利润预算对环境变化有较强的适应性

以利润为预算目标，一方面能及时反映企业生产经营利润的情况，便于企业控制收支，降低成本、费用，明确盈亏；另一方面当影响目标利润实现的某一因素向劣势转化时，管理者可及时发现，利用优化影响目标利润的其他相关因素来弥补，以确保目标利润及时实现。

（3）利润预算扩大了预算的广度与深度

以利润预算作为贯穿企业预算执行全过程的一条主线，使企业所有业务、所有员工工作均与企业目标利润挂钩，覆盖企业管理的方方面面，加强了预算对管理的支持作用。

（4）利润预算使各部门的经济活动协调一致

企业利润预算在对企业各方面情况进行综合平衡的前提下，以目标利润代表企业整体的最佳经营方案，对一切经济活动都编制出详细的预算，以此来协调各部门、各单位和各环节的业务活动，减少它们之间可能出现的各种矛盾和冲突，使企业的产、供、销和人、财、物始终保持最大限度的平衡关系。

（5）利润预算强化了企业管理的控制职能

实施企业利润预算，控制贯穿于管理的全过程，是一种全员全过程的控制。目标利润的预测、确定与预算的编制是管理者对企业资源如何利用进行的事前控制，预算执行是管理者进行的事中控制，预算的差异分析、考评是事后控制。这样控制就有了标准，考评就有了依据。企业的控制工作将会进一步加强。

2. 利润预算编制的依据

利润预算的编制基础是权责发生制。凡是在本期内已经收到和已经发生或应当负担的一切费用，不论其款项是否收到或付出，都作为本期的收入和费用处理；反之，凡不属于本期的收入和费用，即使款项在本期收到或付出，也不应作为本期的收入和费用处理。

企业在预算期的经营目标是编制利润预算的重要依据。利润预算中的"营业收入"、"投资收益"、"利润总额"、"未分配利润"等科目是企业在预算期内要控制的主要经营目标。企业的利润预算要牢牢围绕如何落实企业的经营目标。

企业在预算期内编制的经营预算和投资预算也是编制利润预算的基础。编制利润预算时，相应的收入、成本费用的基本数据可以直接从各种经营预算中获取。而企业对外投资的投资收益或损失可以通过投资收益预算中直接获取。

7.3.2 利润预算的编制方法

有关利润的最基本的会计等式为"收入－费用＝利润"。企业的利润预算就是将预算期内的收入、费用和利润各项目按照上述公式,依据一定的分类标准和顺序排列而成的。可以根据收入和费用的列示方法的不同,将利润预算分为"多步式"、"单步式"两种类型进行编制。除此之外,对于设置了投资中心和利润中心(包括模拟利润中心)的企业,为了落实各预算单位的利润责任,还要编制以责任中心为对象的利润预算。

1. 多步式利润预算

多步式利润预算是对预算期的收入、费用、支出项目按性质进行归类,按利润形成的主要环节列示中间性利润指标,分步计算当期净损益。多步式利润预算的编制步骤大致如下:

首先,以营业收入为基础,减去营业成本、营业税金及附加、期间费用、资产减值损失,再加上公允价值变动收益和投资收益,计算出营业利润。

然后,以营业利润为基础,加上营业外收入,减去营业外支出,计算出利润总额(税前利润)。

最后,以利润总额(税前利润)为基础,减去所得税,计算出税后利润。

2. 单步式利润预算

单步式利润预算是将各项收入、费用直接相减,得到利润总额及净利润的利润预算,单步式利润预算与多步式利润预算的差别详见表 7-11。编制单步式利润预算时,首先将预算期所有的收入列在一起并加以汇总,然后将所有的费用列在一起加以汇总,最后将收入与费用相减,得到企业预算期的利润总额及净利润。

表 7-11　　　　单步式利润预算与多步式利润预算的对比

单步式利润预算	多步式利润预算
收入	营业收入
	－营业成本
	－营业税金及附加
	－期间费用
	－资产减值损失
－费用	＋公允价值变动收益
	＋投资收益
	＝营业利润
	＋营业外收入
	－营业外支出
	＝利润总额(税前利润)
	－所得税
＝利润	税后利润

我国企业利润表多使用这种多步式的结构,单步式结构很少被使用。多步式利润表

有一个明显的特点,即强调企业生产经营的收益配比(结构),从而使报表使用者便于分析和掌握企业收入构成和费用构成,了解企业利润的增长点以及亏损的分布点。

3.以责任中心为对象编制的利润预算

责任中心是承担一定经济责任,并享有一定权利的企业内部(责任)单位。以责任中心为对象的利润预算是指,企业对其所属的投资中心和利润中心的内部利润预算进行的汇总。换句话说,编制此预算的前提条件是企业的各责任中心要编制内部利润预算。需要注意的是,企业内部的各责任中心实现的利润和公司利润预算中的会计利润一般不是一个核算口径,各责任中心实现的利润往往是按计划价格和内部销售价格进行核算的,需要进行价格差异及数量差异的调整。

表7-12是以责任中心为对象编制的利润预算的格式。

表 7-12　　　　　　　　　**甲公司各责任中心利润预算表**

项目	2012年预算总额	各责任中心预算					
		A中心	B中心	…	N中心	…	Z中心
一、销售收入							
减:销售成本							
二、销售利润							
减:销售费用							
财务费用							
管理费用							
三、利润							

【例 7-7】　中兴公司各项收入和成本费用情况在各项经营预算中都已经明确,在现金预算编制之前,又把全年的收入、费用在各季度发生的情况作了一定说明,但是还有一些问题需要事先说明一下。

①设中兴公司主营业务收入都来自于生产 A、B、C、D 四种产品,且在 2012 年并未发生非主营业务收入和支出。

②忽略缴纳增值税的情况。

③在预算中,财务费用只考虑应付利息,其他财务费用忽略不计。

④中兴公司四种产品年销量在各季度发生的情况如表 7-13 所示。

表 7-13　　　　**2012 年中兴公司产品年销量在各季度的发生情况**　　　　单位:袋

	第一季度	第二季度	第三季度	第四季度	年度合计
A 产品	6 000	1 000	4 000	4 000	15 000
B 产品	5 000	2 000	1 000	4 000	12 000
C 产品	5 500	500	2 500	1 500	10 000
D 产品	2 000	500	1 500	2 000	6 000

结合表 4-17 的产品单位成本数据,四种产品的单位生产成本分别为 37 元、86 元、160 元和 245 元,结合表 7-13 的年销量数据,可以得到各产品各季度的销售成本,如表 7-14 所示。

表7-14　　　2012年中兴公司产品销售成本在各季度的发生情况　　　单位:元

	第一季度	第二季度	第三季度	第四季度	年度合计
A产品	222 000	37 000	148 000	148 000	555 000
B产品	430 000	172 000	86 000	344 000	1 032 000
C产品	880 000	80 000	400 000	240 000	1 600 000
D产品	490 000	122 500	367 500	490 000	1 470 000
销售成本合计	2 022 000	411 500	1 001 500	1 222 000	4 657 000

⑤利润表中的销售费用和管理费用不同于现金流量表,需要折旧数据。假设折旧按季度计提,根据中兴公司2012年销售、管理费用预算表(表4-18与表4-19),可知销售费用中每季度包括折旧费用25 000元(100 000元/4),管理费用中每季度包括折旧费用23 750元(95 000元/4)。中兴公司销售费用和管理费用各季度支出情况如表7-15所示。

表7-15　　　中兴公司销售费用和管理费用各季度支出情况表　　　单位:元

	第一季度	第二季度	第三季度	第四季度	年度合计
销售费用	225 000	117 500	105 000	125 000	572 500
管理费用	323 750	93 750	73 750	123 750	615 000
合计	548 750	211 250	178 750	248 750	1 187 500

根据上述资料编制中兴公司2012年预计利润表,如表7-16所示。

表7-16　　　中兴公司2012年预计利润表　　　单位:元

	第一季度	第二季度	第三季度	第四季度	年度合计
一、营业收入(表7-5)	2 500 000	500 000	1 250 000	1 500 000	5 750 000
减:营业成本(表7-14)	2 022 000	411 500	1 001 500	1 222 000	4 657 000
营业税金及附加	—	—	—	—	—
销售费用(表7-15)	225 000	117 500	105 000	125 000	572 500
管理费用(表7-15)	323 750	93 750	73 750	123 750	615 000
财务费用(表7-10)	0	3 000	0	4 500	7 500
加:投资收益					
二、营业利润	−70 750	−125 750	69 750	24 750	−102 000
加:营业外收入					
减:营业外支出					
三、利润总额	−70 750	−125 750	69 750	24 750	−102 000
减:所得税费用(25%)	0	0	17 437.5	6 187.5	23 625
四、净利润	−70 750	−125 750	52 312.5	18 562.5	−125 625

上表中需要说明的是,中兴公司2012年第一季度和第二季度利润总额为负,所以不需要交纳所得税;同时,企业实际编制利润表时,所得税费用应该是基于利润总额进行纳税调整之后的应纳税额的25%计算,本例在预算表编制的过程中忽略了纳税调整,直接用当期利润总额的25%计算所得税。

7.3.3 利润分配预算的编制

在利润预算编制完成之后,企业要按照利润分配表的内容和格式编制利润分配预算,以反映企业在预算期内实现净利润的分配或者亏损弥补以及年末资产负债表未分配利润情况的预算。对于利润分配预算,企业的财务部门要严格按照国家相关规定和企业股东大会、董事会通过的决议进行编制。

1. 利润分配的原则

企业在分配利润时应遵循以下几个基本原则,这也是编制利润分配表的基本原则。

(1)依法分配原则

企业应依法进行利润分配,以便正确处理各方面利益关系。国家陆续颁布了多项法规,以规范企业的利润分配行为,其中包括利润分配的基本要求、一般程序和重大比例等。企业在进行利润分配时,应严格遵循法律法规,依法分配利润。

(2)分配与积累并重原则

企业通过经营活动赚取收益,既要保证企业简单再生产的持续进行,又要不断积累企业扩大再生产的财力基础,这就要求企业要正确处理眼前利益和长远利益的辩证关系。利润分配的一般程序中要求企业必须按规定提取法定盈余金,此外企业可根据自身需要提取任意盈余金。恰当处理分配与积累之间的关系,留存一部分净收益以供未来分配之需,能够增强企业抵抗风险的能力,同时,也可以提高企业经营的稳定性与安全性。

(3)兼顾各方利益原则

企业的收益分配必须兼顾各方面的利益。企业是经济社会的基本单元,企业的收益分配涉及国家、企业股东、债权人、职工等多方面的利益。投资者作为资本的投入者和企业的所有者,依法享有利润分配权。企业的净利润归投资者所有,这是企业的基本制度。员工作为企业利润的直接创造者,依法享有工资、奖金等劳动报酬,要以适当的方式参与到净利润的分配中,这样员工会更加积极地工作。总之,企业在分配利润时,既要顾全大局,又要兼顾各方,做到统筹安排、合理安排。

(4)投资与收益对等原则

企业进行收益分配应当体现"谁投资谁受益"、收益大小与投资比例相对等的原则。投资者因其投资金额的多少而享有不同的收益分配权。企业在分配利润时,务必做到公开、公平、公正,按照各方投入资本的多少进行分配。杜绝幕后交易,不得因在企业中的其他特殊地位谋取私利。企业的投资与收益对等的原则从根本上保护了投资者的利益。

2. 利润分配预算的内容及分配顺序

利润分配预算分为净利润、可分配利润、股东分得的利润和未分配利润四个部分。

净利润是指企业预算期内实现的总利润按规定缴纳所得税后的公司利润留成,是企业经营活动的最终成果。

企业根据《公司法》等有关法规的规定,当年实现的净利润一般按照以下顺序进行分配:

(1)提取法定盈余公积金

公司制企业的法定盈余公积金按照税后10%的比例提取。法定盈余公积可用于扩大再生产、弥补亏损、转增资本,转增时所留存的该科目余额不得少于转增前注册资本的

25％。公司的法定盈余公积金不足以弥补以前年度亏损的,在提取法定公积金之前,应当先用当年利润弥补亏损。

（2）提取任意公积金

公司从税后利润中提取法定盈余公积金后,经股东会或股东大会的决议,还可以从税后利润中提取任意盈余公积金。

（3）向投资者分配利润或股利

公司弥补亏损和提取公积金后所余税后利润,有限责任公司股东按照实缴的出资比例分取红利,股份有限公司按照股东持有的股份分配股利。公司股东大会或董事会违反上述利润分配顺序,在抵补亏损和提取法定盈余公积金之前向股东分配利润的,必须将违反规定发放的利润退还公司。

经过以上三步后,公司所剩余的利润即为未分配利润。未分配利润是个时点数,是截至预算年度的资产负债表日（通常为 12 月 31 日）,企业还剩下的税后利润。值得注意的是,利润分配预算的未分配利润指标与资产负债预算中的未分配利润指标完全一致。

3. 利润分配预算的编制方法

财务人员制定的利润分配预算需要根据股东大会审议的利润分配方案进行编制。但是在实务中,企业在编制利润分配预算时,股东大会还没有召开相关的审批利润分配方案的会议。所以,企业在进行利润分配预算时,往往采用如下方法：

首先,财务部门需要提出一个预算年度的利润分配预案,在得到公司经营管理层的同意后,上报董事会进行审议批准;然后,根据董事会批准的利润分配预案和预算年度利润预算中的净利润数额,财务部门编制预算年度的利润分配方案;最后,在召开股东大会时,将董事会批准的利润分配方案在股东大会上进行表决,如果表决结果与董事会的表决结果一致,那么财务部门就无须再次修改利润分配方案了。如果股东大会批准的利润分配方案与董事会所批准的利润分配方案有不同之处,财务部门则需要根据股东大会的决议修改或重新制定利润分配方案。

7.4　资产负债预算

7.4.1　资产负债预算概述

资产负债预算是对企业会计年度末期的财务状况的预测,它通过将各部门和各项目的分预算汇总在一起,表明如果企业的各种业务活动达到预先规定的标准,在财务末期企业资产与负债会呈现何种状况。资产负债预算是根据"资产＝负债＋所有者权益"这个会计基本等式所反映的三个会计要素之间的相互关系,把企业预算的期初、期末的资产、负债和所有者权益各个项目按照一定的分类标准和顺序进行排列而成的。

作为各分预算的汇总,管理人员在编制资产负债预算时虽然不做出新的计划或决策,但通过对预算表的分析,可以发现某些分预算的问题,从而有助于采取及时的调整措施。比如,通过分析流动资产与流动债务的比率,可能发现企业未来的财务安全性不高,偿债能力不强,可能要求企业在资金的筹措方式、来源及其使用计划上做相应的调整。另外,通过将本期预算与上期实际发生的资产负债情况进行对比,还可发现企业财务状况可能会发生哪些不利变化,从而指导事前控制。

7.4.2 资产负债预算的编制步骤

资产负债预算是以预算期初的资产负债表为基础,根据企业编制的经营预算、资本支出预算、筹资预算、现金预算、利润及利润分配预算等资料计算分析编制的。企业在编制资产负债预算时须按照以下步骤进行。

首先,预计预算期初的数据。企业在编制年度预算时,预算期初的资产负债状况可能还不知道,所以财务部门要对期初的数据进行预计。企业对预算期初的数据进行预计是根据编制预算时企业资产负债表的上年度实际期末数,再考虑预算年末可能导致企业资产、负债及所有者权益增减的因素,经过分析计算后得到的。如果企业编制的其他预算包含了期初的预算数据且计算原则一致,那么可以直接从有关预算中提取。

然后,分析、计算预算期末的数据。在合理预计预算期初的数据后,加以经营预算、资本支出预算、筹资预算、现金预算、利润及利润分配预算中可导致企业资产、负债及所有者权益变动的因素,经过一系列分析和平衡计算后可以得到企业预算期末的数据。以上过程中涉及的基本公式如下:

资产负债预算期末数＝预算期初数＋预算期增加数－预算期减少数

在进行预算期末数据的计算时,要注意剔除不同预算中的同一项目及其数额,以避免重复计算。

最后,确定资产负债预算的预算草案。在填列资产负债预算的期末数字后,企业应计算分析资产负债预算中的各种财务比率,分析一下企业的偿债能力、运营能力和盈利能力怎样;资产、负债及所有者权益各项的构成结构是否合理等。如果通过上述计算分析,发现企业的财务状况较好,那么财务部门就可以结束资产负债预算了。如果发现企业的财务状况有待提高,企业应该着力修订其他预算,然后修改资产负债预算,使企业的财务状况尽快达到良好状态。

企业在完成上述步骤之后,应首先报请公司预算管理委员会进行审核,然后提交董事会审议。

通常情况下,预算从编制到审批下来要多次进行自上而下和自下而上的审议、调整过程。在反复的上下级沟通的过程中,预算的合理性和准确性得以提高。这样才能在预算得以实施时,符合企业的整体利益和各部门各环节的具体情况。

【例7-8】 中兴公司 2011 年 12 月 31 日的资产负债表如表 7-17 所示。根据 2011 年年末的资产负债表以及 2012 年各项预算的结果,编制中兴公司 2012 年预计资产负债表。

表 7-17　　　　　　　　　　中兴公司资产负债表

2011 年 12 月 31 日　　　　　　　　　　单位:元

资产		负债	
流动资产		流动负债	
货币资金(表 7-10)	200 000	短期借款	0
应收账款(表 7-5)	500 000	应付账款(表 7-6)	500 000
存货	799 000	应付职工薪酬	0

（续表）

资产		负债	
应收股利	0	流动负债合计	500 000
流动资产合计	1 499 000	非流动负债	
		长期借款	0
非流动资产		长期应付款	0
固定资产		非流动负债合计	0
房屋及设备	6 000 000	负债合计	500 000
减：折旧	500 000	所有者权益	
固定资产净值	5 500 000	实收资本（或股本）	6 000 000
无形资产	0	未分配利润	499 000
非流动资产合计	5 500 000	所有者权益合计	6 499 000
资产总计	6 999 000	负债与所有者权益合计	6 999 000

中兴公司 2012 年预计资产负债表如表 7-18 所示。

表 7-18　　　　**中兴公司 2012 年预计资产负债表**　　　　单位：元

资产		负债	
流动资产		流动负债	
货币资金（表 7-10）	52 000	短期借款	0
应收账款（表 7-5）	750 000	应付账款（表 7-6）	220 000
存货	602 000	应付职工薪酬	0
应收股利	0	应交税费	23 625
流动资产合计	1 404 000	流动负债合计	243 625
		非流动负债	
		长期借款	0
非流动资产		长期应付款	0
固定资产		非流动负债合计	0
房屋及设备（表 7-11，新的固定资产投资，表 5-5）	6 010 000	负债合计	243 625
减：折旧（表 4-13，表 4-18，表 4-19）	797 000	所有者权益	
固定资产净值	5 213 000	实收资本（或股本）	6 000 000
无形资产	0	未分配利润	373 375
非流动资产合计	5 213 000	所有者权益合计	6 373 375
资产总计	6 617 000	负债与所有者权益合计	6 617 000

本章小结

- 财务预算是指企业在预测和决策的基础之上，围绕自身战略目标，对未来一定时期内资金的取得和投放、各项收入和支出、经营成果及其分配等资金运转所做的具体安排。财务预算具体包括：现金预算、利润预算、资产负债预算等内容。

- 财务预算是全面预算体系的最后一环，是全面预算体系的核心部分。

- 现金预算是有关预算的汇总，由现金收入、现金支出、现金多余或不足、资金的筹集和运作四个部分组成，是销售预算、生产预算、直接材料预算、直接人工预算、产品成本预算、制造费用预算、销售及管理费用预算等预算中，关于现金收支部分的汇总。

- 现金预算的组成内容有：期初现金余额、预算期现金收入、预算期现金支出、现金余缺、融资方案、预算期末现金余额等。作为生产经营单位，企业应确定最合理的现金持有量。确定现金最佳持有量的常用方法有：成本分析模式、存货分析模式、现金周转分析模式、因素分析模式和随机模式。

- 利润预算主要包括收入预算和支出预算，反映未来一定时期内的预计收入和支出。利润预算的编制基础是权责发生制，编制依据企业在预算期的经营目标和预算期内编制的经营预算和投资预算。编制利润预算时，可以采用多步式利润预算、单步式利润预算和以责任中心为对象编制的利润预算这三种方法。

- 企业在分配利润时应遵循的原则有：依法分配原则、分配与积累并重原则、兼顾各方利益原则、投资与收益对等原则。

- 企业在编制资产负债预算时，首先要预计预算期初的数据，然后分析、计算预算期末的数据，要注意剔除不同预算中的同一项目及其数额，以避免重复计算，最后确定资产负债预算的预算草案。

思考与练习

一、单项选择题

1. 下列各项中，不属于财务预算内容的是（　　　）。

A. 预计资产负债表　　B. 现金预算　　　　　C. 预计利润表　　　　D. 销售预算

2. 以业务量、成本和利润之间的依存关系为依据，按照预算期一系列可预见的各种业务量水平编制出能适应各种情况的预算，这种预算方法是（　　　）。

A. 滚动预算　　　　　B. 零基预算　　　　　C. 弹性预算　　　　　D. 增量预算

3. 下列关于现金预算，说法不正确的是（　　　）。

A. 现金预算以销售预算、生产预算、直接材料预算、直接人工预算、产品成本预算、制造费用预算、销售及管理费用预算等为基础编制的

B. 预算期现金收入是指企业预算期内各项现金的收入。企业的现金收入的主要来源是销货收入

C. 现金预算是按照权责发生制原则编制的

D. 企业管理以财务管理为中心，财务管理则以现金流管理为重点，编制现金预算正是企业加强现金流管理的重要措施

4. 一个企业的资金投入某银行所放弃的在其他用途中所能获得的利息可看作（　　　）。

A. 机会成本　　　　　B. 管理成本　　　　　C. 财务成本　　　　　D. 短缺成本

5. 确定最佳现金持有量时，存货模式的假设不正确的是（　　　）。

A. 现金支出均匀发生,波动较小

B. 企业预算期内现金需要量可以预测

C. 材料采购与产品销售产生的现金流量在数量上基本一致

D. 现金的持有成本和转换成本易于预测

6. 运用随机模式和成本分析模式计算最佳现金持有量时,均会涉及现金的(　　)。

A. 交易成本　　　　B. 机会成本　　　　C. 管理成本　　　　D. 短缺成本

7. 下列关于现金最优返回线的表述中,正确的是(　　)。

A. 现金最优返回线的确定与企业最低现金日需求量无关

B. 有价证券利息率增加,会导致现金最优返回线上升

C. 有价证券的每次固定转换成本上升,会导致现金最优返回线上升

D. 当现金的持有量高于或低于现金最优返回线时,应立即购入或出售有价证券

8. 某公司根据鲍曼模型确定的最佳现金持有量为 100 000 元,有价证券的年利率是 10%。在最佳现金持有量下,该公司与现金持有量相关的现金使用总成本为(　　)元。

A. 5 000　　　　B. 10 000　　　　C. 15 000　　　　D. 20 000

9. 下列关于利润预算,说法错误的是(　　)。

A. 企业在预算期内编制的经营预算和投资预算是编制利润预算的基础

B. 收入预算方面主要有销售预算、营业外收入预算、投资收入预算和其他业务收入预算

C. 支出预算主要有销售成本预算、营业外支出预算、各种期间费用预算及税务预算

D. 利润预算的编制基础是收付实现制

10. 下列关于以责任中心为对象编制的利润预算的表述中,正确的是(　　)。

A. 对于设置了投资中心和利润中心的企业,还要编制以责任中心为对象的利润预算

B. 责任中心是承担一定经济责任,并享有一定权利的企业内部(责任)单位

C. 企业内部的各责任中心实现的利润可直接参考公司利润预算中的会计利润

D. 以责任中心为对象的利润预算是指,企业对其所属的投资中心和利润中心的内部利润预算进行的汇总

11. 下列不属于利润分配预算的是(　　)。

A. 投资收益　　　　B. 可分配利润　　　　C. 未分配利润　　　　D. 股东分得的利润

12. 企业根据有关规定提取的职工福利、工会经费等提现了利润分配的(　　)。

A. 依法分配原则　　　　　　　　B. 分配与积累并重原则

C. 兼顾各方利益原则　　　　　　D. 投资与收益对等原则

二、计算题

1. 大华公司有 A、B、C、D 四种现金持有量方案,已知各方案机会成本率均为 10%,资金管理成本为 2 万元,剩余信息如表 7-19 所示,试计算其最佳现金持有量。

表 7-19　　　　　　大华公司现金持有量方案计算表　　　　　　单位:万元

项目	方案 A	方案 B	方案 C	方案 D
现金持有量	50	80	100	150
短缺成本	10	5	2	0

2. 正大公司 2012 年的现金需要量为 3 125 000 元,每次现金转换的交易成本为 1 000 元,持有现金的机会成本率为 10%,试计算其最佳现金持有量以及当达到最佳现金持有量时的交易成本和机会成本。

3. 某企业预计全年需要现金 1 080 万元,预计存货周转期为 80 天,应收账款周转期为 60 天,应付账款周转期为 40 天,求最佳现金持有量。

4. 某企业有价证券的年利率为 10%,每次固定转换成本为 100 元,公司管理层通过审议认为其银行活期存款及现金余额均不能低于 1 000 元,根据以往经验判断现金余额变化的方差为 810 000,试计算其最优现金返回线 R、现金控制上限 H。

5. 阳光公司预计全年现金需要量为 70 000 元,每天支出量不变,现金与有价证券的每次转换成本是 280 元,有价证券的利息率是 20%,试计算最佳现金持有量为多少?

三、简答题

1. 请简要叙述财务预算与全面预算体系的其他预算之间的关系。

2. 简要叙述现金预算在企业中的作用。

3. 简要叙述确定最佳现金持有量的成本分析模式。

4. 简要叙述运用现金周转模式来计算最佳现金持有量的步骤,以及现金周转模式的假设条件。

5. 试简要叙述编制现金预算的大致步骤。

6. 简要叙述利润分配预算的编制原则。

7. 简要叙述资产负债预算的编制步骤。

第8章 全面预算的执行与控制

引导案例

佛山市智星铝合金制品实业有限公司(简称智星公司)成立于1992年,占地面积达40 000平方米,主要设计、制造和销售各类铝合金制品,包括工具箱、化妆箱、公文箱、航空箱、储物箱等。经过多年经营,智星公司不断发展壮大。2008年12月,经广东省著名商标认定委员会讨论和认定,智星公司生产的"智星"铝箱通过了广东省著名商标委员会相关专业委员会综合评价,被授予"广东省著名商标"称号。此时,随着公司的发展,原有的预算管理模式已经变成阻碍企业发展战略的路障,智星公司高层领导决定重新选择以适合公司长期战略发展为中心的全面预算管理制度及方法。

智星公司实施全面预算管理以满足客户需求为指导,以目标利润为中心,以市场预测为前提,综合考虑企业经济活动的各方面。智星公司实施全面预算管理以来,通过努力已经建立了全面预算管理体系,但是全面预算管理体系的建立并不意味着全面预算管理就已经完成。相反,如何使预算管理的执行得到有效的内部控制管理是全面预算管理工作的重点之一。企业在建立全面预算管理体系后,应该把预算执行与控制作为一个有机整体来建设,建立好预算执行及控制制度确保预算管理的有效实施。该公司在预算管理的过程中预算的执行缺乏行之有效的控制措施。例如,内部控制制度不完善,风险控制评估没有相应的制度及实施细则。

智星公司在预算执行的过程中,没有及时检查、追踪预算执行的情况,各个预算责任单位提交预算差异分析报告的时间没有按照公司全面预算管理制度规定的时间严格执行,不时会出现迟交的情况,造成预算差异分析报告失去时效性,不能及时解决问题。对于预算目标执行的进度,该公司也没有相应的程序进行监督和管理,使得一些部门的执行进度出现前松后紧的情况。往往在期初,部门预算执行得比较松散,到了期末就匆匆把预算额度用完。在预算执行过程中,公司资金使用的审批程序过于繁复,审批权力过于集中,缺乏合理的授权制度。例如,某办公室需要购买一批文具,就要经过部门经理、总经理、财务部经理等人的审批,文具购回来后报销程序又要重新走一遍,这样大大打击了员工的主动性,办事效率十分低下。

智星公司高层领导针对预算执行与控制过程提出了改进意见,并在《佛山市南海智星公司全面预算管理制度》中具体标注。具体内容如下:

(1)健全组织架构,管理层积极参与。

(2)建立预算目标执行责任制度。

(3)注重预算执行的时效性。

(4)建立预算执行预警机制。

(5)加强资金监控。

(6)完善授权控制制度。

资料来源:智星公司全面预算管理的优化研究

http://www.cnki.net/KCMS/detail/detail.aspx? QueryID = 0&CurRec = 1&recid = &filename=1011140511.nh&dbname=CMFD2011&DbCode=CMFD&urlid=&yx=

智星公司在预算的执行与控制中出现的问题主要有哪些?以上管理制度能否解决在预算的执行与控制中出现的问题?企业在实施全面预算管理时,为什么要对预算的执行进行内部控制?预算控制的流程是怎样的?预算控制应注意哪些问题?通过本章的学习,上述问题将会一一得到解答。

全面预算为企业的各项经营活动制定了规矩,为达到预期的经营目标,企业应致力于全面预算的有效实施。全面预算的有效实施,必须充分调动各级责任人的积极性与创造性,强化其责任意识,形成预算执行与控制的责任体系,保证预算执行的进度和效果。全面预算执行与控制的具体内容包括全面预算的分解、执行、控制和调整等。

8.1　全面预算的分解

8.1.1　全面预算分解概述

预算的分解指的是,在预算总目标确定之后,企业要将总目标按照一定的标准进行分解,可以按照时间分解,也可以按照部门分解,分解成各种预算目标,这样预算期内分目标完成了,则总目标就会完成。

企业进行预算分解一般按照如下步骤进行:

①预算总目标一经批复下达,预算执行单位应当将预算作为预算期内组织协调各项经营活动的基本依据,将年度预算细分为月份和季度预算,以分期预算控制确保年度财务预算目标的实现;

②将全面预算分解为部门预算,明确各预算执行单位的工作目标;

③各预算执行单位将预算指标层层分解,从横向和纵向落实到内部各部门、各单位、

各环节和各岗位,形成全方位的预算执行责任体系,保证预算目标的实现。

全面预算的分解要遵循一定的原则,具体如下:

①以利润的形式,按价值量分解,保证指标的可衡量性;

②应分尽分,不留死角,保证指标分解的彻底性;

③谁可控谁承担,责任到人,保证做到责权利的有效统一;

④指标分解与保证措施相结合,保证预算指标的落实。

实务操作中,往往根据企业组织结构的不同,采取两种方式分解预算总目标,即单一法人企业预算总目标的分解、多法人企业预算总目标的分解。

8.1.2 单一法人企业预算总目标的分解

单一法人是企业集团多级法人制的对称,这类企业只有总部一个投资中心,下设多个成本中心和利润中心。单一法人企业预算目标分解是预算目标分解中的基本问题。"同等投入要求同等产出"的市场化经营原则和"各责任中心责权利对等"的可控性原则是预算目标分解的基本原则。

根据其企业组织结构特征,总预算可以按照各责任中心进行分解。企业领导班子在分解利润目标时,要进行两项基本工作:按照作业类型,将现存组织完成的作业分为增值性作业和非增值性作业,将资源在两种部门间进行适当的调整;在经过组织再造与作业流程再造之后,对保留下来的组织进行责任中心定位,将它们划分为成本中心、利润中心。

预算目标在责任中心中的分解,简单说就是投资中心将预算中的收入、费用、利润等指标分解落实到各成本中心和利润中心。其中的分解方法有倒推法、零基法、比例法、因素分析法和量本利分析法等方法。

倒推法是先确定两头的指标,完成后再倒推中间指标的分解方法。例如企业可以依据战略规划和市场情况预测来确定销售收入和利润总额,在此之后,倒推成本、费用等指标。倒推法可以用公式表示:

$$市场价格-利润目标=成本目标$$

零基法是在不考虑各项指标的基期情况的前提下,以零为基础,详尽地分析各项指标,对指标进行测算的一种分解方法。例如,管理费用项目在各责任中心的分解,可以不考虑基期发生数额,由各责任中心采取单笔算账的办法申报。

比例法是经公司决策者测算,预定某一指标相对于基期的增减的比例,然后分解落实到各责任中心实施的方法。例如,企业预定预算期内财务费用指标的可控项目比基期降低15%,然后将降低15%的任务分解落实到各责任中心。

因素分析法是企业将影响各责任中心的各种因素综合起来,用以调整预算指标的方法。例如企业购买某项专利权使得原材料的消耗降低,市场利率的提高使得企业债务的加重等均可通过因素分析法测算出来。

量本利分析法是根据销售数量、产品成本和销售利润之间的相互关系,进行分解、落实各预算指标的方法。假定市场价格一定,销售数量、产品成本和销售利润中,任一项发生变化,其他一项或两项会相应地发生变化。量本利分析法的基本公式如下:

$$销售量\times(市场价格-单位变动成本)-固定成本=销售利润$$

上述各种分解方法要灵活使用,切忌生搬硬套。在对各责任中心进行预算目标分解时,强调可控性原则的运用。对总部的各项管理费用一般不在下级责任中心中进行分解。

8.1.3 多法人企业预算总目标的分解

多法人制是企业集团的一个重要特征。在企业集团内部,集团母公司与其成员企业(控股子公司或参股公司)各自为独立法人,但是在很多政策选择上,成员企业要受到母公司的控制与引导。就预算管理而言,多法人企业相比于单一法人企业,有如下四项明显的特点:

①多法人企业设有多个投资中心,并按照法人层级设有多级预算管理组织机构,而单一法人企业只有一个投资中心;

②多法人企业中的母公司的预算管理主要由两部分组成,公司总部的预算管理和母公司对子公司的预算控制;

③母公司的预算目标的内容可分为两种,以母公司自身的预算为内容的预算目标和以各子公司的预算为内容的预算目标;

④多法人的预算目标的确定包括两方面内容,整个集团企业的预算总目标的确定和预算总目标在各子公司的分解、落实。

就预算而言,多法人制下的母公司预算主要包括两方面:集团总部的预算;母公司对子公司的预算控制。从预算目标的确定来看,它相应地也包括两个方面:总部预算目标确定和子公司、分部预算目标分解。

1. 母公司总部预算目标的确定

集团公司总部预算目标的确定,要根据不同集团公司类型而定。母公司性质不同,预算目标确定结果不同,其确定的复杂程度也不同。

(1)控股型母公司的预算目标的分解

母公司收益完全来源于子公司所分得的红利(假定不考虑子公司利用母公司无形资产的报酬收益)。母公司预算目标的确定包括两方面:母公司股东期望收益率的确定、母公司总部费用预算。其具体公式如下:

$$母公司对各子公司的预算利润目标 = \frac{母公司股东期望收益率 \times 母公司净资产}{1 - 所得税率}$$
$$+ 母公司管理费用预算总额$$

(2)经营型母公司的预算目标的分解

对于经营型母公司来说,其预算目标的确定有一定难度。这是因为:经营型母公司的功能定位因不同企业集团性质和战略发展需要而不同;而经营型母公司与子公司之间存在转移价格等问题。单就母公司目标预算的确定而言,其机制与单一企业基本相同,但必须考虑不同收入源,以最终确定其目标。

2. 子公司或分部预算目标的分解

相比于总部预算目标的确定,这一步难度更大。首先母公司需要就总部预算目标及分解预算目标的原则,与子公司或分部进行讨论,而母公司董事会并不具有对子公司的直接预算控制权。其次,如果子公司董事会接受母公司的"权威命令式"的预算方式,那么母公司应如何对不同性质或不同产业的子公司或分部分解预算目标呢?根据不同集团公司的性质,在分解预算目标时,要区分控股型和经营型两种不同的母公司。

（1）控制型母公司对子公司的预算目标的分解

有两种基本的方法对此类子公司的预算目标进行分解：目标资产报酬率，即 ROA 法；目标资本报酬率法，即 ROE 法。

ROA 法的操作过程：首先将母公司对各子公司的预算目标利润除以各子公司所占用的总资产，计算出 ROA 比率；然后根据各子公司所占用的资产总额分别乘以 ROA，以确定各子公司所分摊的预算目标。

ROE 法的具体操作步骤：首先将母公司对各子公司的预算目标利润分别除以各子公司所占用的净资产，计算出 ROE；然后用此比率分别乘以各子公司占用的净资产，确定各自的预算目标。按照这两种方法分解出来的子公司目标的实现问题，由子公司自己解决，与母公司无关。

ROA 法适用于母公司对子公司采用集权方式的公司。在此类公司中，子公司实质上并没有对外筹资特别是负债融资的权限。如果一个子公司是真正意义上的投资中心，母公司不对它的融资战略负责，分解预算目标应采用 ROE 法。

（2）经营型母公司对子公司的预算目标的分解

如前文所说，此类母公司从子公司所取得的收入包括转移定价和投资收益。在总部目标利润中，分解子公司预算目标时，转移定价的收入应从总预算目标收益中剔除，剩余的部分则按投资比重来确定分解的预算目标。其目标预算分解方式可采用 ROE 法，也可采用 ROA 法。

3. 预算目标分解时需要考虑的其他事项

除了资产占用或股权资本作为分解依据之外，还要考虑以下三个因素。

（1）战略问题

母公司在确定分解方法时，注重统一性是可取的，但是一刀切的做法有时候不符合企业的战略意图。例如，公司拟对某一子公司或经营部采取扶持的做法，希望其尽快成为利润增长点，此时就必须考虑在预算目标分解时的"偏心"做法，这是一种战略安排。

（2）生命周期问题

生命周期问题考虑的是子公司或分部的阶段性，以此为依据来安排其预算。有些子公司处于成熟期，有些处于起步期，两者是不可比较的。在分解利润目标时，要考虑到这个因素。

（3）非财务资源问题

在分解预算目标时，我们一直注重使用财务资本（如净资产）来确定利润目标分解依据。但是，对于某些子公司而言，它所占有总部的资源并不完全是财务资源，还包括非财务资源，例如素质较高的员工队伍、较好的市场状况、被其占有的特有资源（如特许经营权、优越的地理环境等）。在这种情况下，我们必须对利润目标的分解依据进行再调整。实务操作中可行的做法是：将财务资源的分解依据权设定为小于 100%（如 65%），将非财务资源占用权重设定为另一权重（如 35%），然后对非财务资源占用所应分解部分进行量化处理。

财务管理涉及方方面面，尤其表现在预算目标的确定与分解上。所以，在真正落实预算管理时，必须从各个利益集团的利益协调出发，通过组织再造与流程再造，针对不同企业特定的战略导向来开展预算工作。只有这样，才能达到预算管理的预期目的。

8.2　全面预算的执行

全面预算的执行是指：从预算审批下达开始到预算期结束，以预算为标准，组织企业进行生产经营、融资筹资等活动的行为。全面预算的编制完成并批准下达，代表着企业对预算期内经营活动的方方面面有了明确的方向和目标。但是预算是纸面上的东西，是全面预算的第一步，如果我们把编制好的预算束之高阁，不去执行，那么再好的预算也无法引导企业的生产经营活动，成为纸上谈兵。所以，全面预算的执行与控制十分重要，企业能不能达到预算期的目标，就要看预算的执行和控制是否得当。

8.2.1　全面预算执行的前提条件

要使预算得以顺利实施，一个很重要的前提条件就是：要营造一个有利于预算执行的环境。一个良好的环境包括如下几个要点。

1. 预算的准确性

预算的编制是预算执行的基础，预算编制要求具有准确性和严谨性。全面预算一方面与市场衔接，另一方面与企业紧密相连，这就必然要求全面预算管理目标的确定要立足于本企业，并且以市场为导向。全面预算管理的目标必须符合企业内部生产经营的客观实际，与企业的生产能力、技术水平和员工素质等客观因素相适应，不能过高或过低。如果预算的指标定得过高，主观上再努力也不可能实现，会使员工丧失完成预算的信心；如果指标定得过低，主观上不努力就可以轻松实现，这样的预算不能充分挖掘内部潜力、规范生产经营活动、提高经济效益、振奋员工士气。为了营造预算执行的良好氛围，使预算能够得到顺利执行并发挥其应有的效能，企业必须端正预算编制的态度，规范预算编制程序，注重提高预算编制的准确性。

2. 预算的权威性

预算编制得再准确，如果得不到认真的执行也是没有用的。推行全面预算管理是企业管理思想的一次革命。在实行全面预算管理前，企业的管理人员及员工已经习惯了粗放的管理方式。高层管理人员以前的管理方式是"说了算、定了办"的感觉，普通员工的工作模式是"只做不看"。总之，推行全面预算管理可能会遇到阻碍，所以预算执行过程中要树立预算的权威性，以此构建新的运营模式。预算制度确定后，便不得随意更改或变动，必须严格执行。全面预算管理是企业上下全方位的管理，涉及企业的各个职能部门，甚至每个员工。由于各方利益，具体目标可能不完全相同，这就加大了全面预算管理的执行难度。部门之间相互扯皮，突破预算的情况时有发生。因此，在这种情况下，必须强调预算制度的刚性。制度的权威性和约束力能够保证全面预算管理的顺利实施。

3. 预算的灵活性

预算的权威性表明预算一经制定便不可随意更改，但是这并不意味着企业的预算在任何情况下都不能更改。全面预算管理作为企业的一种管理手段，它介于市场和企业之间。不同的市场环境，不同的企业规模，不同的企业组织形式，甚至同一企业在不同的生命周期,全面预算管理的模式和侧重点都有所不同,预算制度也要做出相应的调整。因此,在瞬息万变的市场经济中,要及时调整预算制度,而不能死守制度,要以动制动。从这一角度看,预算制度是灵活的。

4. 预算的执行机制

企业要建立起健全的预算执行机制,其中包括:组织机制、核算机制、监控机制和考核奖惩机制。

(1)组织机制

企业预算的执行需要建立组织机构来协调,需要特定岗位的员工去执行。企业要建立适合自身组织结构的预算执行的责任中心,使各责任中心对分解的预算指标能进行控制和协调,确保预算的顺利执行。

(2)核算机制

对于已建立的预算执行的组织机构,预算的核算机制需将其执行结果及时、准确地反映出来。责任会计通过对各责任中心的责任的核算,可以准确掌握各责任中心的预算执行情况,可准确、及时地发现预算执行过程中的偏差。

(3)监控机制

为确保预算的有效执行,企业要对责任中心的预算执行情况进行动态的监控。只有企业建立健全的预算执行的监控机制,才能在预算执行出现偏差时及时进行纠正,确保预算的顺利进行。预算执行的监控机制包括:预算信息监控、预算审计监控、预算调整监控等。

(4)考核奖惩机制

考核与奖惩是预算工作的生命线,没有考核,预算工作就无法执行,预算管理就会变得毫无意义。在预算的考评环节中,要坚持动态考评和综合考评。预算的考评,就是要把预算执行情况与责任人和员工的经济利益挂钩,奖惩分明,从而使员工与企业形成责、权、利相统一的责任共同体,最大限度地调动每个员工的积极性和创造性。

8.2.2　全面预算执行前的准备工作

预算执行前要进行两项准备工作。

首先,企业要对预算目标进行分解,落实各责任中心的预算责任。

然后,企业要通过签订《预算目标责任书》,建立起预算执行的激励与约束制度,保证全面预算的有效贯彻和执行。

企业年度预算目标按一定预算周期分解到各级责任主体,构成了各级责任主体的预算目标责任书。企业通过与各责任中心签订《预算目标责任书》,以契约的形式将企业的整体预算目标具体落实到各级预算执行部门,以便明确企业决策管理层和预算执行层的各自的责任、权利和义务等。除此之外,一份详细的《预算目标责任书》可以使签订双方知道:完成预算目标,预算执行部门将会得到哪些奖励和结果;未完成哪些预算目标则会受到怎样的惩罚。这不仅有利于调动员工的积极性,也是考核、评价各预算执行部门业绩的重要依据。所以说,签订《预算目标责任书》是全面预算管理的必需环节。无特殊情况,一般各预算执行单位的预算目标责任不会给予调整。

那么各预算执行单位要如何分析《预算目标责任书》呢?《预算目标责任书》作为预算目标沟通、协调的工具,明确定义了该单位所有的预算目标项,以及计划完成的预算目标设定值。预算执行单位要按照预算目标类别,列出该单位作为预算执行主体的所有预算目标。拿到责任书后,首先需要对每一类(一般为一级预算目标项)进行分析,了解每一类预算目标项所定义的范围、周期,分析其构成,然后将每个预算目标项进一步分解,对应到本单位预算项目。

8.2.3 预算执行情况的分析

预算执行情况的分析要结合企业经营分析。不仅要重视财务指标分析,也要重视非财务指标分析;分析不仅注重水平分析,也要注重结构分析、比率分析和因素分析;分析不仅要找出执行预算症结所在,而且要落实改进措施。

预算在经过层层分解,成为各部门、各岗位的责任目标之后,并不意味着企业生产经营活动就可以高枕无忧了。企业各职能部门还要参与预算执行情况分析。各部门应该按照承担的预算管理责任与指标,结合自身工作特点,对预算执行情况进行系统分析。其具体内容如下。

1.生产部门对生产预算执行情况的分析

生产部门应对生产情况进行全面的分析。分析产品质量、产量、品种的计划完成情况,并与预算标准进行对比,分析差异原因;分析产品技术经济指标完成情况,包括产品出品率、收得率、合格率、损耗率等;分析主要产品原材料消耗情况、各种能源消耗情况;分析设备利用情况、劳动力利用情况,并与预算标准相比,与去年同期水平相比,与行业先进水平相比,以此揭示生产中存在的问题,提出改进意见。

2.销售部门对企业销售预算的执行情况进行分析

销售预算不仅是预算编制的起点,更是预算执行的重点。销售工作是企业收入的来源、生产的依据。如何系统地分析销售预算的执行情况,直接关系到销售预算的执行情况对公司全面管理运行的成败。分析销售预算执行情况的关键有四点:计划、控制、反馈、考核。

(1)计划

具体内容包括:在分析产品销售趋势和市场特点的基础上,针对销售预算执行明确的销售目标、回款时间等定性、定量的目标;落实具体的执行人员、执行职责和执行时间。

(2)控制

具体内容包括:制订月度行动计划和周行动计划,日销售报告和月度工作总结;落实每位销售人员的责任;提高销售活动过程的透明度等。

(3)反馈

销售活动的反馈信息包括如下三方面:销售预算的执行情况;销售市场的动向、消费者的需求、竞争对手的变化、经销商的要求等;销售活动中存在的问题。企业需要此类信息的及时反馈,以便于及时地做出正确的决策,以确保可以达到销售预算的目标。

（4）考核

企业要定期对销售部门完成销售预算的情况进行定性和定量的考核。定性的考核主要包括销售人员的合作精神、工作热情、忠诚度、责任感等指标。定量的考核包括销售预算的完成情况，例如：销售额、回款额、费用额等指标。企业根据考核结果对销售部门、销售部门对销售人员进行奖惩，这样有利于充分调动员工的工作积极性，有利于销售预算目标的实现。

3.费用预算执行情况的分析

费用预算包括的内容有：销售费用、管理费用、制造费用和财务费用。分析费用预算执行情况的关键点就是各项费用支出必须依照审批、执行、核算、考核的过程来进行。

（1）审批

审批包括申请和批准两环节。企业各预算执行部门首先要填写经济活动及费用支出申请单，经相关管理部门审议后，上报领导进行审批。

（2）执行

预算执行部门要按照上一步的授权进行经济活动。财务部门也要按照相关领导的授权来报销各种费用。

（3）核算

财务部门要按照预算执行部门汇集费用支出，以达到正确核算各责任部门的费用预算的目的。

（4）考核

每月月末，预算管理部门要根据财务部门的费用执行情况的核算结果进行考核，并以此为依据执行相应的奖惩措施。

4.采购部门预算执行情况的分析

企业要对原材料数量、质量、价格执行预算情况等进行分析。材料采购预算的执行一般需要按照立项、实施、支付、核算、考核的过程来安排。

（1）立项

材料采购业务在具体实施前，需要办理一定的申请、审批事项，包括材料采购计划和材料采购价格审批等内容。

（2）实施

材料采购部门按批准的材料采购计划和采购价格实施材料采购活动的过程。在实施过程中，采购部门需要将采购业务具体落实到每个采购人员上，并严格按采购合同来执行。

（3）支付

财务部门要负责材料采购的货款。办理采购付款时，采购部门要填写材料采购付款单，经财务负责人审批付款。超出采购预算的付款，采购部门必须申明理由，经公司总经理批准后，调整现金预算或从预算外资金列支。

（4）核算

材料采购的核算需要经过材料采购账户进行，要准确反映出材料预算的执行过程和结果。

（5）考核

每月月末,预算管理部门要对材料采购预算的执行结果进行考核,并以此为依据实施相应的奖惩措施。

5.现金预算执行情况的分析

现金预算是企业全面预算管理体系中非常重要的环节。现金预算的执行分为现金收入预算的执行、现金支出预算的执行等。

（1）现金收入预算执行情况的分析

分析现金收入预算的执行情况时,要注意按照如下程序执行:

①计划。销售部门要根据企业管理部门制定的销售预算和现金预算,编制相应的现金收款计划,报经预算管理部门和有关领导批准。

②收款。销售部门要按照企业管理部门制订的现金收款计划落实现金收款任务。收款时间可分为预收货款、收款发货的清收应收货款。企业各预算部门收到的各类现金凭证要及时送至财务部门入账。

③核算。财务部门要根据现金收入的来源进行核算,编制现金收入日报表,及时掌握各预算部门现金收入预算的完成情况。

④考核。每月月末,预算管理部门要对现金收入预算完成情况进行考核,并以此为依据实施相应的奖惩措施。

（2）现金支出预算执行情况的分析

分析企业现金支出预算的执行情况时,一般要经过如下步骤:

①审批。各用款部门付款前必须填写现金付款申请单,预算管理部门要按照现金预算签署审批意见,然后报经财务负责人进行审批。

②付款。财务部门根据领导签批的现金付款申请单和现金结存情况具体安排付款时间及金额。

③核算。财务部门要按部门核算现金支出预算的执行情况,编制现金支出日报表,及时掌握现金支出预算的完成情况。

④考核。每月月末,预算管理部门要对现金支出预算完成情况进行考核,并以此为依据实施相应的奖惩措施。

6.其他部门预算执行情况的分析

其他部门也应根据本部门的预算项目及其工作特点进行分析,例如:人事部门对工资预算执行情况、职工人员数量及结构变化情况做出分析等。

8.3　全面预算的控制

8.3.1　全面预算控制的概述

预算控制是指以战略目标为依据,用预算对行为和业绩控制的活动,通过预算执行结果和既定预算目标的对比和差异分析,及时发现和纠正偏差,保证预算目标的实现的过程。预算控制与预算执行密不可分,预算执行的过程也是企业以预算为标准控制生产经营活动的过程。

企业通过预算编制,为预算期的生产经营活动制定了目标和依据,通过预算执行将编制的预算付诸实施,然后通过预算控制保证预算执行不偏离预算方向和目标。

1. 预算控制的目的

(1)履行企业战略

预算控制过程中,企业要进行大量的测试,以发现制定的战略是否可以实现。与此同时,预算控制为企业战略框架内的计划和控制上的战术活动提供了大量的信息,为管理层的决策奠定了基础。

(2)确定企业管理控制的关键环节

企业的管理活动和预算的编制执行要遵循重要性原则。企业针对最重要的环节或部门要授予足够的重视。企业要根据预算控制中对企业各部门、各生产环节的实际情况,掌握管理控制环节中的关键点。

(3)控制成本、费用支出

企业的预算中已对成本、费用做出了详细的规定。预算的执行过程中,为了杜绝超支、浪费等情况,企业要采取相应措施以实现对成本、费用支出的合理化控制。

(4)控制利润和损失

企业经营过程中存在着很多不确定因素,事先了解这些因素,明确它们对最终财务成果的影响,可以降低企业风险。通过对预算情况和实际情况的经常性的对比,企业可以及时反应,尽量减少损失、增加利润。

(5)控制现金流量

所有影响资产负债利润表的问题也会影响到现金流量预算。一些对生产经营活动有利的活动可能会对现金流动产生好的影响;反之,现金流动可能不会顺畅。预算控制的目的之一就是及时了解现金流量,以避免企业出现现金不足或短缺。

2. 预算控制的特征

(1)预算控制是一种目标控制

预算控制的各种手段和目标实际上只为了一个目的:实现预算目标。预算执行前期,企业采取事前控制的手段,对不符合预算目标实现的经济活动进行阻止。

(2)预算控制是一种价值控制

企业实施全面预算管理的根本目的是实现企业价值的最大化。预算控制以价值管理为手段,采取采购程序控制、授权控制、实时监控、反馈控制等手段,以保证企业生产经营活动每个环节都能实现价值的最大化。

(3)预算控制是一种制度控制

经企业确定下来的预算是具有法律效力的。预算控制所采取的程序、方法都以预算为目的,以严格、规范的预算管理制度为依据,以此提高了预算控制的权威性和有效性。

3. 预算控制的原则

(1)全面性原则

预算控制是对企业全方位的控制,其作用于全面预算管理的全过程。

（2）经济性原则

预算控制所采取的程序、措施等必须是合理的、必要的,通过优化投入产出比来实现企业价值的最大化。

（3）客观性原则

预算控制以预算目标为基础,对企业各项生产经营活动的控制和管理要实事求是。

（4）及时性原则

预算控制要求企业预算管理部门对各项生产经营活动进行实时监控,以便及时发现预算执行中的差错,并及时采取措施纠正差错。

（5）权威性原则

预算控制是企业针对各预算部门的具有权威性的约束活动,预算控制的权威性保证了预算控制的有效性。

（6）适应性原则

预算控制要着重分析企业外部市场环境和企业内部特定环境,以保证预算控制适应内外环境的变化、发展。

4. 预算控制的形式

预算控制的形式大致可分为外部控制和内部控制两种。

（1）外部控制

外部控制指的是企业针对外部环境对企业预算执行产生的影响,对预算进行的控制。外部环境因素主要包括:经济政治因素、社会环境因素、市场状况等。外部控制是客观存在的,企业无法回避外部控制。但是企业预算的外部控制是有限的,因为企业的外部环境在一段时间里一般是稳定的,企业预算的执行主要是靠内部控制。

（2）内部控制

内部控制指的是企业内部的组织机构和人员依据所编预算,主动对预算执行的过程进行的跟踪反应、分析调控。内部控制主要包括自我控制、管理控制两种手段。

①自我控制

自我控制指的是特定部门、人员对自己权责范围内的预算执行进行监督控制,通过对比任务实际完成情况和预算指标两者的差异,进行自我分析,并在上级的监督指导下采取一定措施的预算控制行为。各级部门、员工都要参与到预算的编制过程中,有利于执行过程中发挥主观能动性。此外,自我控制对预算执行中的监督和完成后的业绩评价及激励措施的实行起到了积极的作用。

②管理控制

管理控制指的是上级对下级的预算执行情况进行的监督和评价。管理控制的措施主要包括:规章和条例,即对员工的工作状态和组织行为期望要求的表述;产出控制,即将控制集中在业务结果,使员工慎重考虑应如何完成任务。

除了自我控制和管理控制,企业还需要建立一个例外报告制度,即通过对比企业目标和预算情况、预算与实际成本收入、预算与预测的成本收入,来实现事先控制和事后控制的预算控制形式。例外报告的原则是针对控制中发现的重大差异采取财务管理行动。

5. 预算控制中存在的问题

企业在预算控制的过程中可能会存在以下的问题。

(1)财务指标与非财务指标

预算控制的目的是保证企业生产经营的顺利进行。财务指标与非财务指标在预算控制的应用中各有特点,企业要充分重视它们。

企业在预算控制中,主要采用财务指标为测量预算执行情况的依据。财务指标的优点在于财务数据的生成需经过严格的内部控制和审计制度,而且管理者和员工更容易理解他们自身的行为对财务指标的影响。但是,财务指标通常是基于特定预算期间的考虑,受限于财务资料获得和计算的复杂性,所以无法从战略角度科学地分析企业的发展。而且,财务指标只能提供已完成行为的信息,无法捕捉企业经营过程中的变化。如果仅仅使用财务指标评价管理人员和员工,会导致管理人员和员工为完成任务的短期行为。

企业在预算控制中使用非财务指标可以弥补财务指标的缺点。非财务指标与企业发展战略密切相关,更加注重企业未来的预期评价,反映了关系企业长远发展的关键因素。此外,非财务指标可以对企业业务流程进行跟踪评价,以便于企业生产经营活动的情况可以及时、连续地传达到相应管理人员和员工中。但是非财务指标很难量化,而且管理人员和员工在非财务指标上的努力通常不会立即显现出成果,这样导致非财务指标上的改进和利润之间的关系不易把握,也不利于员工积极性的调动。

(2)通货膨胀

通货膨胀是纸币流通条件下特有的一种社会经济现象,它是普遍存在并不断变化的。预算执行过程中的通货膨胀率可能与预算编制时的通货膨胀率有所不同,企业在预算控制过程中要注意这一因素,以免给企业带来损失。

(3)预算项目的可控性问题

在理论状态下,企业员工的预算和控制报告应该是权、责、利关系相关的。但是在实际生活中,部门和员工之间的权责关系很难完全分开。这种可控性问题如果在预算编制的时候已经被发现了,相关人员可以通过编制预算时进行分割权责关系、分摊成本费用来解决。如果这种可控性问题未被发现,预算控制中就无法对归属项目进行及时、合理的处理,就可能导致部门和员工之间的矛盾,影响企业预算目标的实现。

(4)偶发因素

企业实际生产经营过程中可能会遇到事先无法预测的偶发因素。因为偶发因素的客观存在,企业应谨慎对待预算执行、控制阶段出现的问题,尽量全面考虑可能出现的偶发因素,做好相应的准备工作。

有些偶发因素可以通过一定的策略而避免。企业可能遇到由于某种原材料市场的变化导致原材料价格大幅上升的情况。在此情况下,如果企业事先没有准备,企业可能会因此遭受损失。但是如果企业预先考虑此偶发因素,在原材料市场出现类似情况之前,与供应商签订了原材料供应合同,那么此偶发因素对企业不会产生影响。有些偶发因素是不可避免的,例如预算期内发生的地震、海啸等。针对此种偶发因素,企业在编制预算时无法预知,只能通过投保来避险,以达到较大限度地降低损失的目的。

(5)信息传递失真

预算控制过程中,企业内部部门和人员要定期沟通,向责任人员提交控制报告。实际操作中,信息在部门之间、人员之间的传递可能会失真,导致某些急需处理的情况没有及时传达给相关管理人员,或传达给相关管理人员的信息与原信息不同。所以企业预算控制时,要注重信息的传递问题。

（6）计量错误

企业在预算控制过程中需要大量的计算程序和计量手段,以便用于实际生产经营的记录和与预算指标的对比。鉴于数据量的庞大性以及数据关系的复杂性,计量错误的发生是不可避免的。项目计量中发生的错误可能不会被发现,例如实际的原材料的使用量或员工的实际工时。这些计算上的错误一般无法在会计平衡关系中被发现。企业在进行预算控制时,要充分考虑此类难以被发现的计量错误。

8.3.2 预算控制体系

预算编制后,企业要建立合理的事前、事中、事后控制体系,如图 8-1 所示,它通过月度预算、财务审核和分析报告分别进行事前、事中和事后控制。

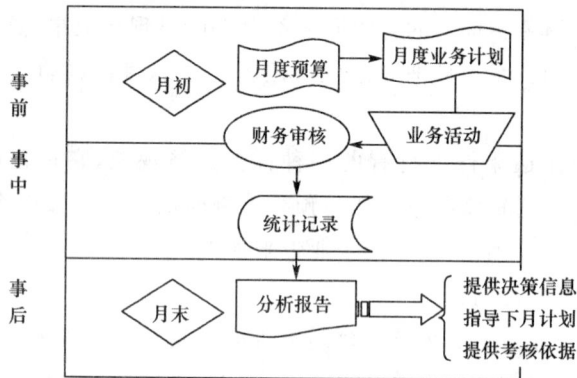

图 8-1 预算控制体系和控制流程[①]

1.月度计划

月度计划是指每月月初,财务部门根据月度、年度预算和预算执行进度给各部门下达财务指标,指导业务部门制订本月业务计划。月度计划不是总预算在各月份间的简单分配,而是根据月度预算的执行情况和总预算的进度,以及实际情况的变化而调整做出的更符合实际的安排。财务部门下达的财务指标是对预算指标的具体化分解,是各部门可控制、可考核的。指标下达的过程,包括指导经营的财务指标下达给各层业务负责人和财务负责人,业务负责人在职责范围内安排工作,完成相应财务指标;财务负责人监督完成财务指标。预算管理委员会将预算财务指标下达到各部门,再由各部门下达到操作层,从而实现层层控制。同时,分解下达到操作层的指标有利于进行综合的考核与监督。

2.财务审核

财务审核是指各级财务部门根据下达的财务指标对各级业务部门的日常业务进行监督和审核,保障预算目标的实现。财务审核的重点环节是预算支出审批,有效的审批

---

① 代宏坤.有效全面预算控制分析[J].生产力研究,2004(6):168-169,191

制度包括以下三要素:审批权限、审批依据、审批程序。应通过预算管理改变企业目前的多重审批与无效审批现状。

(1)审批权限

审批人应是直接责任人,审批权限应与直接责任匹配,应尽量避免交叉审批和重复审批。

(2)审批依据

审批的依据是预算指标,即在预算规定的范围内履行审批权。严格控制超预算的特批,明确规定特批人、特批项目和特批情形。申请特批时也需在预算室登记备案,并提供预算执行情况的说明,以便使特批人明确特批的后果和影响。

(3)审批程序

根据审批项目性质采用不同的审批程序。企业按照成本费用与生产经营活动的关系分为以下三类:刚性、半柔性、柔性。这种控制方法不影响正常生产运营,同时也完善了控制系统,真正实现事中与事前控制。

①刚性处理程序:严格不超过预算,只允许在预算之内批准。适用于办公用品、业务活动费等支出。

②半柔性处理程序:在预算之上一定的百分比内可获通过,超过这一定的百分比不予批准。

③柔性处理程序:在预算之外也可及时获得通过,事后进行追踪。

3. 分析报告

分析报告是控制流程的重要部分。通过分析报告,管理层可以获得预算执行进度、指标完成情况和分析建议,能够对今后的生产经营有所预见与指导。

企业在预算执行与控制时,需要强调和关注责任会计的思想。预算执行与控制的首要任务是确定预算执行的责任中心和责任人,将预算指标分解到各成本中心和费用中心,确定具体工作目标和责任。在明确责任的基础上,各责任中心和责任人通过事前、事中、事后控制,及时纠正执行中的重大偏差,努力完成既定目标。通过控制系统的建立,可以有效协调企业各部门的工作,进行合理的业绩计量和评价,激励员工,从而为完成计划或预算的目标提供保障。

4. 差异分析与业绩报告

预算的实际执行情况与年度预算之间的差异称为预算差异。预算差异分析是指由预算控制部门对预算差异进行计算、分解、判断,并由相关责任部门进行解释以确认差异成因的过程。

差异分析的程序如图 8-2 所示。

(1)确定分析对象和分解标准

在编制年度预算的同时,由预算管理委员会确定预算差异分析的对象与差异分解原则。

(2)收集信息

在预算执行过程中,由预算执行与控制室根据差异分解标准的要求,进行信息收集工作,收集的信息包括:预算执行过程中的财务信息、企业内部的非财务信息、重要的外部市场信息等。

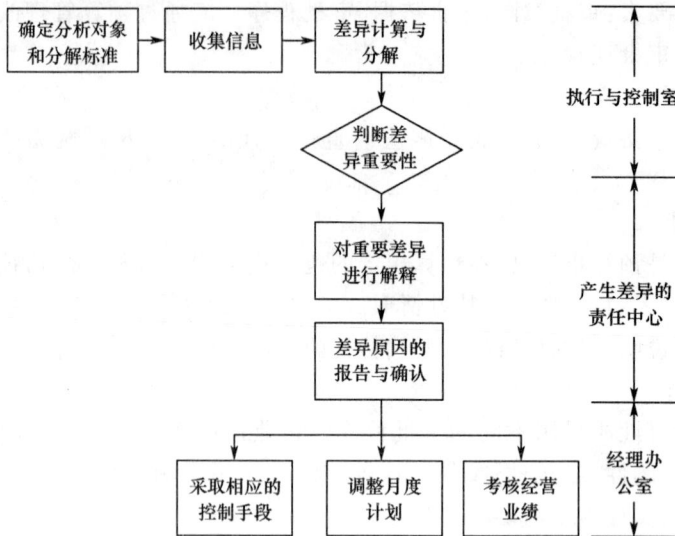

图 8-2 差异分析程序及所涉及的部门①

（3）差异计算与分解

月度预算执行结束后,由预算执行与控制室根据收集的信息计算出各项目的预算差异,并依据差异分解标准对差异进行分解,确定差异的责任部门。根据不同的差异原因,预算执行与控制室可以要求相应的责任中心做出差异原因解释。

（4）判断差异的重要程度

预算管理委员会根据实际经验,制定差异重要性标准,由预算执行与控制室按此标准衡量实际发生的预算差异,确定其中重要的,需由相关责任部门做出解释的差异。

（5）对重要差异进行解释

确定重要差异后,由预算管理委员会要求各责任单位对差异产生的原因进行解释。预算差异产生的原因有很多,通过差异分解只揭示并排除了其中一部分原因,对预算差异的全面解释,需要各责任部门在差异分解的基础上,对其经营活动进行深入、定量的分析,并对其可控性及在后续月度可能产生的影响做出判断。

（6）差异原因报告及确认

各责任部门的分析结果汇总到预算管理委员会,并上报到企业执行层。企业经理对差异原因分析进行审核,并予以确认。

（7）差异分析的后续工作

差异分析的后续工作包括:调整经营活动,采取相应的预算控制方式;调整后续月度的经营预算;记录责任部门的经营业绩等。

当期预算执行完毕,并进行差异分析之后,责任中心应完成业绩报告。业绩报告包括如下三部分:

①进度报告。对于预算执行进度进行分析,包括当月进度分析及累计进度分析,累计并汇总各月完成预算情况,以收入预算完成为起点分析成本和费用进度,为调整计划

和控制提供指导。

②差异分析与业绩评价。根据各部门预算完成情况,通过差异分析的方法,分析差异原因,评价部门业绩,通过对预算考核指标的分析,对责任中心进行考核。

③调整对策及建议。根据预算完成进度,在年度预算的指导下,针对外部及内部的重大调整需要,在不影响年度预算目标的前提下,对以后各期预算进行必要调整,为各级领导决策提供信息和建议。

8.4 全面预算的调整

8.4.1 全面预算调整的必要性

企业在进行预算实施时要注意适时调整预算内容,企业预算是基于一系列假设的量化预测,如果原先设定的假设条件发生变化了,就应当考虑调整预算。一般来说,需要对预算做出调整有以下三种情况。

1. 外部市场发生变化

由于企业预算是基于某一时点的市场条件为前提而做出的量化估计,当企业在预算期内的生产经营活动的市场实际情况与预先假定的市场条件发生了偏离,且此偏离超出了企业的承受范围或预先设定的偏差值时,企业管理层应当确认预算偏差,并着手进行预算调整。预算调整首先要调整市场条件假设,市场条件指的是企业所面临的宏观经济环境、与企业直接或间接相关的国家政策法规、企业产品的市场地位以及客观的不可抗力等。企业面临的市场条件是不断变化的,这就要求企业预算的具体要素也要随之不断变化。

2. 企业目标做出了调整

通常情况下,企业不会改变预算总目标。但如果企业在预算期内的外部经营环境或内部生产环境发生较小的变化时,企业为了实现预算总目标,必须对各类预算分目标进行调整,即预算"微调"。当企业面对的外部经营环境或者生产经营环境发生了重大变化时,企业要对预算总目标相应地做出调整。企业预算总目标的调整要经由企业预算管理部门进行批准,例如企业董事会等。

3. 企业内部管理要求的提高

企业的管理部门在预算期内对现有企业管理体系和管理制度进行实践、检查和分析,取得一定的经验,不断调整管理体系以弥补原有的制度缺陷。在此过程中,企业也要调整原有的预算指标,以提高或改善预算总目标。例如有一家企业编制经营成本预算时,原来使用历史成本法和经验估计法,后来发现使用标准定额成本更能有效地控制经营成本,于是在本预算年度的剩余时间内实行标准定额成本,由此节约的成本额恰好能支持企业完成一项原本要以后年度才能完成的无形资产研发项目。

8.4.2 全面预算调整的原则

预算管理部门要保证预算调整的严肃性和权威性。

根据预算指标执行的实际情况、客观因素变化情况及其对预算执行造成的影响程度,可将预算调整分为预算目标调整和预算目标不调整只调整预算内容两种形式。预算目标不调整只调整预算内容适用于外界环境等对预算执行没有长期持续的影响,只对相关部门进行调整的情况。预算目标进行调整适用于企业生产布局进行重大调整、国家相关法规政策出现重大变化、生产经营出现实质性转变的情况。预算调整并不意味着预算能随意调整。企业必须满足一定条件才可进行预算调整,必须经过严格规范的审批程序,以保证预算的严肃性。

预算调整实际上属于非正常事项,其牵扯面较广,可能会引发一系列的变化,所以企业要从严把握。首先,企业应严格界定预算调整的范围,只有当可控因素变化时才允许调整;其次,企业要规范预算调整的权限与流程。对于需要调整的预算项目,应由相应的责任单位提出申请,按照一定的程序经预算管理部门审批后,才可调整。对于重大调整,必须由预算管理部门集体商议通过后才可进行。

8.4.3　全面预算调整的程序

企业要严格按照一定的程序对预算进行调整。一般来说,预算调整要经过分析、申请、审议和批准四个环节。

1.预算执行情况的分析

预算执行单位在执行预算时,要注意发现预算偏差,如果发现预算偏差,要进行具体分析,对可能形成预算偏差的原因要逐个检查。如果导致偏差的是客观原因,要向预算委员会申请进行预算调整,如果导致偏差的是主观原因,预算单位要自行消化,不得进行预算调整。

2.预算调整的申请

预算单位在对预算执行和控制进行分析之后,如果发现是属于预算条件如内外环境发生变化或不可抗力等客观原因的,应进行预算调整申请,修改调整预算偏差。预算执行单位要向预算委员会提出书面申请,详细报告说明预算调整的理由、预算调整的初步建议、调整前后预算指标的对比、调整后各预算指标对企业预算总目标可能的影响等。

3.预算调整的审议

在预算委员会接到预算单位提出的预算调整申请后,应当进入预算调整审议程序。预算审议程序大致如下:首先,根据要求进行预算调整的具体内容、范围、领域组织并确定预算审议人;然后,审议人对申请预算调整事项进行深入具体的调查,完成审议意见报告,审议人对审议意见要负责;最后,预算委员会或其常设机构要对比分析预算调整审议意见和预算单位的预算调整申请报告,并与预算审议人和预算单位相互交换意见。

4.预算调整的批准

预算委员会要根据预算调整事项性质的不同,将审议后的预算调整申请根据权限批准预算调整事项或报请批准预算调整事项,然后下发到各预算单位执行。

本章小结

• 全面预算为企业的各项经营活动制定了规矩,为达到预期的经营目标,企业应致力于全面预算的有效实施。全面预算执行与控制的具体内容包括全面预算的分解、执行、控制和调整等。

- 预算目标分解时需要考虑的事项包括：战略问题、生命周期问题、非财务资源问题。

- 全面预算的执行是指，从预算审批下达开始到预算期结束，以预算为标准，组织企业进行生产经营、融资筹资等活动的行为。预算执行前要进行两项准备工作：对预算目标进行分解，签订《预算目标责任书》。

- 预算编制后，企业要通过月度预算、财务审核和分析报告分别进行事前、事中和事后控制。全面预算的执行与控制是整个全面预算管理体系的核心环节，两者的关系是相辅相成的。

- 企业在进行预算实施时要注意适时调整预算内容，企业预算是基于一系列假设的量化预测，如果原先设定的假设条件发生变化了，就应当考虑调整预算。外部市场的不断变化、企业内部管理要求的提高、企业目标做出的调整要求企业预算进行调整。

思考与练习

一、单项选择题

1. 以下关于全面预算分解的说法中，不正确的是（　　　）。

A. 在预算总目标确定之后，企业要将总目标按照一定的标准进行分解，可以按照时间分解，可以按照部门分解，分解成各种预算目标

B. 预算分解要以利润的形式，按价值量进行分解，保证指标的可衡量性

C. 单一法人企业预算目标的分解中所使用的倒推法是先确定最后的指标，再倒推前面的指标的分解方法

D. 单一法人企业对各责任中心进行预算目标分解时，要强调可控性原则的运用

2. 根据销售数量、产品成本和销售利润之间的相互关系，进行分解、落实各预算指标的方法是（　　　）。

A. 零基法　　　　B. 比例法　　　　C. 因素分析法　　　　D. 量本利分析法

3. 下列关于多法人企业的叙述中，错误的是（　　　）。

A. 对于经营型母公司来说，母公司收益完全来源于子公司所分得的红利

B. 多法人企业设有多个投资中心，并按照法人层级设有多级预算管理组织机构

C. 多法人企业中的母公司的预算管理由两部分组成，公司总部的预算管理和母公司对子公司的预算控制

D. 多法人的预算目标的确定包括两方面内容：整个集团企业的预算总目标的确定和预算总目标在各子公司的分解、落实

4. 下列关于 ROA 法和 ROE 法的说法中，正确的是（　　　）。

A. ROE 法适用于母公司对子公司采用集权方式的公司

B. 使用 ROE 法时，将母公司对各子公司的预算目标利润除以各子公司所占用的总资产，计算出 ROE 比率

C. 使用 ROE 法时，将母公司对各子公司的预算目标利润分别除以各子公司所占用

的净资产,计算出 ROE 比率

    D. 控股型母公司在分解子公司预算目标时,可采用 ROE 法,也可采用 ROA 法

5. 制订月度行动计划和周行动计划,作日销售报告和月度工作总结,落实每位销售人员的责任;提高销售活动过程的透明度,上述活动属于销售预算执行分析四点关键点中的(　　)。

    A. 计划   B. 控制   C. 反馈   D. 考核

6. 下列关于预算控制的说法中错误的是(　　)。

    A. 预算控制为企业战略框架内的计划和控制上的战术活动提供了大量的信息,为管理层的决策奠定了基础

    B. 企业实施全面预算管理的根本目的是实现企业价值的最大化

    C. 预算控制的形式大致可分为外部控制和内部控制,企业主要依靠的是外部控制

    D. 有些偶发因素可以通过一定的策略而避免,企业要预先考虑此类偶发因素

7. 全面预算的调整是必要的,以下关于全面预算调整的必要性的叙述中,错误的是(　　)。

    A. 如果企业在预算期内的外部经营环境或内部生产环境发生变化,企业要对预算总目标相应地做出调整

    B. 企业产品的市场地位以及客观的不可抗力发生变化时,企业预算的具体要素也要随之变化

    C. 企业内部管理要求提高了,要调整原有的预算指标,以提高或改善预算总目标

    D. 企业预算总目标的调整要经由企业预算管理部门进行批准,例如企业董事会等

二、简答题

1. 简述 ROA 法和 ROE 法的步骤及适用条件。

2. 简述预算执行的前提条件。

3. 简述预算控制的特点和原则。

4. 简述预算执行与控制程序的三个基本阶段。

5. 简述预算调整的程序步骤。

第9章　全面预算的分析与考评

学习目标

通过本章的学习,学生应该能够:

- 了解全面预算分析开展的目的、参与部门以及全面预算分析所涉范围;
- 掌握全面预算分析的方法,会用因素分析法对问题进行分析;
- 熟悉全面预算分析的步骤;
- 了解预算考评的原则以及前提条件;
- 掌握预算考评的内容、目标以及程序。

引导案例

国投曲靖发电有限公司成立于1994年12月9日,2003年8月27日变更为中外合资企业。公司自1998年2月第一台机组投产以来一直承担着云南电网主力发电和"西电东送"任务。国投曲靖发电有限公司从开工以来就一直非常重视全面预算管理的运用。

为了适应建立现代企业制度的要求,国投曲靖发电有限公司建立了灵活的激励和约束机制,充分调动公司各部门和全体员工的积极性和创造性,更好地推动管理水平的逐步提高,确保实现公司目标。国投曲靖发电有限公司为了充分地发挥全面预算的约束与激励作用,制定了《国投曲靖发电有限公司全面预算管理考核办法》。通过此办法将预算目标进行细化分解,并制定相应的激励措施,达到引导公司每一位员工向公司战略目标方向努力的效果。

国投曲靖发电有限公司预算考评的目的是对上一考核周期各部门的预算目标完成情况进行考评,及时发现和解决经营中的潜在问题,确保预算的完成,或者必要时修正预算,以适应外部环境的变化。主要对各归口管理部门(成本中心)及其第一责任人进行考评。考评方式分为日常考核与年终考核。日常考核采取每月度预算考核形式进行,旨在通过信息反馈,控制和调节预算的执行偏差,确保预算的最终实现;年终考核旨在进行奖罚和为下年度的预算提供依据。预算月度考评与月度经营活动分析同时进行,考评结果在每月(季)的月(季)度经营活动分析会上通报,预算年度考核于次年的一月进行。

《国投曲靖发电有限公司全面预算管理考核办法》中对发电量和息税、折旧、摊销前利润两项预算指标考评进行了特殊约定:(1)技术安全部、设备管理部人均考核额度＝(发电运行部考核总额度/部门人数＋设备管理部考核总额度/部门人数)/2×部门系数＋单项考核数额/部门人数;技术安全部系数为1.1。(2)财务管理部、经营策划部、总经理工作部、商务管理部、燃料管理部管理人员人均考核额度＝(生产部门考核总额度/生产部门总人数)×部门系数＋单项考核数额/部门人数。(3)总经理考核额度＝总经理工作部人均考核额度×个人系数。(4)经营副总经理考核额度＝(经营策划部人均考核额度＋商务管理部人均考核额度＋燃料管理部人均考核额度)/3×个人系数。(5)生产副总经理/总工程师考核额度＝生产部门(技安/运行/设备)人均考核额度×个人系数。(6)财务管理副总考核额度＝财务管理部人均考核额度×个人系数。

资料来源：百度文库

http://wenku.baidu.com/view/cfed561dc281e53a5802ffb8.html

国投曲靖发电有限公司为了确保全面预算的有效实施,制定了《国投曲靖发电有限公司全面预算管理考核办法》。那么预算考评的意义是什么？预算考评又有哪些原则与前提条件？预算考评的程序与内容有哪些？怎么采取有效的措施来保证预算考评的有效性？通过本章的学习,上述问题将得到解答。

9.1 全面预算的分析

9.1.1 全面预算分析开展的目的

预算分析有广义和狭义之分,广义的预算分析是指对预算管理全过程的分析,包括预算的事前规划、事中控制和事后审查。事前规划,即通过对预算目标分析和通过对公司目标利润进行规划,以确定全年的经营与预算编制目标,将实现目标利润所需的资金、可能取得的收益和未来要发生的成本、费用紧密联系在一起,以实现对公司整体经营活动的事前规划。事中控制,即通过对预算执行结果与预算目标对比,确定预算执行差异额、差异率以及造成不利差异的原因,动态地分析公司生产经营过程中所存在的问题,及时调整行为,控制偏差,总结前期工作中的成功经验,加强对整个经营活动的事中控制,保证公司预算目标的实现。事后审查,即通过对预算执行后公司整体经营状况的财务分析,综合分析评价各个责任主体的行为结果、各种资源的效益状况和各种环境对公司整体经营状况的影响程度,实现对公司整体经营活动的事后管理与控制,完善并优化公司下期经营目标。

全面预算分析的目的是及时检查、追踪全面预算的执行情况,加强对公司整体经营活动事前规划、事中控制、事后审查,切实发挥全面预算在公司经营管理中的作用。

9.1.2 全面预算分析开展的参与部门

全面预算分析以预算管理小组及公司财务部为主、各责任主体为辅,各部门应积极支持参与。各责任主体的职能是记录本部门全面预算执行情况,找出问题,分析本部门差异产生的原因,提出改进建议,出具全面预算差异分析报告。各内部利润中心财务部负责组织对本单位的整体运行状况作相应的内部核算财务分析报告,及时提供预算信息分析所需的资料。全面预算管理小组是全面预算信息分析工作的归口管理部门,负责组织与管理各责任主体的全面预算执行信息分析工作,负责预算目标分析,汇总各责任主体预算差异报告,形成公司预算差异综合报告,对各责任主体的预算信息分析提供相应的业务指导。公司财务部是全面预算信息分析的主要资料提供和信息处理部门,负责收集、整理并分析公司经营状况,正确评价公司整体财务状况与经营成果,协助全面预算管理小组根据公司经营目标进行量本利分析,指导协调各责任主体运行状况的财务分析。全面预算管理委员会讨论通过全面预算管理小组提交的预算信息综合分析报告并对报告中涉及的重大事项做出进一步质询,对全面预算管理小组确定的预算执行差异原因及责任部门进行审议并提出处理意见。

9.1.3　全面预算分析所涉范围

全面预算分析所涉范围包括公司内外部资源状况、公司整体经营状况、各责任主体预算执行情况、产品盈利情况。具体内容有预算编制、预算执行与预算执行结果评价三方面。预算编制信息包括预算目标分析,预算执行控制信息包括预算执行差异分析,预算执行结果控制信息包括公司经营状况财务分析。

不定期报告与定期报告是全面预算分析的呈现方式。不定期报告是指针对预算执行分析过程中出现的重大问题或内外部环境变化情况、公司经营管理的需要对预算编制或调整所需信息进行的相关分析。定期报告是指针对预算编制及执行过程中常规项目进行定期分析,包括日报、周报、月报、季报、半年报及年报,以便及时传递公司经营信息。定期报告必须报送及时,其中日报于第二日上午9时前报送,月报于月终2个工作日内报送,季报于季终4个工作日内报送,年报于年终8个工作日内报送。

9.1.4　全面预算分析的方法

全面预算分析的方法主要有结构分析法、对比分析法、趋势分析法、比率分析法、边际分析法、敏感性分析法和因素分析法七种。

1. 结构分析法

结构分析法是通过计算某项经济指标各个组成部分占总体的比重,探讨各个部分在结构上的变化规律。

2. 对比分析法

对比分析法是将各项报表资料中不同时期的同项数据进行对比,反映报表中的项目与总体关系情况及其变动情况。常用的指标评价标准包括:

①历史标准:反映本企业历史水平的指标评价标准;

②行业标准:反映某行业水平的指标评价标准;

③目标标准:反映本企业目标水平的指标评价标准;

④公认标准:对各类企业不同时期都普遍适用的指标评价标准。

3. 趋势分析法

趋势分析法是根据连续几个时期的分析资料,运用指数或完成率的计算,确定分析期各有关项目的变动情况和趋势。

4. 比率分析法

比率分析法是以同一期财务报表上的相关项目互相比较,求出它们之间的比率,以说明财务报表上所列项目与项目之间的关系,从而揭示公司的财务状况,是财务分析的核心。比率分析法具有计算方法简便、计算结果容易判断、适应范围较广的优点,但使用此方法时要注意对比项目的相关性、对比口径的一致性和衡量标准的科学性。常用的比率指标有构成比率、效率比率和相关比率。

(1)构成比率(结构比率)

某项经济指标的各组成部分数值占总体数值的百分比,它揭示了部分与整体之间的关系。计算公式为

$$构成比率＝某个组成部分数值÷总体数值×100\%$$

构成比率考察了总体中某个部分的形成和安排是否合理,通过不同时期构成比率的比较可以揭示变化趋势。

(2)效率比率

某经济活动中所花费与所得的比率,反映投入与产出的关系。效率比率指标可以进行得失比较,考察经营成果,评价经济效益。

(3)相关比率

某个项目和与其相关但又不同的项目加以对比所得出的比率,反映有关经济活动的相互关系。相关比率指标可以考察企业有联系的项目指标数值之间的合理性,反映企业某方面的能力水平。

5.边际分析法

边际分析法是产品扣除自身变动成本后为公司所做的贡献,用以分析确定在什么样的业务量下公司将盈利,在什么样的业务量下公司会出现亏损,以及有关因素变动对盈亏的影响。

6.敏感性分析法

敏感性分析法是通过对影响企业目标利润不确定因素的分析,找出其中的敏感因素,并确定其影响程度的一种分析方法。

7.因素分析法

因素分析法是用来确定几个相互联系的因素对分析对象(如某项综合财务指标或经济指标)的影响程度的一种分析方法。因素分析法适用于多种因素构成的综合性预算分析,如成本、利润、资金周转等方面的指标。因素分析法是对比分析法的发展和补充。

因素分析法运用的一般程序如下:

①确定需要分析的预算指标;

②确定影响该预算指标的各因素;

③确定各因素之间的关系,如加减关系、乘除关系等;

④计算确定各因素影响预算指标的程度和数值。

因素分析法包括连环替代法和差额分析法两种方法。

连环替代法是将分析指标分解为各个可以计算的因素,并根据各个因素之间的依存关系,依次用各因素的比较值(实际值)来替代基准值(标准值),据以测定各因素对分析指标的影响。

【例9-1】 某公司2012年1月生产甲产品耗用A材料的实际成本、预算成本以及相关资料如表9-1所示。

表 9-1   某公司 2012 年 1 月生产甲产品耗用 A 材料成本资料表

计算关系	项目	单位	实际完成	预算指标	比较
①	甲产品产量	件	140	120	＋20
②	单位产品 A 材料消耗量	千克/件	7	8	－1
③	A 材料每千克单价	元/千克	10	9	＋1
④＝①×②×③	消耗 A 材料的总成本	元	9 800	8 640	＋1 160

表中资料显示,生产甲产品消耗 A 材料的实际总成本比预算总成本增加 1 160 元。运用连环替代法测定各个因素对总差异 1 160 元的影响程度。

预算指标：① 120×8×9＝8 640（元）

第一次替代：② 140×8×9＝10 080（元）

甲产品产量变化对消耗 A 材料总成本的影响：

②式－①式：10 080－8 640＝1 440（元）

第二次替代：③ 140×7×9＝8 820（元）

单位产品消耗 A 材料数量变化对消耗 A 材料总成本的影响：

③式－②式：8 820－10 080＝－1 260（元）

第三次替代：④ 140×7×10＝9 800（元）

材料单价变化对消耗 A 材料总成本的影响：

④式－③式：9 800－8 820＝980（元）

三项因素变化对消耗 A 材料总成本的影响：

1 440－1 260＋980＝1 160（元）

差额分析法利用各个因素的比较值与基准值之间的差额来计算各个因素对分析指标的影响,是连环替代法的一种简化形式。

【例 9-2】   仍以表 9-1 所列资料为例,采用差额分析法测定各个因素对总差异 1 160 元的影响程度。

第一,由于甲产品产量增加对消耗 A 材料总成本的影响：

(140－120)×8×9＝1 440（元）

第二,由于单位消耗降低对消耗 A 材料总成本的影响：

(7－8)×140×9＝－1 260（元）

第三,由于材料单价提高对消耗 A 材料总成本的影响：

(10－9)×140×7＝980（元）

三项因素变化对消耗 A 材料总成本的影响：

1 440－1 260＋980＝1 160（元）

因素分析法可以单独分析其中某个因素对某一经济指标的影响,也可以全面分析若干因素对某一经济指标的共同影响。但应用因素分析法时必须注意以下四个方面的问题：

①因素分解的关联性。构成因素指标的因素,必须在客观上存在着因果关系,要能够反映形成该项指标差异的内在构成原因。

②因素替代的顺序性。进行因素的替代时,必须按照各个因素之间的依存关系,排列成一定的顺序并依次替代。一般的替代顺序是：先替代数量因素,后替代质量因素；先替代用实物量、劳动量表示的因素,后替代用价值量表示的因素；先替代主要因素、原始

因素,后替代次要因素、派生因素;在除式关系中,先替代分子,后替代分母。

③替代顺序的连环性。连环替代法在计算每一个因素变化的影响时,都是在前一次计算的基础上进行,并采用连环比较的方法确定因素变化的影响结果。只有保持计算程序上的连环性,才能使各个因素影响之和等于分析指标变动的差异,以此来全面说明分析指标变化的原因。

④计算结果的假设性。在连环替代法中,各个因素变化的影响数会因为替代计算的顺序不同而有所差别,因而计算结果带有假定性,即它不可能使每个因素计算的结果都能达到绝对的准确。它只是在某种假定前提下的影响结果,离开了这种假定前提条件就不会产生这种影响结果。

9.1.5 预算差异分析

一个预算周期结束后,为了分析预算执行结果与预算标准之间的差异,揭示预算执行中存在的问题,企业需要对本预算周期的预算执行结果进行差异分析。预算差异分析主要包括销售预算差异分析、生产成本预算差异分析、采购预算差异分析、管理费用预算差异分析、财务费用预算差异分析、库存预算差异分析、技改修理预算差异分析以及现金收支预算差异分析。

1. 销售预算差异分析

销售预算差异分析如图 9-1 所示。

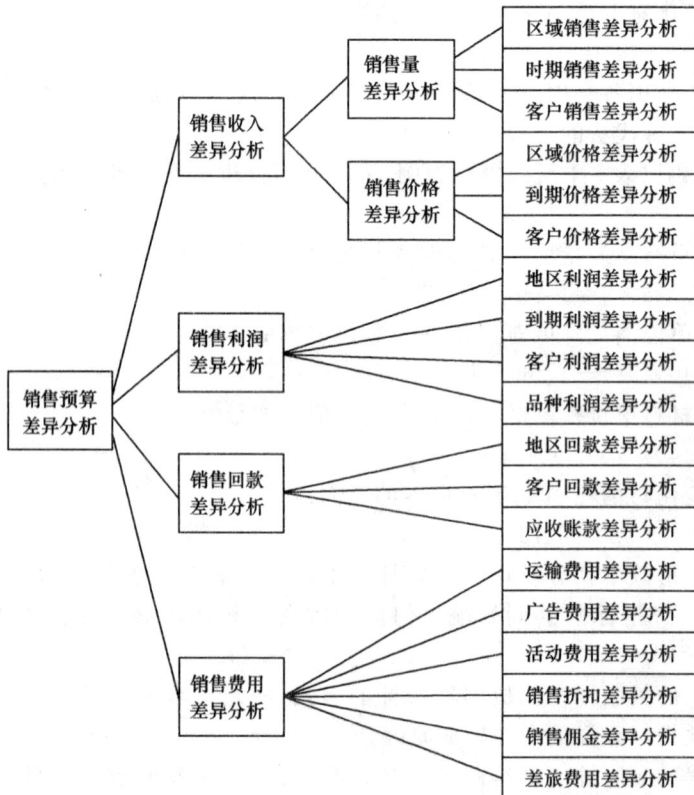

图 9-1　销售预算差异

2. 生产成本预算差异分析

生产成本预算差异分析如图9-2所示。

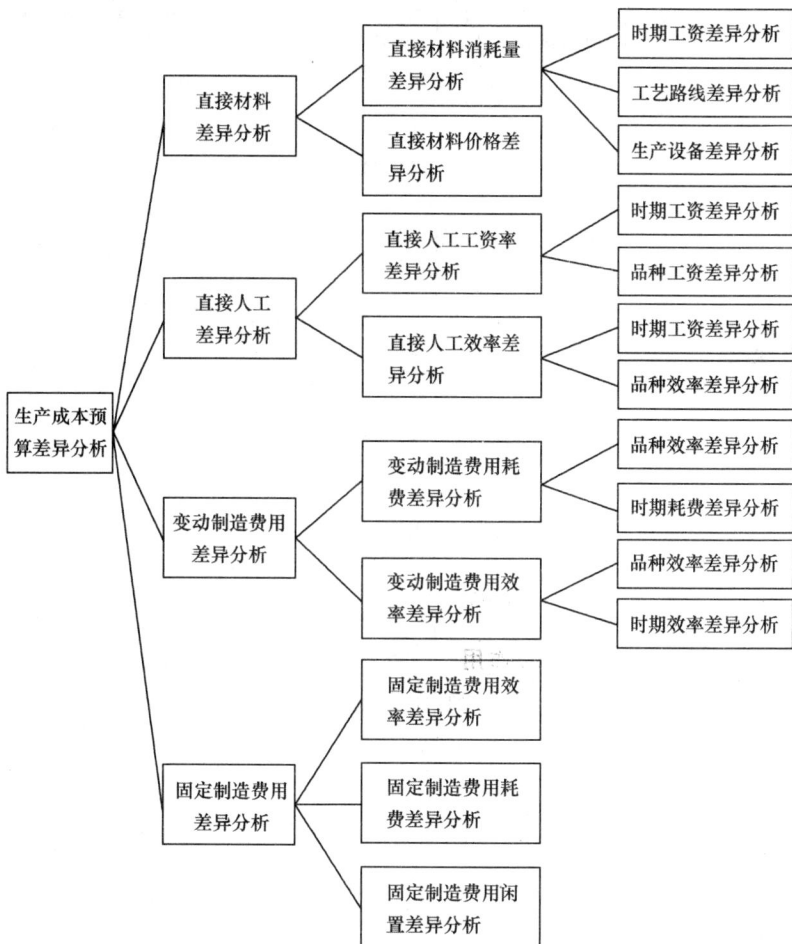

图9-2　生产成本预算差异分析

3. 采购预算差异分析

采购预算差异分析如图9-3所示。

4. 管理费用预算差异分析

管理费用预算差异分析包括业务招待费差异分析、技术开发费差异分析、工资差异分析、其他管理费用差异分析。

5. 财务费用预算差异分析

财务费用预算差异分析包括银行借款利息差异分析、票据承兑利息差异分析、其他财务费用差异分析。

6. 库存预算差异分析

库存预算差异分析如图9-4所示。

7. 技改修理预算差异分析

技改修理预算差异分析如图9-5所示。

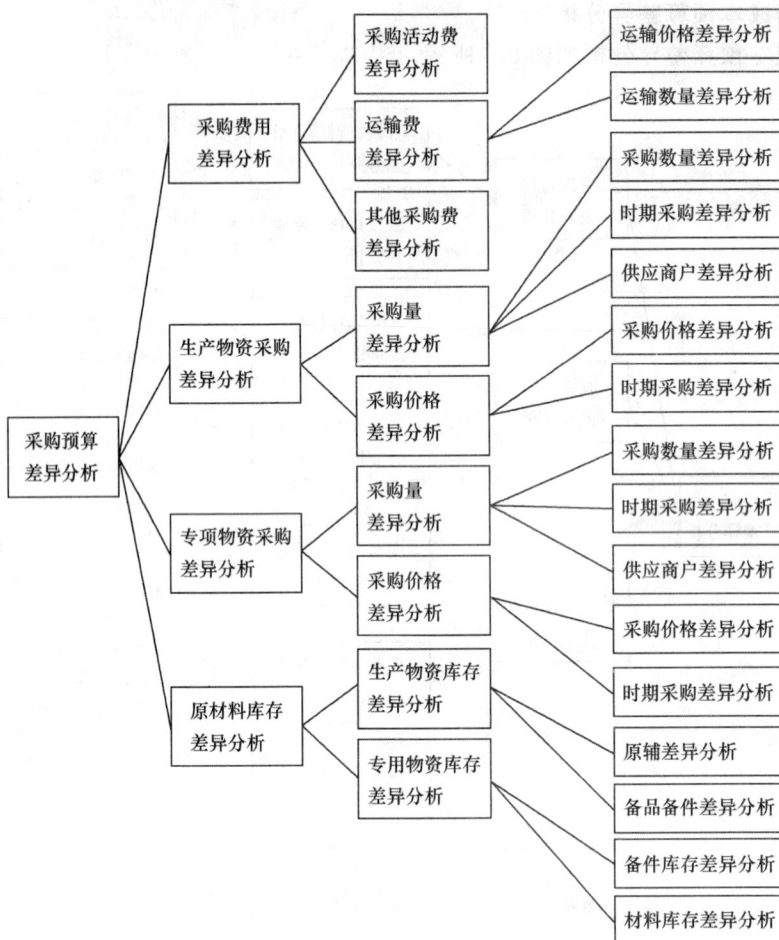

图 9-3　采购预算差异分析

8.现金收支预算差异分析

现金收支预算差异分析如图 9-6 所示。在进行各种预算差异分析后,各责任主体及预算管理小组应形成月度、季度、年度预算执行差异分析报告,以有利于公司内部的及时相互沟通并有效解决执行过程中出现的问题。预算执行差异分析报告应包括的主要内容有:本期预算额、本期实际发生额、本期差异额、累计预算额、累计实际发生额、累计差异额、对差异额进行的分析、产生不利差异的原因、责任归属、改进措施以及形成有利差异的原因和今后进行巩固、推广的建议。

9.1.6　预算分析步骤

对预算执行过程中产生的各项差异,应通过逐项因素分解,找出产生差异的深层次原因,及时进行纠正。预算分析通常包含以下基本步骤。

1.收集资料

在进行预算分析时,必须收集内容真实、数字正确的资料,这些资料包括内部资料和外部资料两个方面。

内部资料涉及有关预算目标及其执行情况的资料,用以确定差异;外部资料包括影

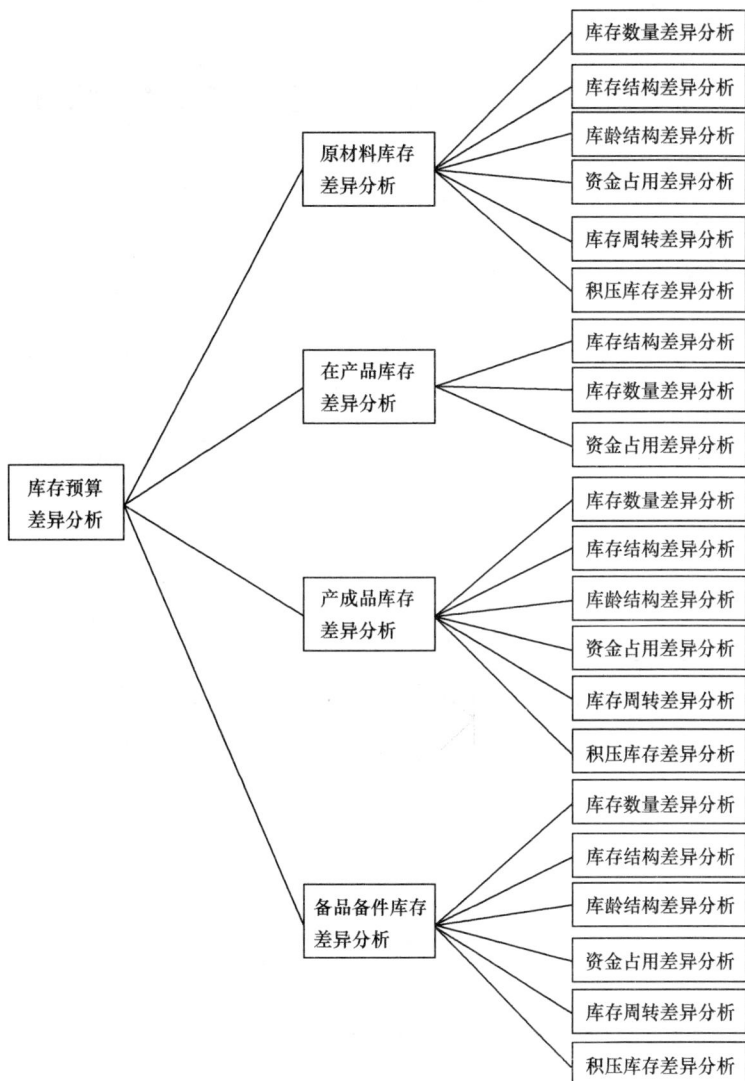

图 9-4　库存预算差异分析

响预算执行结果的有关外部因素的变动信息及外部市场的可比信息,用以差异原因分析。

2. 确定差异

采用各种分析方法对预算差异进行分析。可以将销售预算差异分为价差、量差两部分进行分析;可以将直接材料差异分为价差和量差进行分析;直接人工差异可分解为工资率差异、人工效率差异;制造费用差异可分为变动制造费用差异和固定制造费用差异。

3. 分析并处理差异

通过定性以及定量的方法确定差异后,要分析差异并明确责任。分析并处理差异包括内部引起的预算差异处理原则。按可控性原则分清责任,评价业绩,实行奖惩,确定改进措施。若变动是长期趋势,影响企业经营战略,应据此调整下期预算,根据责任归属的确定,按照"风险权益对等"的原则来处理。在分析各个因素的影响结果后,全面地进行综合分析,抓住问题的关键并落实责任单位和责任人。

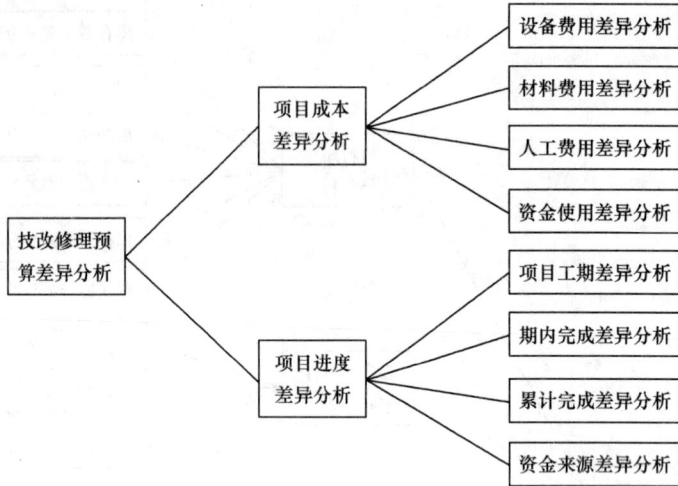

图 9-5　技改修理预算差异分析

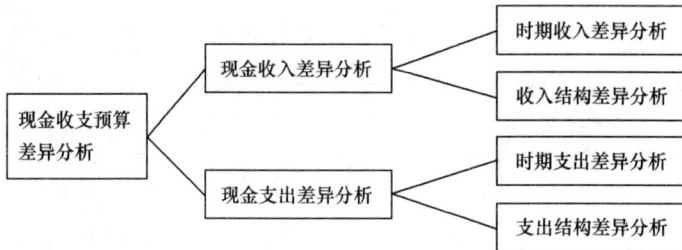

图 9-6　现金收支预算差异分析

在确认责任人后,还应提出措施,改进工作,来提高企业的经营管理水平。最后归纳总结,形成分析报告,对企业全面预算管理的整个过程以及结果做出正确评价。

9.2　全面预算的考评

9.2.1　预算考评的意义

预算考评机制是对企业内各级责任部门或责任中心预算执行结果进行考核和评价的机制,是管理者对执行者实行的一种有效的激励和约束形式。预算考评具有两个层次的含义,一是对整个预算管理系统的考评,即对企业经营业绩的评价,它是完善并优化整个预算管理系统的有效措施;二是对预算执行者的考核及其业绩的评价,它是实现预算约束与激励作用的必要措施。预算考评是预算控制过程中的一部分,因为预算执行中及完成后都要适时进行考评,所以它是一种动态考评,也是一种综合考评。预算考评在整个预算管理循环过程中是一个承上启下的环节,是全面预算管理的一项重要职能,它具有以下重要意义:

①确保目标的实现。目标确定并细化分解以后,预算目标就成为企业一切工作的核心,这种目标具有较强的约束作用。在预算执行中,管理者对预算执行情况与预算的差异适时进行确认,及时纠正企业人力、财力、物力、信息等资源管理上的浪费与执行中的

偏差,为预算目标的顺利实现提供可靠的保障。

②预算考评可以协助企业管理者及时了解企业所处的环境及发展趋势,进而衡量企业有关的预算目标的实现程度,评估预算完成后的效益。

③对预算执行结果的考评,其反映整个企业的经营业绩,是编制下期预算时有价值的资料,是管理者完善并优化整个预算管理系统可靠的资料依据。

④预算考评是对执行者业绩评价的重要依据。目标的层层分解和延伸细化,使企业全员都有相应的预算目标,这种预算目标与执行中的经济活动在时间上相一致,其经营环境和条件也基本相同,以预算目标与执行者的实际业绩水平相比较,评价执行者的业绩,确定责任归属,是比较公正、合理、客观的,尤其是对企业人才的业绩评价,具有较强的说服力。

⑤预算考评增强了管理者的成就感与组织归属感。预算考评具有较强的激励作用,通过预算考评评价出了作为预算责任主体的管理者的工作业绩,这是企业对管理者工作业绩的认可,将工作业绩与奖惩制度挂钩,势必增强管理者的成就感与组织归属感,从而更进一步激发管理者的工作能动性。

9.2.2　预算考评的原则

预算考评过程是对预算执行效果的认可过程,预算考评应遵循以下基本原则。

1. 目标原则

实施预算管理,其根本目的是要实现企业目标,在目标确定之前,管理者已经进行了科学预测。因此,在预算考评时如无特殊原因,未能实现预算目标就说明执行者未能有效地执行预算。目标原则是预算考评的第一原则。

2. 激励原则

人的行为是由动机引起的,而动机又产生于需要,行为科学告诉我们,激励导致努力,努力导致成绩。因此,在实施预算管理的同时,企业应设计一套与预算考评相适应的激励制度。没有科学的激励制度,预算执行者就缺乏执行预算的积极性与主动性,预算考评也就失去了它的真正意义。企业应根据自己的具体情况,制定科学、合理的奖惩制度,激励预算执行者完成或超额完成预算。

3. 时效原则

企业对预算的考评应适时进行,并依据奖惩制度及时兑现,只有这样才有助于管理上的改进,保证目标利润的完成。本期的预算执行结果拿到下期或更长时间去考评,就失去了考评的激励作用。

4. 例外原则

实施利润预算管理,企业的高层管理者只需对影响目标利润实现的关键因素进行控制,并要特别关注这些因素中的例外情况。一些影响因素并不是管理者所能控制的,如产业环境的变化、市场的变化、执行政策改变、重大意外灾害等。如果企业受到这些因素的影响,就应及时按程序修正预算,考评按修正后的预算进行。

5. 可控性原则

这一原则基本要求的集中体现是:各个责任主体以其责任范围为限,仅对其可以控制的预算结果和差异负责。但是在实施过程中也要注意避免因为强调预算的可控性而导致的预算责任的相互推诿。

6.分级考评原则

预算考评是根据企业预算管理的组织结构层次或预算目标的分解次序进行的,预算执行者是预算考评的主体对象,每一级责任单位负责对其所属的下级责任单位进行预算考评,而本级责任单位预算的考评则由所属上级部门来进行,也就是说预算考评应遵循分级考评的原则。

7.公平、公开原则

全面预算的考评必须公平。所谓公平,就是相同的投入要获得相同的回报。一个人的工作满意程度取决于个人报酬投入比与他人的平衡程度,如果他觉得自己的报酬投入比比其他人低,就会觉得不公平,并由此产生不满情绪,消极工作。从实践上看,公平的考评发挥着积极的作用,不公平的考评起着消极的作用,且会挫伤员工工作的积极性,产生不信任感。

全面预算考评还必须公开。考评的标准必须是公开的。标准是指导人们工作的规范,而不是制裁员工的秘密武器,考评标准公开是考评公平的前提,公开标准便于员工监督。考评公开包括制定标准的过程对被考评者公开、考评标准要在执行之前公布、考评的结果要在有关的范围内公布。

8.总体优化原则

预算管理客观上要求通过调动各责任预算主体的积极性、主动性来实现预算目标,但责任预算主体是具有一定权力并承担相应责任的利益关系人,他们自然而然地以自身利益为最大目标。一般而言,双方的利益目标具有一致性,在局部利益最大的同时实现整体利益的最大。

然而局部利益和整体利益分别代表了两个层次的利益,因此他们不可避免地存在矛盾,有可能为实现局部利益最大而损害整体利益最大。比如销售中心只重销售而不重资金的回收,生产中心只重产出数量而不重成本的节约和质量的提高等。为此,预算的考评要支持企业的总目标,实现总体最优化。在制定考核标准时,就应该防止以局部利益损害全局利益的现象出现。个人或部门目标的实现,应有助于企业总体目标的实现。

9.申诉原则

被考评者如果认为考评结果有失偏颇,未能正确地反映其在预算期间的工作绩效,有权按事先规定的程序向上级进行申诉,并获得上级考评部门相应的解释。如果这样仍不能解决问题,被考评者可向企业预算管理委员会提出要求复审其考评结果。

9.2.3　预算考评的前提条件

有效的预算考核与评价要求一系列前提条件,这些条件的欠缺会削弱考评部门有效进行考核与评价的能力。因此,企业应保证建立或完善以下考核与评价的前提条件:

①完善的现代企业制度和清晰的法人治理结构。只有这样才能具体明确企业内部的权力机构(股东大会)、董事会(决策机构)、经理层(执行机构)和监督机构(监事会)的权责关系和运行机制。为企业各项战略意图的实现做好体制、机制方面的准备。

②培育企业文化。预算管理作为企业的一种内部控制手段,需要有企业文化的支撑才能取得理想效果。企业应注意培植企业文化,在此基础之上推行预算管理等新的内部控制思想时,才会减少阻力,收到事半功倍的效果,为企业各项战略意图的实现做好文化方面的准备。

③规范、严密的财务管理(包括企业管理基础)工作和体系。基础工作薄弱、组织机构臃肿、业务流程混乱是推进全面预算管理的最大障碍。在进行全面预算管理过程中要认真做好各项基础数据的记录与核实工作,确保基础数据的真实准确。对客观因素需剔除的重要事项及基础数据的确认调整,要本着反映真实绩效和公开、透明的原则进行。

④详细的岗位职责描述及对职工的合理培训、工作量化、人员岗位的合理安排、明确工作目标以及明确工作职责。

9.2.4 预算考评的内容

一个完整的预算考评系统应该包含以下几个构成要素:考评主体、考评客体、考评目标、考评指标、考评方法和相关的奖惩制度。考评主体是指各级考评机构;考评客体即考评的对象,包括责任部门、责任人员和责任事项;考评目标是要保证企业预算管理目标的实现;考评指标则要根据考评客体的预算管理目标和考评的具体要求来设计;考评标准是企业全面预算管理总体目标和具体目标;考评方法包括指标、标准、表格、记录、对比分析、单项打分和综合评分等;奖惩制度要赏罚分明、严厉、有度。

9.2.5 预算考评的目标

考评目标是解决为什么要进行考评的问题,目标代表着一个组织努力追求的一种预期的效果。预算考评的目标是评价的立足点和目的地,是要通过考评来检验预算执行情况的依据,也为进一步的奖惩提供依据。

对全面预算进行考评,其具体目标可以归纳为如下几条。

1. 控制

预算考评使被考评对象可以明确今后改进工作的方向,有利于推动企业预算总目标的实现。

2. 激励

预算考评具有较强的激励作用,通过预算考评,使被考评对象看到自己的业绩与目标之间的差距,明确今后工作改进的目标,将业绩与奖惩制度挂钩,势必增强预算执行者的成就感与组织归属感,从而调动其积极性、主动性和创造性。

3. 沟通

规范化的预算考评,可以使上级正确了解下属员工的能力和对企业的贡献,改变凭印象用人的不好习惯,使人事劳动管理科学化。

预算考评的目标并不是纯粹为了对责任单位或个人的业绩进行评价,它更深层的目的是为了有效地推动责任单位和个人的行为表现,引导企业全体员工从个人开始,共同朝着企业的整体预算目标迈进。在实际经济生活中,我们经常可以看到以下这些做法:把考评作为发放奖金的工具,为发放奖金而进行考评,没有事后的差异分析,也没有改进措施的落实,不能发挥改进工作的作用;平时没有日常预算管理,当出现某种需要的时候才临时制定标准考评,结果是考评标准一次性有效,有考无核,不能起到激励作用;企业领导者主宰考评,没有十分明确的考评标准,容易加深上下级矛盾,影响人际关系,不利于上下级之间的沟通。上面这些做法比较常见,但却是不可取的。

9.2.6 预算考评的程序

预算考评的主要程序如下。

1. 建立健全考评组织机构

预算考评组织机构是预算管理委员会所属的预算考评小组,成员一般由财务、审计、计划和人力资源等相关部门的专业人员构成。其主要职责有:一是检查、核实预算制定和各业务部门预算执行、调整情况;二是收集、评价有关已执行预算的业务部门的经济运行情况,为下一年制定预算提出建议或意见,以促进预算的持续改进;三是对财务预算方案进行评价,为企业实施奖惩提供依据。

2. 制定考评实施办法

预算考评组织机构要负责制定详细的考评实施办法,以便在预算期间结束后对各预算责任单位、责任人员进行考核。

3. 收集考评所需的各种信息资料

在一个预算期间结束后,各预算考评主体首先要收集考评相关的各种资料。预算考评所需资料包括内部资料和外部资料两个方面。内部资料主要是有关预算目标及其执行情况的资料,用以确定预算差异;外部资料包括影响预算执行结果的有关外部因素的变动信息和相应外部市场的可比信息,用以进行差异原因分析。对预算的考核与评价,必须建立在充分、准确的资料基础之上。

4. 比较实际与预算的差异,区分不利差异和有利差异

对于实际情况与预算之间的差异,根据其性质,可以分为两类:有利差异和不利差异。有利差异是指实际情况要好于预算的情况,如实际销售收入大于预算收入,某项支出的实际额小于预算支出额等;不利差异则与有利差异相反,是指实际情况要劣于预算的情况,如实际销售收入没有达到预算的标准,成本费用超过预算标准等,这些差异显然对企业的利润产生不利的影响。

对预算进行考核与评价的最终目的是希望消除那些真正不利的差异,确保企业的全面预算目标能顺利实现。在收集到相关资料,进行整理、计算之后,预算考评主体要逐项比较,列出各种差异,确定差异额,并分清是有利差异还是不利差异。

5. 分析差异形成的原因,明确相关经济责任

这一步主要是对各项差异进行分析,查找差异产生的原因,并就如何消除不利差异提出整改措施和办法。差异形成的原因不外乎内部工作效率和外部因素变化两个方面。在进行差异分析的过程中,要注意那些表面上看来是有利差异、实际上为隐性不利差异的现象。这是因为在预算考评中,有利差异不一定"有利":一方面,它可能意味着预算编制质量不高或者缺乏预算调整,从而降低了预算的计划和控制职能;另一方面,也可能意味着"预算松弛"的现象比较严重。

6. 撰写考评报告,发布考评结果

经过预算考评,预算管理委员会所属的预算考评小组需就考评情况和结果撰写考评报告,报告应肯定成绩,指出问题,找出原因,并为企业实行奖惩提供依据。报告内容主要包括以下方面:一是预算执行、调整、监控、分析考评指标与考评情况说明;二是预算考评评语,内容包括预算执行业绩、实际表现、优缺点、努力方向等。同时,预算考评完毕后,预算管理委员会应及时对预算考评结果进行整理、归档和发布。

本章小结

● 进行全面预算分析能及时检查、追踪全面预算的执行情况,加强对公司整体经营活动事前规划、事中控制、事后审查,切实发挥全面预算在公司经营管理中的作用。

● 全面预算分析的方法主要有结构分析法、对比分析法、趋势分析法、比率分析法、边际分析法、敏感性分析法和因素分析法七种。

● 预算分析步骤主要包括收集资料、确定差异以及分析并处理差异。

● 预算考评机制是对企业内各级责任部门或责任中心预算执行结果进行考核和评价的机制,是管理者对执行者实行的一种有效的激励和约束形式。预算考评在整个预算管理循环过程中是一个承上启下的环节,是全面预算管理的一项重要职能。

● 预算考评的原则有目标原则,激励原则,时效原则,例外原则,可控性原则,分级考评原则,公平、公开原则,总体优化原则以及申诉原则。

● 一个完整的预算考评系统应该包含考评主体、考评客体、考评目标、考评指标、考评方法和相关的奖惩制度。

● 预算考评的主要程序是:建立健全考评组织机构;制定考评实施办法;收集考评所需的各种信息资料;比较实际与预算的差异,区分不利差异和有利差异;分析差异形成的原因;明确相关经济责任、撰写考评报告,发布考评结果。

思考与练习

一、单项选择题

1.预算编制信息包括( )。

A.预算执行差异分析   B.公司经营状况财务分析

C.预算目标分析   D.预算控制分析

2.定期报告必须报送及时,其中年报于年终( )个工作日内报送。

A.6   B.7   C.8   D.9

3.下面哪种分析方法不是全面预算分析方法( )。

A.结构分析法   B.对比分析法   C.因素分析法   D.季节分析法

4.预算考评的原则不包括( )。

A.目标原则   B.可控性原则   C.分级考评原则   D.利益原则

5.预算考评的目标不包括( )。

A.控制   B.激励   C.沟通   D.分析

二、多项选择题

1.因素分析法包括哪两种方法( )。

A.差额分析法   B.对比分析法   C.连环替代法   D.比率分析法

2.管理费用预算差异分析包括( )。

A.技术开发费差异分析   B.工资差异分析

C.票据承兑利息差异分析   D.银行借款利息差异分析

3.一个完整的预算考评系统应该包含的构成要素有( )。

A.考评指标　　　　B.考评目标　　　　C.考评方法　　　　D.考评程序

三、计算题

1.表9-2是某公司2012年7月生产乙产品耗用B材料的实际成本、预算成本以及相关资料。

表9-2　　　　某公司2012年7月生产乙产品耗用B材料成本资料表

计算关系	项目	单位	实际完成	预算指标	比较
①	乙产品产量	件	100	120	
②	每件产品B材料消耗量	千克/件	10	6	
③	B材料每千克单价	元/千克	7	9	
④=①×②×③	消耗B材料的总成本	元			

(1)完成表格。

(2)利用连环替代法计算各个因素对总差异的影响。

(3)利用差额分析法计算各个因素对总差异的影响。

2.表9-3是某公司2012年7月生产丙产品耗用C材料的实际成本、预算成本以及相关资料。

表9-3　　　　某公司2012年7月生产丙产品耗用C材料成本资料表

计算关系	项目	单位	实际完成	预算指标	比较
①	丙产品产量	件	180	100	
②	每件产品C材料消耗量	千克/件	10	15	
③	C材料每千克单价	元/千克	14	12	
④=①×②×③	消耗C材料的总成本	元			

(1)完成表格。

(2)利用连环替代法计算各个因素对总差异的影响。

(3)利用差额分析法计算各个因素对总差异的影响。

四、简答题

1.什么是广义的预算分析?

2.全面预算分析有哪些参与部门? 各个部门的责任是什么?

3.全面预算分析方法有哪些?

4.预算差异分析有哪些?

5.全面预算分析的步骤有哪些?

6.预算考评的意义是什么?

7.预算考评的原则有哪些?

8.预算考评的前提条件有哪些?

9.预算考评的目标是什么?

10.一个完整的预算考评系统应该包含哪些构成要素?

11.预算考评的程序有哪些?

第 10 章　企业集团全面预算管理

学习目标

通过本章的学习,学生应该能够:

* 掌握企业集团的概念、组织结构、分类以及每类企业集团的特点;
* 掌握战略规划型、财务控制型和战略控制型企业集团的预算控制系统的区别与比较;
* 掌握企业集团全面预算管理的三个难点,即全面预算管理与企业集团的战略如何相辅相成、预算管理组织与预算决策中的治理问题以及母公司对子公司的预算监控问题。

引导案例

被誉为"齐鲁之翼"的山东航空集团(简称山航集团)是 2000 年成立的国有大型一类航空运输企业集团。公司已拥有资产 45 亿元,经过 10 年的发展,山航集团以山东航空集团有限公司为母公司,拥有山航股份、山东太古(飞机维修)、航空培训、广告公司等子公司和山航大厦、济南丹顶鹤大酒店(三星级)、烟台飞行员度假村等分支机构,形成以运输业为龙头、上下游产业相配套发展的经营格局,逐渐发展成为一个具有多种产业结构布局的综合性企业集团。

山航集团全面预算的编制主体十分复杂,成员单位既涉及控股、非控股的子公司,又涉及非法人的独立核算单位;既涉及 B 股上市公司,又涉及内资企业;既涉及航空运输主业,又延伸到与航空业有关的飞行员、乘务员、地面维修业务培训等多种行业。原来集团公司各成员单位执行分行业的会计制度,2004 年起统一实行《企业会计制度》。山航集团以现代企业制度为基础,实行董事会领导下的总裁负责制。

2005 年年初,山航集团在综合平衡了各软件的特点和其他集团取得的经验之后,结合自身情况,决定首先从全面预算管理入手,这也是整个山航集团推出战略管理的重要组成部分以及实现全面信息化的第一步。

虽从全面预算管理入手,但山航集团着眼于未来集团信息化统一平台的建设,这次选型既要考虑企业现有特点及需求,能满足集团及下属企业全面预算管理的需要,能够建立全面预算管理体系优化企业的资源配置,保证集团公司总体财务目标的实现,全方位地调动各个层面员工的积极性,促进企业建立、健全内部约束机制,规范企业财务管理行为,促使企业效益最大化;又要能面向集中管理实现集团信息化统一平台建设,要求整个系统在战略上实行集中控制,整合所有资源,在战术上实行分布式经营,做到既降低经营风险,又发挥规模经济优势,协助集团实现战略性目标。成熟的产品线、大型企业实施案例也同样是山航集团所关注的。

浪潮通软与山航集团财务部经过六个月的通力协作,全面预算管理系统于2006年8月成功验收,山航集团的2006年全面预算也已经编制完成。

资料来源:百度文库
http://wenku.baidu.com/view/a77bc8781711cc7931b7166b.html

山航集团全面预算的编制主体十分复杂,在编制全面预算时,要考虑各个成员单位的情况,而不只是考虑母公司的情况。那么什么是企业集团?企业集团的分类有哪些?企业集团有哪些作用?在实际运行中,企业集团实行全面预算遇到的难点又有哪些?通过本章学习,这些问题将一一得到解答。

10.1　企业集团类型与预算管理关系

10.1.1　企业集团的概念

企业集团是现代企业的高级组织形式,是以一个或多个实力强大、具有投资中心功能的大型企业为核心,以若干个在资产、资本、技术上有密切联系的企业、单位为外围层,通过产权安排、人事控制、商务协作等纽带所形成的一个稳定的多层次经济组织。企业集团在结构形式上,表现为以大企业为核心、诸多企业为外围、多层次的组织结构;在联合的纽带上,表现为以经济技术或经营联系为基础,实行资产联合的高级的、深层的、相对稳定的企业联合组织;在联合体内部的管理体制上,表现为企业集团中各成员企业,既保持相对独立的地位,又实行统一领导和分层管理的制度,建立了集权与分权相结合的领导体制;在联合体的规模和经营方式上,表现为规模巨大、实力雄厚,是跨部门、跨地区、甚至跨国度多角度化经营的企业联合体。

一般来说,构成企业集团必须具备一些基本的要素:

①有一个集团总部(母公司)。集团总部应当具备控制其下属成员企业的能力,这种能力衍生于总部的资本实力、其他实力(如产品、技术、管理、人才、市场网络、品牌等)或者是各种能力的综合。如果总部实力只有资本控制实力,即通过资本投资来控制下属成员企业,使其成为集团的子公司或孙公司等,则总部直接定位于纯粹控股式的总部;如果总部实力既来自于资本控制实力,同时总部又具有很强的产品生产经营能力即总部是一个生产经营实体,则总部将扮演企业集团核心企业的地位,总部将定位于经营管理型的总部。

②有一系列成员企业。成员企业在性质上属于总部直接或间接投资形成的子公司或孙公司,总部对这些成员企业的控制能力来自于资本控制。在这里,资本控制主要指投资控股,包括全资控股、绝对控股和相对控股三种形式。对于参股投资的企业,由于总部对这类公司的控制力远不如控股企业,因此,在技术上看,这类企业不能成为集团成员,但是由于参股企业往往与其他控股企业或总部存在生产经营上的关联,因此,将其纳入集团范围(但不纳入集团管理范围)也是可行的。

③企业集团本身是一个法人联合体,尽管作为集团总部的母公司与作为集团成员企业的子公司或孙公司在管理上存在从属关系,但在法律上是平等的。

10.1.2　企业集团的组织结构

企业集团组织结构的根本特征在于多层次。一般来说,企业集团的组织结构分为四个层次。

1. 核心层

企业集团的核心层是指集团内具有一定经济技术联系的少数实行资产经营一体化的具有法人资格的企业,一般又被称为集团公司,是企业集团中处于核心地位的母公司。

2. 紧密层

企业集团的紧密层主要是指由核心企业控制的子公司。通常核心企业在子公司的股权比例要超过50%。

3. 半紧密层

企业集团的半紧密层主要是企业集团内相互参股、持股,但末达控股界线的公司。

4. 松散层

企业集团的松散层主要是通过合同建立固定协作关系的公司企业。

10.1.3　企业集团的分类

根据不同的标准,可对企业集团进行不同的划分。

1. 以企业集团内企业的经营类型为标志分类

以企业集团内企业的经营类型为标志分类,可将企业集团分为大型生产联合企业集团、大型综合经营联合企业集团与金融信托投资企业集团。

(1)大型生产联合企业集团

大型生产联合企业集团是由许多生产同类商品的企业或者是由在生产上有密切联系的一些企业相互联合而组成的一个庞大的企业组织。它的特点是:以骨干厂为核心或以生产名优产品的企业为龙头,周围聚集了一大批企业,形成一个庞大的专业协作网;核心企业与成员企业之间的业务关系表现为垂直的纵向关系;拥有先进的技术设备、大量的科技人才和雄厚的资金。

(2)大型综合经营联合企业集团

大型综合经营联合企业集团是把不同部门中的许多企业联系在一起,并以其中实力最雄厚的大企业为核心而形成的多种企业集团。它的特点是:其成员企业可以是生产不同类别产品的企业;其成员企业既可以是工业和交通运输部门的生产性企业,也可以是贸易公司、宾馆、饭店等非生产性企业。

(3)金融信托投资企业集团

金融信托投资企业集团是指金融机构与生产经营企业的联营。

2. 以母公司功能定位为标志分类

以母公司功能定位为标志分类,可将企业集团分为资本型企业集团和产业型企业集团。

(1)资本型企业集团

资本型企业集团(也有人称之为纯粹控股式企业集团)的母公司角色类同于西方的控股公司。

（2）产业型企业集团

产业型企业集团的母公司既是整个集团的投资中心，同时又从事生产经营，扮演着集团核心企业的角色。

这两类企业集团在我国都能找到案例，其中，产业型企业集团分布更多。两类企业集团的区分如表 10-1 所示。

表 10-1　　　　　　资本型企业集团与产业型企业集团之间的比较

集团类型	组建动力	组建目的	总部业务特征	总部职能定位	成员企业选择标准	业务和特性
资本型企业集团	借助资本优势与资本衍生能力，以控制资源	资本保值与增值	总部不直接从事生产经营活动，着眼于控股与资本运作	规划资本投资，进行被控企业买入一持有一卖出决策	依据资本—报酬关系，确定对目标企业控制与否	没有多少相关性，总部只选择那些具有较高收益率的行业或企业
产业型企业集团	借助产业或产品优势及集团资源聚合优势，保障并强化产业或产品市场竞争优势	对外：产品或市场占有率；对内：实现一体化资源配置，节约交易成本	总部在控股同时，直接从事生产经营活动；资本运作的着眼点在于保障产业或产品的市场竞争优势，而非纯粹基于资本保值与增值的目的	规划产品开发、生产或营销网络，协调成员与总部间的购销关系，对投资进行权益管理	选择优势互补企业为集团成员，考虑产品营销网络相关性以及行业进入壁垒	产业相关或市场区域相关；成员企业间生产经营具有协作性；借助集团发挥规模优势与专业化分工协作优势

3. 以企业集团管理体制为标志分类

从企业集团总部与其成员企业（母公司—子公司—孙公司）的管理体制与管理关系出发，可以将企业集团分为三大类型，分别为战略规划型、财务控制型与战略控制型。

这三种类型企业集团的主要特征及优劣分析如表 10-2 所示。

表 10-2　　　　　　　　　三种类型企业集团的比较

类型	母公司特征	优点	缺点
战略规划型（集权型企业集团）	①母公司直接参与子公司经营战略的制定②为子公司确定详细的经营计划；管理上从上到下③详细控制（财务与非财务相结合）	有利于战略一致性和行动协调性	①母公司不了解子公司市场②计划具有主观性，难以调动子公司经理的积极性③降低子公司责任感
财务控制型（分权型企业集团）	①母子公司简化为财务上的投资—回报关系②子公司制定自身经验战略③资本回报标杆④投资选择与控制⑤管理上自下而上	反应迅速	①不能分享技术与技能②总部为投资银行③总部不能增加价值
战略控制型（折中型企业集团）	①子公司制定自身经营战略，但需要总部严格审查②财务目标集中认定③自下而上和自上而下结合④不太进行细节控制	①母子公司为伙伴关系②管理协调③集权与分权有机统一，相互激励	①较多地讨价还价②产生较多管理中间层和新的官僚

4. 以子公司间相互关系以及价值链分析为标志分类

以子公司间相互关系及价值链分析为标志分类,企业集团又可分为三种类型:无关战略竞争模式企业集团、各战略经营单位或事业部(简称 SBU)模式企业集团与合作模式企业集团。

无关战略竞争模式企业集团的特点:①总部管理者很少;②在集团进行并购或分立资产时,总部要强化法律顾问的功能;③总部强化财务与审计的功能,以保证各分部的现金流管理到位,并对各分部提供的业绩数据进行审计;④分部进行各自的战略控制,但现金流始终处于总部的控制之下;⑤从财务评价看,各分部间是独立的;⑥分部间就总部资源分配进行竞争,优胜劣汰。

无关战略竞争模式企业集团的组织结构如图 10-1 所示。

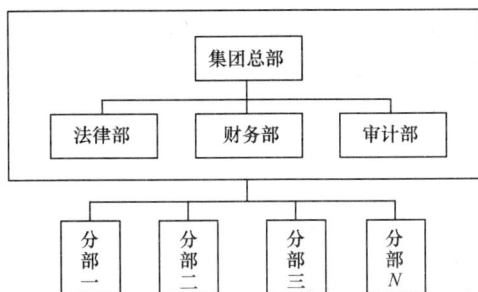

图 10-1　无关战略竞争模式企业集团的组织结构

SBU 模式企业集团的特点:①为控制各 SBU 的独立经营,总部最重要的职能是强化战略规划;②SBU 内部存在极强的结构整合,但 SBU 之间相互独立;③总部管理人员为各 SBU 提供管理咨询、服务的功能;④为强化内部资源整合,每一个 SBU 都有独立的预算体系。

SBU 模式企业集团的组织结构如图 10-2 所示。

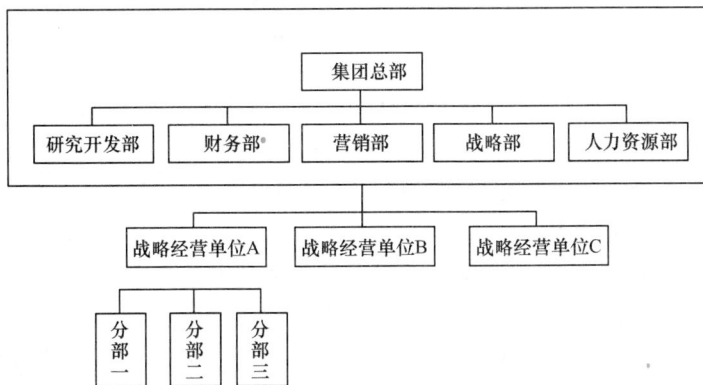

图 10-2　SBU 模式企业集团的组织结构

合作模式企业集团的特点:①总部管理功能在于强化战略规划、人力资源管理、财务控制等,从而强化各产品经营单位的合作与交流;②结构整合方法使得各产品经营单位关系更为紧密;③研究开发部需要高度集权在总部;④奖惩计划更倾向于主观,并重点考虑各产品经营单位对总部的贡献,而不只是本部门的业绩;⑤集团内部要形成一个资源共享的文化。

合作模式企业集团的组织结构如图 10-3 所示。

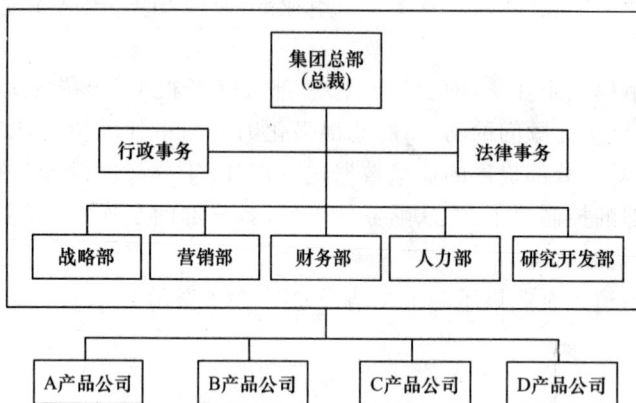

图 10-3　合作模式企业集团的组织结构

10.1.4　企业集团的作用

1. 企业集团的积极作用

①有利于打破"条块分割"的旧体制,合理调整产业组织机构;

②实现规模经济,提高市场竞争力;

③有助于政府改善宏观调控;

④促进科技进步,使科技迅速转化为生产力。

2. 企业集团的消极作用

①产生市场势力,形成市场垄断;

②滥用控制和从属关系,产生关联交易。

10.1.5　企业集团类型与预算控制系统

不论企业集团属于何种类型,保持集团总部对下属成员企业的财务控制力都是不可或缺的。从国内外的实践经验看,保持总部对下属成员企业的控制力,关键在于要将总部构建为整个企业集团的财务控制、财务信息、资源配置和管理服务等中心,要使这些中心都围绕集团整体战略发挥作用。

从管理控制的角度,预算控制系统的建立是集成这些中心最为主要的管理手段和工具。就是基于这一理由,西方国家的大型企业集团都重视母公司与子公司之间的预算纽带,通过预算编制、预算执行和预算考评来实现集团战略和子公司经营战略。从国外实践看,不论企业集团属于何种类型,也不论集团采用何种组织体制,预算管理体系的构建都是必不可少的。不同的只是企业集团不同的管理战略与管理体制在很大程度上决定着预算管理体制与预算管理在母子公司间的互动程度,但都没有改变预算作为控制工具在集团管理中的地位与作用。表 10-3 简要分析了不同管理体制下的企业集团的预算管理体制是如何设定的,在不同模式下母子公司间的预算互动程度是怎样的。

表 10-3 　　　　不同类型企业集团管理模式以及母公司预算管理特征

企业集团类型	总部在战略规划以及管理上的主要特征
战略规划型企业集团(适应高速变化、快速增长或者竞争激烈的行业)	①高度介入各分部年度预算的制定 ②在预算内详细地逐项进行控制 ③资本分配以及资本预算以支持公司总部决策战略目标为准 ④详细的程序与编制、执行规则手册,强调总部的基础设施和集中服务(如研究开发和营销体系)
财务控制型企业集团(适应多元化产业)	①总部只关注各分部的年度预算和财务指标 ②预算自下而上 ③评估各分部的业绩 ④评估各分部的资本竞价条件
战略控制型企业集团(适应成熟产业或者竞争环境相对稳定的行业)	①制定集团主要政策 ②在各分部业务计划与总部资源协调的基础上,按照集团整体最优化原则制定各自的预算 ③评估各分部业绩 ④预算自上而下和自下而上相结合,预算成为管理协调与控制的主要工具

10.2　企业集团全面预算管理难点

企业集团全面预算管理既是企业集团管理的重点,也是管理的难点。本节将介绍企业集团全面预算管理的难点。

10.2.1　预算管理不是企业集团财务管理的全部

1.企业集团总部与成员之间的母子关系

要清楚认识企业集团与成员之间的母子关系,才能做好预算管理。从法律、产权以及管理方面来讨论企业集团与成员之间的母子关系。

(1)母子关系是法律关系

企业集团是一个多级法人联合体,母公司与子公司具有同等的法律地位。这意味着两者在人格上是平等的,都是在《公司法》规定的治理框架下进行生产经营、管理活动的主体。作为两个不同的法律主体,它意味着:①母公司与子公司作为独立法人承担各自的有限责任;②两个不同主体均有各自的权利主体和决策主体,那就是各自的股东会和董事会;③法律上不承认母公司权利主体在层次上高人一等,也不承认母公司可以代替子公司行使权利。因此,明确母子公司间的法律关系就等于明确了公司治理的基本准则。

(2)母子关系是管理关系

母子关系是管理关系,并不意味着让母公司代替子公司管理。如果那样的话,子公司也就没有必要存在,分公司的设置即可达到这一目的。母公司在对子公司管理时,需把握其中的控制力度,总的原则是:不因母公司疏于管理而导致子公司失控,同时也不因母公司过于干预而使子公司失去人格和经营活力。

(3)母子关系是产权关系

母子关系是产权关系,意味着母公司拥有对子公司的剩余控制权和剩余索取权,即它要求母公司拥有对子公司的权益（包括受益权、转让权、控制权）。其中，受益权主要通过股权决策来行使，转让权则属于母公司作为股东的个体投资行为，控制权则需要通过母公司介入子公司的股东大会或董事会来行使其影响力和控制力。因此，控制权所体现的产权关系是一种管理关系。没有控制权的产权关系也就没有管理关系，放弃控制权也就等于放弃管理权。

2. 母公司对子公司管理的底线与预算控制

集团总部要整合集团资源并发挥最大化集团价值的作用，必然存在对下属子公司的管理控制底线，即管理控制的最低边界。

从我国很多企业集团的实践看，这一底线是指：①总部应当成为企业集团的战略管理中心。它是目标一致性的根本要求，也是构建上下同文化的前提。②总部应当成为企业集团的财务控制中心。现代企业的财务控制已从过去的单纯利润管理转变为价值管理，价值管理是"资产管理—业绩管理—风险控制"三位一体的综合。资产管理侧重于资产的整体优化配置（如资本预算与投资增长速度的控制、集团内部资金统一调度清算核资及落实子公司经营者资产责任等）；业绩管理侧重集团总体业绩而不是子公司的个体业绩，它通常通过利润目标与经营预算、集团整体的税务筹划、内部转移价格的统一制定与调整等来实现；风险控制主要关注子公司的经营风险与财务安全性控制等方面。对上述三大中心进行归纳，不难看出集团管理权限是如何在总部与子公司间进行分割的，如图 10-4 所示。

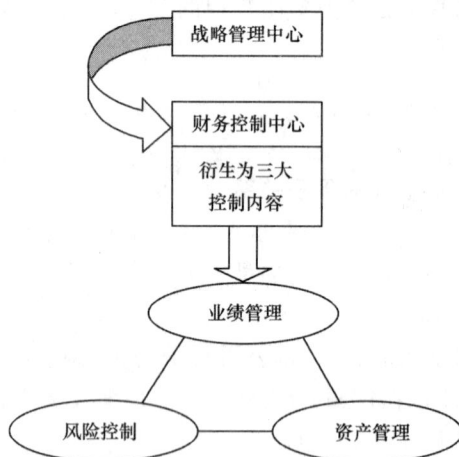

图 10-4　管理关系下总部定位与管理底线

预算管理是把持母公司对子公司管理底线的重要管理手段。第一，对于资产管理而言，资产经营责任的确定是预算管理的基本前提，没有资产的确认与计量，没有投资与资本支出，难以构成一个完整的全面预算体系。第二，对于业绩管理而言，预算管理通过利润导向及目标利润确定依据，使集团整体形成上下一致的利润规划，并将这一规划落实到年度预算之中。第三，风险控制需要通过预算手段与经营过程的预警来解决，因此预算反馈分析与报告应当成为集团总部对下属成员企业进行风险监控的主要手段与方法。

3. 预算管理不是企业集团管理的全部

预算管理不是企业集团管理的全部，主要出于以下四个方面的原因。

①不同企业集团的预算管理有粗有细,它因人而异,没有一个统一的模式,简单比较战略规划型和财务控制型两种体制,即可以发现两者间的差异——预算差异;

②其他财务控制手段与方法,如资金统一结算与管理、战略业绩评价、战略成本管理和审计管理等,都会从不同角度发挥总部对子公司的控制力与管理作用,而且它们之间有些是不可替代的;

③更为重要的是,任何一个企业集团的管理控制系统都是个性化的,预算在整个管理控制系统中的地位也是权变的,有些集团可能注重采用预算控制手段,而有些集团则另辟蹊径;

④IT技术的发展使得企业集团管理完全可以进行扁平化,越是扁平化的组织,其预算管理的效用也越不明显。

10.2.2 企业集团全面预算管理的难点

在企业集团全面预算管理中主要存在三大问题,分别为全面预算管理与企业集团的战略如何相辅相成、预算管理组织与预算决策中的治理问题以及母公司对子公司的预算监控问题。

1. 全面预算管理与企业集团的战略如何相辅相成

企业战略对企业全面预算控制有重大意义。公司战略是如何指导集团预算控制体系形成的? 而预算体系又是如何支持公司战略管理的? 两者之间是如何相互影响的? 以下将具体讨论。

(1)战略层次与综合管理

企业的战略有三个层次,分别为公司级战略(它以确定产业导向为背景)、经营战略(它以确定的既定产业范围内的竞争战略的形成为导向)和职能战略(它以职能部门是如何实现竞争战略为导向)。战略层次以及其关系如图10-5所示。

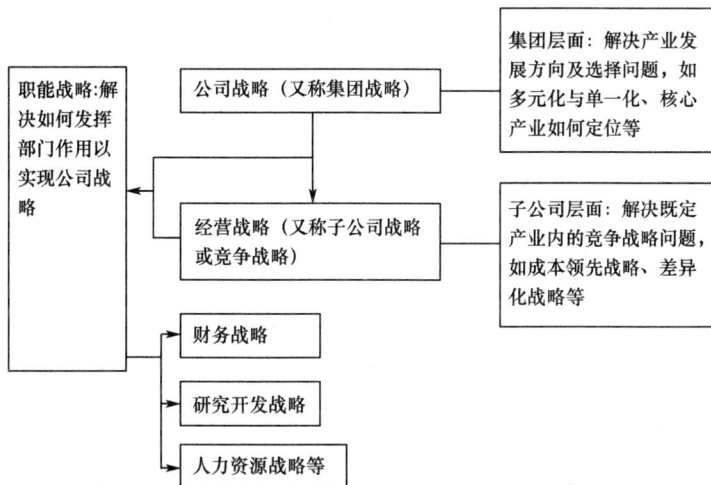

图 10-5　战略层次以及其关系

随着企业组织的扁平化和职能部门间作业的一体化,职能战略已处于次要地位。预算管理系统以其综合管理特征被集团上下所采用。因此,预算管理作为综合管理系统,已经成为企业集团战略管理的重要组成部分。作为总部的母公司要将公司战略、子公司战略和预算控制体系有机地整合在一起。

（2）战略对全面预算的指导

使全面预算管理与企业集团的战略相辅相成需要以下三个前提条件：

第一，公司战略与公司预算间的连接关系必须是清晰的。它要求公司战略能够演绎出子公司竞争战略和总部资源分配战略，同时能对下属子公司的年度经营计划和预算体系具有明确的指导性。

第二，公司战略必须是具有指导性和可操作性的。如果战略只是一种口号、一种文化，公司战略是没有太多用处的。

第三，从年度经营计划和预算体系看，它要求公司战略和子公司竞争战略必须能够满足以下要求：①确定总部对子公司的预算管理边界（何类子公司进入预算体系，何类子公司不进入预算体系）和预算控制重点（明确各子公司预算控制力度，并规划重点子公司及其重点业务的预算）；②用标杆法来评价预算管理成效并对经营者实施有效的激励；③用战略期内预算滚动的方式来编制预算，从而使预算目标的实现能够和公司战略有机结合；④能够明确总部对各种不同子公司的预算导向（如规模与效益关系的处理）；⑤在既定预算导向下各子公司具体预算指标的确定（用公司战略标杆、市场分析、现实资源等来影响预算指标的形成）；⑥在既定预算指标下来分配公司内部资本资源（形成总部的资本支出计划和子公司的资本预算）。

企业战略对预算管理的指导作用可以简述为以下方面：

第一，企业战略决定年度预算导向和预算主指标。预算起点是对公司预算控制重点与导向的基本描述。有些公司在一段时期内，以追求规模扩张为导向；而有些公司则视市场变化与产品成熟程度，以收益目标实现为导向；当然更多公司的目标定位于既取得高收益，同时也要扩展市场规模。总之，企业集团在对下属公司进行定位时有两种导向，即规模导向和利润导向，但是这两种导向在针对同一公司时是矛盾的。理论上认为"有目的的行为需要一个单一价值的目标函数的存在。"因此，要求"同时最大化市场占有率和利润"在逻辑上是不成立的。在这种情况下，让管理人员决定研究开发费用、广告费用和削价竞争的水平是不可能的，因为他们必须在利润和市场份额间进行权衡，但却没有权衡的依据。在这种情况下，企业集团的战略导向变得尤其重要，正因为如此，下属公司的预算必须要有明确的导向。

在图 10-6 中规模与利润的"双高"是企业追求的目标（第四分区），规模与利润的"双低"（第一分区）是企业集团在未来决策中需要整合的产业区域；而第二、第三分区则是需要改善的产业区域。企业的目标只有一个，即向"双高"分区努力，但现实中，我们需要对第一、第二、第三分区中所属产业提出更具体的奋斗目标，是在规模扩大后来争取利润，还是在利润追求后来支撑未来的发展规模，这两种思路都是成立的，只不过对于不同的产业有不同的追求路径和选择。战略管理的作用就是为这种选择提供可行的依据，并确定具体的奋斗目标——长期发展规划、主要预算指标及年度预算目标值。通俗地说，我们需要知道哪个球门是我们要主攻的方向，才能组织有效力量往哪个球门进攻。这就是逻辑。具体来讲，规模扩张型战略的导向更倾向于市场占有率或销售增长率等指标；成熟型企业的预算导向及年度预算编制起点则更强调利润及其实现，并以资产报酬率、资本报酬率、产品毛利率、息税前利润(EBIT 或 EBITDA)及其增长率等作为具体目标确定的对象。

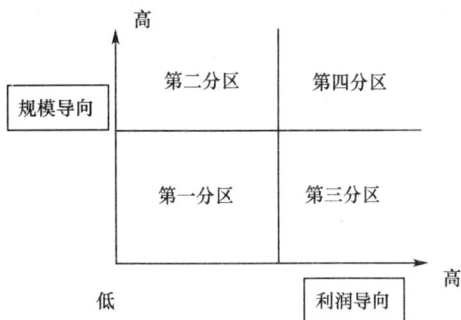

图 10-6 规模与利润的权衡

第二,企业战略决定年度预算目标。公司战略方向及预算目标导向明确后,公司战略还必须为年度预算目标的初步确定提供支持。之所以说是初步确定,是因为具体预算目标的确定是受多方面因素影响的,比如外部市场变化、公司财务资源及财务实力、公司人力资源的管理能力、宏观环境及经济政策等。但不管这些因素是如何影响预算目标的确定,从战略管理角度看,年度预算目标都必须建立在公司战略及长远发展计划的基础上。有三种方法来支持预算目标确定。

第一种为持续改善法。在公司战略目标确定中,它提倡未来目标必须是对现实业绩的改善。持续改善法所确定的目标是过去式的,具有可实现性,考虑了环境变化等因素的影响;更为重要的是持续改善法是建立在没有外部市场标杆,而只有内部标杆的基础上的,尽管具有随意性,但它同样必须考虑外部市场环境变化、竞争对手能力变化等因素的影响。第二种为创新性持续改进法。考虑创新因素对公司的重大影响(如公司通过技术革新,发明一种能大大节约成本的关键技术,从而大大降低各相关成本),公司战略目标的确定具有一定的或然性,甚至在目标上具有跳跃性。第三种为标杆法。它以最佳公司的业绩(财务和非财务)作为公司未来发展的战略目标,公司的任务是找出与标杆企业间的业绩差距,并通过战略规划,用年度计划方式来逼近和缩小它们间的差距。标杆法特别适用于产业成熟型企业年度预算目标的确定。

第三,公司战略决定公司组织结构和组织权力划分,从而决定预算权和预算模式。不同企业集团管理体制与管理模式在很大程度上决定着对下属成员企业预算管理的重点及总部的预算特征。这正如表 10-3 所示的那样。公司战略与年度预算间是一种互动的关系。战略决定年度预算,年度预算支持和修正战略。

第四,企业战略决定预算控制边界。预算控制不可能涵盖公司的方方面面,特别是针对大型企业集团而言,集团总部在确定预算控制时,都会将预算控制置于重点企业或部门。在这里,"重点"是相对于公司未来战略而言的,它可以理解成为对未来集团整体的收益或规模产生重大影响、对公司未来发展产生重大影响、对集团内的其他关联企业产生重大影响、对公司未来生产经营产生重大影响等。对于非重点产业、企业、部门,预算管理可能采用较为粗放的政策,如强调结果控制而无须关注过程。可见,战略决定预算控制力度和控制边界。没有边界和力度上的差异化,无法体现战略预算管理本身。预算控制边界所体现的战略性,很类似于管理学中所提倡的 20/80 黄金定理。

2. 预算管理组织与预算决策中的治理问题

考虑总部战略与子公司预算上的关系,必须正视法律层面的母子关系与管理层面的母子关系的不同点,从而解决预算决策权及相关治理问题。

(1)构建企业集团多级预算管理组织

多级法人架构下必然要求建立相互关联的多级预算管理组织。正如单一企业的预算管理组织一样,股东大会、董事会及下属预算管理委员会、预算工作组各司其职,共同完成全面预算管理工作。其中,股东大会是预算审批机构,而董事会及下属预算管理委员会则是全面预算管理的决策机构或组织,预算工作组是日常管理和决策执行组织。各责任中心则是具体预算的执行机构。

与单一法人不同的是,企业集团的预算管理组织更加复杂,主要体现在母子公司多级预算管理组织在上下之间的关联管理关系。图 10-7 是企业集团典型的预算管理组织架构。

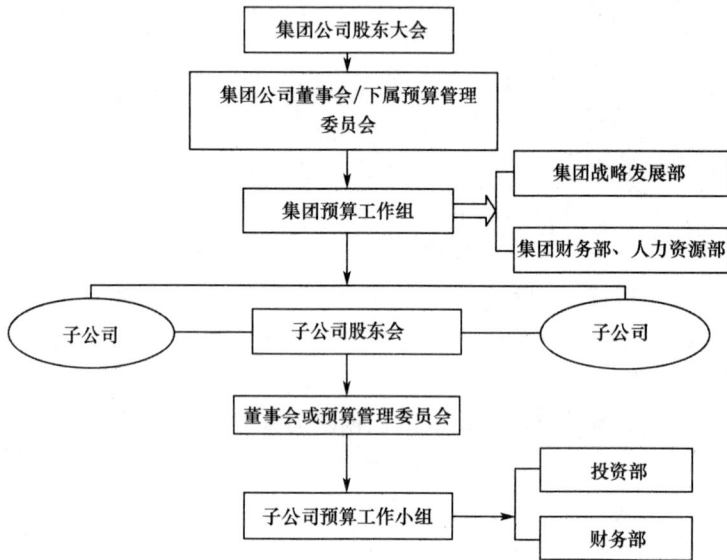

图 10-7　企业集团典型的预算管理组织架构

(2)上下结合式的预算编制程序

母公司总部预算大纲是子公司经营预算及相应财务预算的编制基础。从管理实践看,"自上而下—自下而上—自上而下"的编制程序(或简称上下结合式)是我国企业集团预算编制的主要模式。该模式要点如下:

①目标的自上而下。总部方面通过预算大纲来落实总部战略意图,另一方面直接给各分部下达预算目标(草案),如销售额或其增长率、利润额或其增长率等。

②编制的自下而上。子公司根据总部下达的目标导向(假定其是经过多层讨论而被认为合理的话),结合自身的现实来规划其相应的经营活动,如销售额(量)、成本水平等,这一过程是为完成预算目标而进行的业务规划的过程。在业务规划的基础上,子公司提供相应的财务资源规划,并进行全面的价值预算,包括收入预算、成本费用预算、利润预算、现金流预算和资本支出预算。从管理上看,这一过程既是预算编制过程,更是管理决策过程。子公司经营者要根据目标要求进行管理控制决策(如短期经营决策、营销活动

的开展和定价策略等），同时还要发挥每一个基层作业组织的参与作用，并最终形成一个责任网络。

③预算审批的自上而下。子公司在编制完自身预算以后，需要上报总部进行审批。这里的审批是指在实质上由总部行使预算审批权，但在法律意义上必须由各子公司的董事会和股东会来进行最终审批。上下结合式的预算编制程序本身就是一种管理，协调的结果表示各管理层对目标达成共识，从而对预算的执行大有好处；但是也应看到，这种方式的最大不足在于过多地讨价还价。这种讨价还价会带来：第一，离开强有力的协调，预算效率可能会不高，如增加管理中的文牍主义；第二，有可能削弱预算的战略性等问题。

（3）预算决策权限与公司治理规则

从公司治理角度，预算作为监督、控制经营者行为的一种机制，其预算权（包括预算目标的确定、预算审批权限、预算追加权限和预算考核权限）均由公司董事会行使，经营者自定预算、自我考核预算并不符合决策与执行相分离的原则。

集团母公司是否有权力审批并直接下达对下属成员企业的年度全面预算呢？如果是的话，则子公司股东会或董事会的地位应如何考虑？如果不是的话，则如何保证集团战略通过预算方式来实现？这就是预算权的划分与公司治理规则关系的处理问题。

在处理这一关系时，需要针对不同的成员企业相机而定。

①全资型子公司。如果成员企业是集团的全资子公司，总部是有权直接下达预算目标的。这是因为，尽管子公司作为一个独立法人单独存于母公司之外，但母公司是子公司的唯一股东，母公司的决策后果都由母公司承担。因此，在这种情形下，公司治理与公司内部管理是一致的，并不存在治理之外的管理，也不存在管理之外的治理。

②控股型子公司。作为控股型子公司（不论是母公司直接控股还是间接控股，也不论母公司是绝对控股还是相对控股），母公司均可以通过其在子公司董事会上的多数（包括相对多数）席位来行使其决策权，从而保证公司治理与公司管理间的协调。在这种情况下，母公司并不能直接对子公司下达预算，尽管可以对子公司预算形成施加影响。从这一角度来看，集团总部对子公司直接下达预算目标，与其说是"强制下达"，倒不如说是"强烈地建议"；对子公司预算的审批与其说是"终审"，倒不如说是"预审"。

如何保证母公司战略能被子公司经营战略所体现，董事会席位成为问题的关键。这就要求母公司所派出的在子公司的董事必须领会企业战略意图，本着勤勉尽责的精神，来行使其在子公司董事会中的投票权。

③参股公司。事实上，很多大型企业集团除了母公司直接或间接控制的子公司外，还包括一些业务关系或采用战略联盟形式的其他成员企业，这类企业以遵循集团章程为前提条件而成为集团一员，但在产权关系上，集团总部往往并不直接控股，而仅仅是参股性的；另外，还有一些集团为培植新产业而在某些产业领域设立新公司，总部只占少数股权（进行尝试性投资）。

在母公司看来，这些非控股公司不可能成为公司的核心企业，而且由于在这些公司中，集团总部只占少数股东权益，因此，总部并不能对这类参股企业的预算管理产生太多影响。

3. 母公司对子公司的预算监控问题

保持和强化母公司对子公司的预算监控也是企业集团预算管理的难点。完善高效的信息网络可以解决管理跨度较大、地域广的问题，因此信息网络成为远程预算监控的主要技术方式。但是网络化的实时监控并不能完全替代人的行为本身。因为,通过报告制度所报告的内容、对过程监控所发现的都是已经"实现了的"数据。从内部控制与制度建设上,集团对子公司监控的手段不应只停留在技术层面,而必须从预算执行的行为过程入手,进行监控。目前有两种较为流行的控制方式:一是现金流监控;二是授权监控,控制被授权者。

(1)现金流监控

可以根据现金流监控对企业业务各环节、各部门进行约束。主要有以下措施:

①要求子公司建立"现金流量监控卡"和"费用监控卡"制度。为了加大对现金流量和费用的日常控制,合理监控现金流向和流量,可以实行"现金流量监控卡"和"费用监控卡"制度,即按经营活动的采购环节、付款环节、收款环节、费用开支和财务投融资业务确定现金流动中的主要监控环节和关键控制点,通过对现金流量实施监控,做到现金流到哪里就监控到哪里,决不走偏。在这个过程中要坚持现金流入量决定和控制现金流出量,严把资金流出关。

②母公司建立资金结算中心或现金管理中心,对所有成员企业的现金实行统一结算、统一管理。

③根据需要,母公司建立对所有控股子公司的"收支两条线"制度,现金收支预算才能对各企业现金收支发挥控制作用。如果各单位可以截留和坐支现金,企业编制的现金收支预算也就没有意义。

④要求子公司财务部门及时和生产、销售、采购、供应等部门保持实时的信息沟通,以保证子公司对各部门完成预算情况进行动态跟踪监控,不断调整偏差,确保预算目标的实现。

(2)授权监控

授权监控是指在某项财务活动发生之前,按照既定的程序对其正确性、合理性、合法性加以核准并确定是否让其发生所进行的监控。它是一种事前监控,能将一切不正确、不合理、不合法的经济行为制止在发生之前。授权管理的方法是通过授权通知书来明确授权事项和使用资金的限额。

授权分为预算内授权和预算外授权。不管属于预算内授权还是预算外授权,要重点强调的是被授权主体的行权责任。如果不强调被授权者的行权责任,授权管理也就没有意义。表 10-4 是对于预算内和预算外两种类型授权的描述。

表 10-4　　　　　　　　　　预算内授权与预算外授权的比较

	预算内授权	预算外授权
定义	企业内部较低层次的管理人员根据既定的预算、计划、制度等标准,在其权限范围内对正常的经济行为进行的授权	对非经常经济行为进行专门研究做出的授权
对象	正常的经济行为	某些例外的经济业务,一般没有既定的预算、计划等标准所依
举例	因公出差的问题,只需要出差人部门负责人按照工作计划和制度授权即可	授权购买一项重要设备、授权降价出售商品等
说明		企业中较少出现,且无章可依。因此,较低层次的管理人员是无法负责、无权处理的,需要高层次的管理人员,直至最高领导人专门研究,做出决定

本章小结

• 企业集团是现代企业的高级组织形式,是以一个或多个实力强大、具有投资中心功能的大型企业为核心,以若干个在资产、资本、技术上有密切联系的企业、单位为外围层,通过产权安排、人事控制、商务协作等纽带所形成的一个稳定的多层次经济组织。

• 一般来说,企业集团的组织结构分为四个层次,即核心层、紧密层、半紧密层、松散层。

• 在企业集团全面预算管理中主要存在三大问题,分别为全面预算管理与企业集团的战略如何相辅相成、预算管理组织与预算决策中的治理问题以及母公司对子公司的预算监控问题。

思考与练习

一、单项选择题

1. 企业集团组织结构的根本特征在于(　　)。

A. 多层次　　　　　　B. 单层次　　　　　　C. 无层次　　　　　　D. 单层与多层结合

2. 下面哪个不是企业集团的组织结构的层次(　　)。

A. 核心层　　　　　　B. 紧密层　　　　　　C. 松散层　　　　　　D. 边缘层

3. 母子关系不包括下面哪一种(　　)。

A. 法律关系　　　　　B. 管理关系　　　　　C. 产权关系　　　　　D. 平等关系

4. 下面哪一种方法不是支持预算目标确定的方法(　　)。

A. 持续改善法　　　　　　　　　　　B. 创新性持续改进法

C. 标杆法　　　　　　　　　　　　　D. 收益分析法

5. 我国企业集团预算编制的主要模式是(　　)。

A. 上下分离式　　　　B. 左右分离式　　　　C. 上下结合式　　　　D. 左右结合式

二、多项选择题

1. 以企业集团内企业的经营类型为标志分类,企业集团可分为(　　)。

A. 大型生产联合企业集团　　　　　　B. 大型综合经营联合企业集团

C. 金融信托投资企业集团　　　　　　D. 资本型企业集团

2. 从企业集团总部与其成员企业（母公司—子公司—孙公司）的管理体制与管理关系的角度看,可以将企业集团分为(　　)。

A. 战略规划型　　　　B. 财务控制型　　　　C. 产业型企业集团　　D. 战略控制型

3. 企业的战略有三个层次,分别为(　　)。

A. 财务战略　　　　　B. 公司级战略　　　　C. 经营战略　　　　　D. 职能战略

三、简答题

1. 企业集团的概念是什么？其主要构成要素是什么？

2. 企业集团的组织结构是什么？

3. 企业集团如何分类？每一类有什么特点？

4. 企业集团的积极作用与消极作用有哪些？

5. 简述不同企业集团管理模式以及母公司预算管理特征。

6. 简述集团总部与成员之间的母子关系。

7. 简述集团总部对下属子公司的管理控制底线。

8. 怎么看待预算管理不是企业集团管理的全部？

9. 企业集团全面预算管理有哪些难点？

10. 企业的战略层次是什么？

11. 简述企业战略对预算管理的指导作用。

12. 支持预算目标确定的三种方法是什么？

13. 简述上下结合式的预算编制程序。

14. 简述预算决策权限与公司治理规则。

15. 有哪几种方法来实现母公司对子公司的预算监控？

16. 简述现金流监控方法。

17. 简述预算内授权与预算外授权的区别。

第11章　全面预算管理信息化

![学习目标]

学习目标

通过本章的学习,学生应该能够:

- 了解全面预算管理信息化的必要性以及全面预算管理信息化的方式和发展现状;
- 了解全面预算管理信息系统的内容,建立全面预算管理信息系统时的注意事项以及全面预算管理信息系统项目实施的阶段、步骤与注意事项;
- 了解全面预算管理软件有哪些,能根据自身的需要选择适用的软件。

引导案例

全面预算是一种很好的内部控制手段,但是如何将全面预算管理由理论走向实践是一个值得研究的问题。随着计算机技术的发展与进步,全面预算管理也逐步由手工操作转向专业化、信息化。

全面预算管理的信息化给企业带来了良好的社会效益和经济效益,达到了预期的目标。经过比较,在2007年有八家企业应用全面预算管理软件并获得了巨大的成功。以深圳航空有限责任公司(简称深圳航空)作为例子。深圳航空于1992年11月成立,1993年9月开航,是一家由广东广控(集团)公司、中国国际航空公司、全程物流(深圳)有限公司、深圳鼎协实业有限公司、深圳众甫地有限责任公司5家企业共同投资经营的股份制航空运输企业,主要经营航空客、货运输业务。目前拥有24架B737系列飞机,总资产36.2亿元,员工1900多人,下辖2个分公司、5个子公司、30多个驻外营业部,经营国内航线80多条。

公司领导认为,低成本战略是竞争战略中最具有杀伤力的战略,要对低成本战略的内涵予以丰富,坚持核心理念,把成本优势转化为消费诱因与动因,才是实现目标的正确方向。为了达该目标,深圳航空找到了国内最大的ERP软件制造商用友公司。根据深圳航空的战略目标及经营管理的具体情况,用友公司采用NC全面预算系统的费用计划及财务计划,并结合应收、应付、报账中心、总账等系统对运营成本与费用进行全面计划与控制。用友公司NC预算管理解决方案为深圳航空走出中国特色的低成本航空发展道路奠定了坚实的基础。

从2001年开始,深圳航空开始实行全面预算管理,坚持以降低成本作为预算管理的总体指导思想,将一切经济业务纳入预算管理,做到事前有预测、事中有控制、事后有反馈考核。由于采用用友公司NC全面预算系统预算管理模块,对预算实行实时监控,把预算控制落实到各个部门的各项工作之中,对生产经营链条中每一环节进行财务成本控制,确定一个标准来核定预算指标,确保一切业务活动受控于预算。在全程管理方面公司通过 NC 全面预算系统的实施,配合 NC 全面预算系统财务的实施,完成了从预算编制到预算控制、到预算分析、到预算调整的一个完整流程。在流程透明方面 NC 全面预算系统不仅使得编制过程清晰透明,而且大大缩短了编制时间。在预算准确性方面,编制预算时,NC 全面预算系统可以参考查询到大量的相关数据,并提供多种预算编制方法相结合,通过预测和模拟,使得预算编制的准确性大大提高。在实时监控方面,预算系统与财务系统的集成应用,可实时按照部门及费用类别进行预警、控制,加大了控制的力度。在全面分析方面,工作人员可通过预算分析账表方便快捷地进行大量的分析工作,可随时获得实时费用的执行情况,使得预算分析工作真正对以后的工作产生指导作用。通过全方位的预算控制,将成本控制落实到公司生产经营的各个方面,最大限度地降低公司的成本水平,从而大大提高了公司的经济效益。

资料来源:百度文库

http://wenku.baidu.com/view/184c8e4bc850ad02de8041eb.html

深圳航空采用 NC 全面预算系统来使成本最小化,从而增加了竞争优势。那么全面预算管理信息化的必要性是什么? 全面预算管理信息化的方式和内容有哪些? 建立全面预算管理信息系统需要注意些什么? 全面预算管理信息化的步骤和阶段有哪些? 全面预算管理信息化的软件主要有哪些? 如何从众多的软件中选择自己需要的? 通过本章学习,这些问题将一一得到解答。

11.1 全面预算管理信息化的必要性

随着社会的进步,在进行全面预算管理时对数据的要求越来越精细,这就要求有更好的方式来进行全面预算管理。下面将从五个方面介绍全面预算管理信息化的必要性。

1. 数据之间存在非常强的逻辑性

预算数据之间常常一环扣一环,一个数据的变化会牵涉大量数据变化。比如销售收入数据的变动,可能会导致资金收支、现金流量、税金、存货、营业成本、应收账款、销售费用等各项预算数据的变动。

2. 数据加工量大

全面预算管理中涉及大量的数据。在预算编制过程中,从编制依据来看,历史数据、同行业数据、对未来预测数据是必不可少的;从编制分类看,分项预算、汇总预算等各种预算的种类较多;从编制的时间来看,数据从月、季度到年度;从编制的部门来看,数据涉及各个部门,其中各个环节的数量大、运算量也大。

3. 数据保存量大

预算管理过程中产生的各种数据包括在计算过程中产生的中间数据都需要一一保存下来,以便在调整、分析、研究时使用。

4. 数据传输和调整频繁

预算在编制、执行、调整、决算、考核等过程中,需要向上、向下传输大量的数据。在编制阶段大量的数据需要反复调整,因而数据存储量大。

5. 各项工作需要保留痕迹

预算过程中对有关数据的操作，如录入、审查、调整、审批、考核、奖惩等需要留下操作记录，一方面是企业内部控制的需要，另一方面是为了便于对管理工作进行跟踪和追溯。

11.2　全面预算管理信息化的方式

全面预算管理信息化的方式主要分为四种：手工方式，电子表格方式，财务、管理软件方式以及专业预算软件方式。

1. 手工方式

手工方式的优点在于简单易掌握。缺点在于编制周期长，耗费大量人力、物力与时间，使预算编制缩减，脱离企业实际经营状况，误导企业经营行为，易出现低级错误等。所以随着 IT 产业的发展，电子软件的应用越来越多。

2. 电子表格方式

电子表格方式的优点在于操作简单，功能强大，定义公式灵活，便于个人操作，价格低廉，拓展性强。缺点在于无权限管理，无流程管理，与实际发生数不便于衔接，不便于实时控制，数据共享性差，无法进行预算跟踪，安全性不高，协调性不强。

3. 财务、管理软件方式

财务、管理软件方式的优点在于可多人操作，有权限控制，可用于财务预算编制、控制和简单分析，有较强的预算分析及灵活计划能力，自动化能力提高。缺点在于价格相对较高，难以进行业务预算的编制与控制。

4. 专业预算软件方式

专业预算软件方式的优点在于功能丰富，高度灵活，支持预算过程控制，支持复杂运算过程，可以远程操作和离线操作，支持复杂的业务逻辑运算，支持各层级预算责任单位的权限管理。缺点在于实施工作量大，价格较高，实施成本大。

由于全面预算数据庞大、运算量大，手工方式已经不能满足企业的要求，所以，至今为止，手工方式已经很少运用，一般采用其他三种全面预算管理信息化的方式。

11.3　全面预算管理信息化的发展现状

预算管理在企业管理活动中的地位愈发重要，对于预算管理信息化的要求也伴随着信息技术尤其是数据库技术的发展而提高，从最初的基于文档、电子表格等文件型数据库发展到基于关系型数据库和专业型应用管理软件，全面预算管理的应用发生了革命性的变化，信息化水平的提升同时也帮助企业处理更为复杂的预算编制及满足业务分析等专业需求。从全面预算管理信息化的发展进程来看，基本可以分为三个应用阶段：

第一阶段是使用电子表格进行预算管理。Excel 在最初的应用过程中体现出成本低、简单易用等优点，但其并非是一个有效的预算管理平台，无法满足企业对于预算业务进行深化管理的需要。

第二阶段是 ERP（Enterprise Resource Planning）等管理软件的应用阶段。ERP 将预算管理纳入到功能模块的组成部分中，使得预算的处理效率和效果在 Excel 的基础上得到了进一步提升，从而使企业整体的资源配置和管理得到优化处理。然而，随着企业对于管理精细化的要求日益提高以及数据库技术和网络技术的进一步发展，预算管理功能的简单化使这些 ERP 软件已经不能满足预算管理水平日益提升的需要。

第三阶段是 Hyperion 等专业预算管理软件的应用阶段。其伴随着数据库技术水平的进一步提升，多维数据库的出现使预算管理升华到更高的层次。通过专业预算管理软件的应用，不仅使企业能更好地实现预算管理方案的落地，也进一步满足企业对于内部各种分散的财务核算、业务运营及预算管理信息进行整合分析的需要。

11.4　建立全面预算管理信息系统

11.4.1　全面预算管理信息系统的内容

一般来说，全面预算管理信息系统包含预算目标管理、预算组织管理、预算编制与工作流管理、预算执行控制与调整管理、预算报告与分析管理五个部分。这五个部分的有机结合将有效保障全面预算管理体系的顺利运行。

1. 预算目标管理

在预算目标分解的过程中，需要将企业总体的经营战略量化为总体预算目标，从而保证预算目标与经营战略相适应。通过在预算系统中合理构建预算目标分解模型，将企业总体预算目标层层分解至各级预算责任单位，进而使企业战略与预算管理之间的联系更为紧密，也进一步强化了各级预算责任单位的目标导向。

2. 预算组织管理

预算组织体系作为预算管理机制运行的基础环境，在其建设深度方面必须与企业预算管理的精细化程度相适应，并且需要对网络中各预算责任单位进行适当定位和权责划分。通过在预算系统中合理地设置各级预算责任单位，并设定其权限与职能定位，从而保障预算循环的有效运行。

3. 预算编制与工作流管理

在预算业务循环中，预算编制是重中之重。其中，不仅要考虑业务模型的系统化实现，还需要考虑预算编报及审批过程中的工作流管理。

从预算编制的角度而言，其业务逻辑模型在预算系统中实现的过程，要充分考虑通用化的特点。如因企业经营活动的变化使预算责任单元的经营模式和管理特点产生连锁反应时，调整这部分变化所带来的工作应不是多次进行，而是针对共性的预算业务模型调整后，可以被具有此共性的多个预算责任单元进行共享。

另外，从工作流管理的角度来看，利益相关者对于企业内控管理水平的要求日趋提高，使用户在进行预算管理的过程中，需要在编制和审批的环节保留其操作痕迹，从而能符合内部控制法规如 404 条款等对于预算系统的严格要求。

4. 预算执行控制与调整管理

在对预算数据下达执行的过程中，通过与财务核算系统间数据接口的设计，将实际业务所对应的预算控制数据引入到财务核算系统中,从而对实际业务的执行过程进行预算的事中控制。在控制过程中,对于超出原定预算的金额需要以企业预算制度的相关规定为前提,依据一定的预算追加审批流程,在预算系统中进行必要的预算调整处理。

5. 预算报告与分析管理

在完成预算数据下达执行后,可通过企业内部各管理信息系统间数据接口,将财务及业务当期实际发生数据引入到预算系统中,从而对预算数据及其实际执行结果进行对比分析,并在此基础上形成预算管理报告。进而使预算体系中各层级用户通过直观的预算报表或图形分析界面有效洞察企业经营活动中的各种异常趋势。

11.4.2　建立全面预算管理信息系统需要注意的事项

在建立全面预算管理信息系统时,需要注意以下四点。

1. 兼顾方案的完备性与前瞻性

方案的设计是出于对企业现有业务及预算管理体系的全盘考虑及分析。与此同时,也需要对未来业务经营发展的趋势进行重点关注和分析。通过对可预见的未来预算管理要求与业务管理潜在变化的分析,在现有基础上加以优化,避免此后通过调整所引起的维护工作的不便与使用上的不经济。一方面保证预算管理系统充分的可扩展性,另一方面也使预算管理与业务运营之间建立更为紧密的联动关系。

2. 兼顾集成性与可兼容性

企业的内部管理信息化会涉及财务核算、业务运营、人力资源管理等多个信息系统,而预算业务的范围则触及企业经营的各个角落,由此带来的问题是预算信息系统与其他各类信息系统间需要进行数据共享。因此,在进行数据整合时应需要更多地兼顾和考虑采用相同的管理要素与管理口径,使各信息系统所对应的业务口径保持一致性、兼容性、可比性,从而保证预算系统与企业内部各信息系统间管理信息的整合效率。

3. 兼顾管理精细化与使用便利性

企业在进行预算管理过程中应考虑两方面的问题:一方面,需要明确企业对于预算管理体系中所涉及的各个维度、视角管理口径的细化程度,保证管理精细化的需要;另一方面,需要同时兼顾预算管理人员(系统中用户)在预算信息系统中操作方面的简单、便利性。由此,在系统流程设计与权限的控制上应做到适当选择,从而平衡系统安全、流程可控要求与权限分配的复杂性、预算工作量、预算编制人员实际分布情况之间的关系。

4. 兼顾标准化与统一性

从标准化的角度考虑,预算管理体系中的基本单元如预算维度、维度成员、业务逻辑公式、预算表单、预算报表、预算分析图表等在设置过程中应采用统一的命名规则。统一性则是对不同层级预算责任单位在相同类型数据的定义上采用统一的预算管理口径,如定制统一的预算填报表单。通过标准化与统一性的建立,使企业在构建全面预算管理信息系统的过程中得以兼顾效率与效果,从而有效地保障预算管理方案的落实。

11.4.3　全面预算管理信息系统项目实施阶段与步骤

全面预算管理信息系统项目实施一般可以分为五个阶段,即项目准备阶段、需求调研以及设计阶段、系统实施和测试阶段、系统培训阶段、系统上线和后续维护阶段。

1. 项目准备阶段

(1)基础梳理与调研

在实施信息系统之前,需要对公司的全面预算管理工作进行全面的梳理和调研,以把握系统实施的总体框架和核心需求。

(2)宣传和基础培训

全面预算管理的特殊性决定了全面预算管理信息系统的实施绝不仅仅是公司财务部门和信息化管理部门的任务,应该是一个实施之后对全员都具有约束力的系统,是一个全员都有可能使用到的系统。对未来系统的用户需要进行有针对性的、系统的基础培训,并在公司内进行广泛的宣传,让参与全面预算管理的人员了解该项目,并使各层面用户能够更好地结合系统特点,在之后的项目需求调研和设计过程中全面、准确地反映自己的业务与系统需求。

(3)制订项目计划

软件商、咨询公司、企业需要共同制订出项目的实施计划,该实施计划应该对实施阶段的任务范围做出明确的规定,并标识出里程碑的任务,明确各项任务的实施步骤、资源保证和完成时间。

(4)成立项目实施小组

选择合适的项目实施小组对项目的成败很重要。一个良好的团队至少应该包括企业内部人员和软件供应商,有条件的最好聘请专业的系统实施服务公司、咨询公司等加入。

2. 需求调研以及系统优化与设计阶段

(1)需求调研

在第一阶段总体框架与需求的把握基础上,进一步收集与整理公司各层面对系统的细化要求,包括员工结合自身实际工作提出对现行系统的看法、对未来系统的期望与要求,从中概括出系统最关键的需求。

(2)系统优化与设计

根据系统需求以及企业现状,梳理并优化企业预算管理的组织结构、层次和岗位职责,理顺并优化预算管理权限与流程、设计并优化预算表格体系,并在此基础上设计出预算管理系统与财务系统以及其他管理信息系统的接口方案。

3. 系统实施和测试阶段

(1)系统实施

根据项目需求与设计方案调整信息系统并实施,根据公司实际情况与需求进行系统初始化设置,建立预算模型与预算报表,完成与财务系统、其他管理信息系统的数据接口。

(2)系统测试

为了保证系统能够成功实施和运用,在正式运行前,必须经过全面的测试。测试的方式有多种,可以考虑将公司上一年预算数据输入系统进行系统而全面的验证和测试,并将实际执行数据导入系统进行对比分析,改进系统。

4. 系统培训阶段

测试结束后,对管理员用户和全部最终用户要进行系统操作培训,并针对培训中用户的反馈意见与项目组讨论结果进行相关修改。教材一般可以采用软件商提供的《系统管理员手册》和《最终用户操作手册》。

5. 系统上线和后续维护阶段

（1）上线运行

经过全面的测试、培训,解决发现的问题后,就可以运行系统,全面上线。

（2）后续维护

即使经过了全面的测试,也无法保证系统上线后正式运行时不会出现任何问题,因为实际的业务情况时时刻刻都在发生变化,而测试终究无法代替最终实际的业务。所以,系统上线运行后的一段时间内必须有实施顾问的支持,以保证及时解决运行中发现的问题。在项目正常运行后仍然应该关注后续调整、优化与维护。

11.4.4　全面预算管理信息系统项目实施注意事项

1. 领导与员工共同参与

预算管理信息化工程投入大、涉及面广,需要企业多部门合作,高层领导的重视是项目成功实施的前提与保障。项目实施过程中,项目组成员很关键。选合适的人,做合适的事,是组建全面预算管理信息系统项目实施小组应该遵循的基本原则。在确定小组的成员时,来自企业内部的成员必须有项目管理的经验,而且得到一定授权,且具有一定权威,可以迅速制定行动决策。企业内部要注意所挑选的人员能够相对稳定,具有一定的计算机功底,对全面预算管理软件、其他管理软件有一定认识,能够全程参与到项目的整个实施过程中;在挑选外部顾问时需要根据企业预算管理项目的复杂程度,本着成本效益原则选择相当水平的顾问;同时要考虑外部和内部人员之间的协调配合度问题。

项目运行以后,员工积极参与,熟练掌握并严格按照规程操作,是充分发挥协调功能的关键。

2. 广培训,勤交流

预算信息系统会带来操作方式甚至管理理念的变革,培训就显得尤为重要,什么时间培训什么人以及培训什么内容,对项目实施过程的促进作用有很大区别。培训内容至少包括两点:一是项目实施初期的理念培训,可以让项目小组的所有成员大概了解项目的有关情况,对项目有一个整体以及轮廓性的认识,同时提供项目管理有关知识的培训,以促进日后项目实施过程中的项目管理;二是项目上线之前提供操作性、细节化的培训,直接针对操作手册进行培训。

除了定期的培训外,项目全过程中的交流也非常关键,可以说,要想项目迅速又有效地完成,怎么强调高级管理人员、项目小组、咨询顾问和最终用户之间的沟通都不过分。无论是项目实施前、过程中还是之后,都应该加强各个层面的交流,及时进行沟通,并将相关内容传达给受系统影响的人群。

3. 设计适应需求

全面预算管理信息系统项目实施的实质是满足企业对全面预算管理的要求,即企业对系统提出的需求。对于实施小组而言,充分了解企业提出的需求是实施小组不偏离方向、保证实施效果的根本保证。对于企业提出的需求,要能够分清楚哪些是核心需求,哪些是重要的业务需求,哪些只是一些华而不实的特性。要将核心需求作为项目实施时最重要的部分,其他需求可以根据预算和预测的周期长短在未来予以实施。

需求与设计应该切合企业实际和管理需求,不能一味地追求技术上的先进性,一方面成本高,另一方面难以实行。如果企业业务流程复杂,预算信息化工程庞大,也可以根据企业实际分步来实施;同步实施的项目中,也应根据业务特点与管理需要,突出重点,通过以点带面、以局部带动整体的方式推动整个系统的发展。

4. 信息共享

全面预算管理信息系统应该是可以单独运行的系统,但是绝不是孤立的系统,作为管理信息系统的重要组成部分,该系统应和企业财务信息系统、其他管理信息系统予以集成,以期为企业带来更方便、快捷、多维的信息,实现信息共享,因此,全面预算管理信息系统项目设计与实施时应做好与其他财务、管理信息系统的接口,杜绝同一信息用户从不同的系统重复录入,确保信息与资源的集成与共享,同时实现预算的事前控制、实时监控。

11.5 全面预算管理软件介绍及选择

11.5.1 全面预算管理软件介绍

目前市面上有很多全面预算管理软件。国际上比较先进的预算软件有 Oracle 公司的 Planning 与 SAP 公司的 BPC 软件等,它们具有业务模块间接口实现难度较低、数据兼容性及整合效果好等优点;国内有金蝶、用友等公司开发的小型预算软件,其购置成本低,国内市场上的主流全面预算管理软件厂商及其产品主要有易磐科技(易磐 EP)、富策(Future Planning)、博科(BOKE Navigator)、海波龙(Hyperion Enterprise)。

1. 易磐 EP 全面预算管理软件

易磐 EP 全面预算管理软件分为预算编制、预算控制、预算执行/分析、绩效管理四大模块(见表 11-1),是唯一一套国内自主开发、满足本土企业预算管理需求的预算管理平台,具有易用、灵活、扩展的特点。

表 11-1　　　　　　　　　　易磐 EP 全面预算管理软件

模块	适用对象	说明
预算编制	编报者(编制、审批、汇总)	最终用户进行预算指标的下达、分解、上报、审批、汇总、发布,预算编制用户在此模块操作
预算控制(网上报销)	申请者、审批者、财务管理者	根据预算进行事前控制和预警,申请用户、审批用户、财务人员在此模块操作
预算执行/分析	归口管理者、部门管理者、查询用户、高层领导、高级分析用户	执行报表查询、图形化分析展现;当 EP ETL 将执行数据从业务系统提取出来后,系统在执行模块自动展现预算执行情况,在分析模块进行图形化展示、趋势分析、旋转、钻取等高级分析内容
绩效管理	绩效管理	根据既定的绩效方案提供动态的绩效评价结果

2. 富策全面预算管控平台

富策全面预算管控平台(Future Planning)是首家以全面预算管控为落脚点的全面预

算管理平台,具有战略分解、预算模拟、预算管控、预算分析、绩效考核等功能模块,全面覆盖预算管控的各个环节。它功能全面、适用于各种行业和场景。

富策全面预算管控平台具有数据整合等高级功能,可以有效解决企业信息化过程中形成的信息孤岛问题。

3. 博科

博科(BOKE Navigator)有以下优点:

①支持从预算目标下达到预算编制到预算执行与控制到预算分析到企业绩效评价的完整战略管理流程;②支持多级预算主体的应用,支持独立核算单位的各个部门的多极预算编制流程,也支持多个独立核算单位的集团企业的多级预算编制流程;③支持自上而下、自下而上以及上下结合的 N 上 N 下的编制流程;④支持全面的预算体系,包括业务预算、财务预算、资本预算等内容;⑤支持集中应用与分布应用;⑥支持区分内部关联交易,支持内部交易的抵消和预算合并;⑦支持多版本、多周期的预算编制,支持按年、季度、月、旬编制预算;⑧支持多种预算编制方法:零基预算、滚动预算、弹性预算等;⑨支持与 Excel 的集成,具有最高的易用性;⑩提供专业的数据抽取工具,在不影响已有系统的前提下,快速集成应用,实现预算控制;⑪提供专业的 BI 工具,支持数据的钻取与挖掘,随时以多种展示方式(图、表)实时进行预算数与实际数的差异分析;⑫B/S 技术架构,易部署维护。

4. 海波龙

海波龙(Hyperion Enterprise)内容包括预算流程,即 Hyperion Pillar,它可以提高由下而上和由上而下的预算编制工作的可靠性、效率和速度,从而精简复杂的、分散的预算编制、计划和预测流程。Hyperion Pillar 鼓励部门管理人员参与预算编制工作,允许企业通过迅速的预算调整和财务报告适应不断变化的市场形势。因此,管理人员可以摆脱烦琐的机械性预算处理,将精力集中于增值的报告和分析环节。用户无需进行任何编程工作,就可以在整个企业中部署 Hyperion Pillar,因而它只需要最低限度的 IT 支持。因为它可以实现分布式的、分散化的决策和规划,从而能够适应管理人员在预算编制流程中往往分散在不同地点的实际情况。通过对多种细节的内置支持,用户可以提交准确反映他们经营情况的预算,因而经营管理人员将承担更多的责任,并且将进一步参与这个流程。

11.5.2　全面预算管理软件选择

1. 从软件本身出发

从软件本身出发,需要考虑三方面因素,即刚性精细化能力、柔性调整能力以及终极目的在于效力企业管理。

(1)刚性精细化能力

刚性精细化管理是企业以物为本的管理,管理者依靠严明的组织结构、严密的规章制度和赏罚分明的激励措施进行以生产为导向的管理。对选择全面预算管理软件来说,刚性是维护预算制度权威性和有效执行力的重要保障。因此,全面预算管理软件的刚性精细化能力是全面预算管理进入良性循环的必要条件。

首先,全面预算管理软件应涉及企业全面的业务逻辑,即涉及销售、生产、采购、财务、费用分摊、成本计算;能够针对不同行业性质、不同业务特点、不同经营理念和管理模式、不同组织架构建立复杂的业务、财务模型。

其次,信息系统应有完善的权限管理功能,能够设定数据权限(单元格级别),以保证数据安全。因为全面预算要求各业务单元广泛参与,各单元因业务分工不同,能各自处理相应数据。

再次,信息系统应支持多维数据分析,能够从不同角度了解预算执行情况,洞察差异产生的原因。同时,系统还应提供数据接口工具,能够从不同业务系统中抽取数据,便于快速做出预算调整。

最后,全面预算管理软件应易操作,易于快速录入,易于快速修改,减少公式,提供业务预测功能。

(2)柔性调整能力

企业的全面预算,究其实质是在详细而缜密的调查分析基础上,对企业资源的一种科学的规划。这种规划更多地建立在事前分析的基础上,因此是否具有较强的动态调整适应能力显得尤为重要。企业在选择全面预算管理软件时应理性对待,从多方面注重其柔性调整能力。

①将刚性财务指标与柔性财务指标相结合,帮助企业进行战略思考,制定和实施战略,变革和再造企业流程。

②柔性和自适应调整能力。一方面,应突出预算编制方法的多样性,针对企业不定经济活动单元,结合其特点和需要,采用弹性预算、零基预算、滚动预算、概率预算等方法,最大限度地挖掘各业务单元的工作效率。另一方面,除量化财务指标外,还应兼顾财务指标的制定和改进,根据企业实际赋予相应权重值。

(3)终极目的在于效力企业管理

全面预算管理是一套系统的、精细的管理方法,是一种全方位、全过程和全员的整合性管理系统,具有全面控制和约束力。它通过责任中心的划分、目标任务的分解、分阶段资金收支和财务状况的预测等手段,合理分配单位的人、财、物等资源,并与相应的绩效管理配合,来协助单位实现既定的工作目标的同时,达到控制费用支出、提高资金使用效益的目的。

全面预算管理软件更多是一个平台,而全面预算是一个标准的管理体系,更是一种成熟的管理理念。通过信息化为管理创造效益,实现为企业战略目标服务,建立现代企业制度,增强核心竞争力。全面预算工作量大,没有类似的相应的软件支撑是不可想象的。企业在开展信息化建设的同时,应开发相应的全面预算管理软件,这样才能有效保证企业预算编制、控制、分析、调整、考核、评价的实时性和有效性,为企业管理信息化效力。

2. 从使用者出发

从使用者出发,主要考虑适用性与渐进性。

(1)适用性

企业根据自身情况具体分析,选择合适的预算管理工具,不能盲目地照搬照抄别人的做法或者一步登天,不能选用价格高、非常复杂而一时又不适用的高层次工具。

（2）渐进性

企业在实施预算管理初期，预算准确性有一定的差距，预算管理经验积累也不够，在这样的情况下如果匆忙上一套专业的预算管理软件，不一定能使预算管理系统运行好，还可能使各个责任单位对预算管理的有效性产生怀疑，结果可能会适得其反。因此建议企业在实施全面预算管理初期最好采用电子表格进行数据处理，这主要基于以下几方面原因：一是成本低，电子表格是常用的办公软件，企业不需要在编制预算时再支付软件使用费；二是操作简单，普通人员均会操作电子表格，用其处理预算数据时，无须对人员进行特别培训，只要财务人员将拟好的电子表格发给相关人员就可以直接进行操作；三是容易修改，在执行中或者连续编制第二年报表时，对以往的表格进行一定程度的修改也比较容易，与修改软件或者编制软件接口相比容易得多。

企业选用电子表格作为预算管理工具时，对于其中需要进行计算的数据应尽量设置公式进行自动计算；对于需要传输的数据应该尽量采用链接的方式进行，防止数据输入错误，并减少重复劳动。当然企业在设计电子预算表格时工作量很大，需要设计人员耐心、细致而专业的操作，实际完成后还应加载部分数据进行试算，以检查公式和链接设置是否正确。一旦企业将电子表格中的公式和链接设置成功后，将会大大减少其他工作人员编制、审核、下达、执行、分析、调整、考核以及奖惩的工作量，并且使工作效率大大提高。

当企业的预算管理经过1~3年的积累后，历史数据较全，相关人员对预算管理的流程和方法也比较熟悉，企业也具备一定的财力时，可以考虑用专门的预算管理软件代替电子表格，因为电子表格毕竟有其局限性，在处理大型数据方面还是不如专门的预算管理软件。

本章小结

• 全面预算管理信息化的必要性体现在数据之间存在非常强的逻辑性、数据加工量大、数据保存量大、数据传输和调整频繁以及各项工作需要保留痕迹这几方面。

• 全面预算管理信息化的方式主要分为四种：手工方式，电子表格方式，财务、管理软件方式以及专业的预算软件方式。

• 从全面预算管理信息化的发展进程来看，可以分为三个应用阶段：第一阶段是使用电子表格进行预算管理；第二阶段是ERP(Enterprise Resource Planning)等管理软件的应用阶段；第三阶段是Hyperion等专业预算管理软件的应用阶段。

• 全面预算管理信息系统包含预算目标管理、预算组织管理、预算编制与工作流管理、预算执行控制与调整管理、预算报告与分析管理五个部分。这五个部分的有机结合将有效保障全面预算管理体系的顺利运行。

• 在建立全面预算管理信息系统时，需要注意以下四点：兼顾方案的完备性与前瞻性、兼顾集成性与可兼容性、兼顾管理精细化与使用便利性、兼顾标准化与统一性。

• 全面预算管理信息系统项目实施阶段一般可以分为五个阶段，即项目准备阶段、需求调研以及设计阶段、系统实施和测试阶段、系统培训阶段、系统上线和后续维护阶段。全面预算管理信息系统项目实施时要注意：领导与员工共同参与；广培训，勤交流；设计适应需求；信息共享。

思考与练习

一、单项选择题

1.下面哪一种不是全面预算管理信息化的主要方式(　　)。

A.财务、管理软件方式　　　　　　　　B.专业预算软件方式

C.电子表格方式　　　　　　　　　　　D.算盘方式

2.(　　)的缺点有编制周期长,耗费大量人力、物力与时间,使预算编制缩减,脱离企业实际经营状况,误导企业经营行为,易出现低级错误。

A.专业预算软件方式　　　　　　　　　B.电子表格方式

C.财务、管理软件方式　　　　　　　　D.手工方式

3.(　　)的优点在于操作简单,功能强大,定义公式灵活,便于个人操作,价格低廉,拓展性强。

A.专业预算软件方式　　　　　　　　　B.电子表格方式

C.财务、管理软件方式　　　　　　　　D.手工方式

4.(　　)的缺点在于价格相对较高,难以进行业务预算的编制与控制。

A.专业预算软件方式　　　　　　　　　B.电子表格方式

C.财务、管理软件方式　　　　　　　　D.手工方式

5.(　　)的优点在于功能丰富,高度灵活,支持预算过程控制,支持复杂运算过程,可以远程操作和离线操作,支持复杂的业务逻辑运算,支持各层级预算责任单位的权限管理。

A.专业预算软件方式　　　　　　　　　B.电子表格方式

C.财务、管理软件方式　　　　　　　　D.手工方式

6.(　　)将预算管理纳入到功能模块的组成部分中,使得预算的处理效率和效果在Excel的基础上得到了进一步提升,从而使企业整体的资源配置和管理得到优化处理。

A.电子表格　　　　B.手工　　　　C.ERP　　　　D.Hyperion

7.在(　　)分解过程中,需要将企业总体的经营战略量化为总体预算目标,从而保证预算目标与经营战略相适应。

A.预算目标　　　B.预算组织　　　C.预算执行控制　　　D.预算编制

8.在预算业务循环中,(　　)是重中之重。

A.预算目标　　　B.预算组织　　　C.预算执行控制　　　D.预算编制

9.(　　)是唯一一套国内自主开发、满足本土企业预算管理需求的预算管理平台,具备"易用、灵活、扩展"的特点。

A.易磐 EP 全面预算管理软件　　　　　B.博科

C.富策全面预算管控平台　　　　　　　D.海波龙

10.(　　)是企业以物为本的管理,管理者依靠严明的组织结构、严密的规章制度和赏罚分明的激励进行以生产为导向的管理。

A.柔性调整能力　　　　　　　　C.终极目的在于效力企业管理

B.刚性精细化能力　　　　　　　D.适用性

11.企业的预算管理经过(　　)年的积累后,历史数据较全,相关人员对预算管理的流程和方法也比较熟悉,企业也具备一定的财力时,可以考虑用专门的预算管理软件。

A.2～5　　　　　　　B.2～7　　　　　　　C.1～3　　　　　　　D.1～5

二、简答题

1.简述全面预算管理信息化的必要性。

2.简述全面预算管理信息化的方式,并且说明每种方式的优缺点有哪些。

3.简述选择全面预算管理信息化软件要考虑的事项。从软件本身出发要注意什么?从使用者出发又要注意什么?

第12章 全面预算管理案例

如前所述,企业实施的全面预算管理体系不是一蹴而就的,而是在管理实践中随着公司战略变化,本着价值提升的理念,在不断地研究新问题、解决新问题的过程中,逐步完善提高的。不同行业、不同企业甚至同一企业的不同发展阶段,全面预算管理的内容和管理重点都会有所不同。编者分别从规模和行业角度选择了具有代表性的企业案例,就重点预算的解决方案进行简单说明。

案例1 大型集团企业全面预算管理案例

——兖矿集团全面预算管理研究

一、兖矿集团有限公司简介

兖矿集团有限公司的前身是兖州矿务局,于 20 世纪 60 年代开发建设,1976 年 7 月建局,1996 年 3 月整体改制为国有独资公司,更名为"兖州矿业(集团)有限责任公司"。1998 年,兖州矿业(集团)有限责任公司作为独家发起人,以煤炭优良资产组建兖州煤业股份有限公司,在纽约、香港、上海三地上市。1999 年 5 月,组建了以兖矿集团有限公司为母公司的兖矿集团。2002 年,兖矿集团进行组织结构调整,将下属单位重组整合为煤业、实业、物业、煤化、电铝五个专业公司,初步形成专业化、层次化的企业组织体制。为了适应开发外部煤炭资源需要,还成立了贵州、山西等区域能化公司,基本形成了跨区域开发的组织框架。经过多年发展建设,兖矿已成为一个以煤炭为主业、多元化经营的大型企业集团。

二、兖矿集团全面预算管理实施背景

2002 年 4 月 10 日财政部印发《关于企业实行财务预算管理的指导意见》后,许多企业相继推行了全面预算管理这一现代管理方法和运行机制,并取得了巨大的经济效益,但在煤炭系统还没有企业真正实施全面预算管理,为此,集团公司决定开始根据兖矿集团生产经营特点,研究和发展适合集团的全面预算管理理论、方法和运行机制,实现理论和方法体系的创新,同时着重在集团内迅速推广和实施,利用全面预算管理这一现代管理方法和机制,推进现代企业制度的建设,完善公司治理结构,强化内部控制和提高管理效率,实现企业集团各种资源的整合和优化,保障企业战略目标和战略措施的贯彻和实施,全面提高企业的竞争能力和经济效益。

三、兖矿集团全面预算管理的指导框架

(一)全面预算管理的指导思想

兖矿集团推行全面预算管理工作,以财政部《关于企业实行财务预算管理的指导意见》为依据,以兖矿集团战略发展规划为基础,以市场适应性为导向,以经济效益为中心,迅速行动,稳步推进,通过建立科学的全面预算管理模式,强化内部控制,防范风险,促进企业管理水平和经济效益的提高。

(二)全面预算管理的框架

1.建立兖矿集团全面预算管理模式

兖矿集团全面预算管理体系包括科学的全面预算管理方法体系,与企业发展战略相配合的战略保障体系,与公司治理结构相适应的权力分层体系,与整合企业实物流、资金流、信息流和人力资源流要求一致的经营指标体系(价值指标为主体),与日常经营管理过程相渗透的行为规范与标准体系,与期终总结相关的业绩评价与奖惩体系六部分内容。构成六大体系。这六大体系互为并列、相互联系,涵盖了全面预算管理的各个方面,从多角度、多层面对全面预算管理的实施进行了全过程、全方位的诠释,共同支撑全面预算管理的推行和实施。六大体系结构见图 12-1。

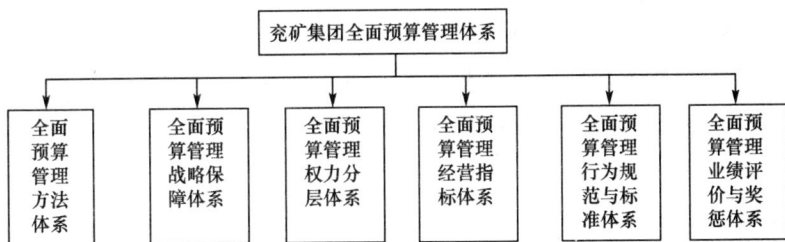

图 12-1　兖矿集团全面预算管理体系

2.树立预算控制目标体系

正确的预算控制目标应体现以下特性:

(1)目标的导向性

要以资本增值和经济效益为导向,充分反映企业的战略,有利于企业可持续发展和增强企业核心竞争力。

(2)目标的可操作性

预算目标并不等同于战略,它只是战略的体现。因此还必须选择既反映企业的战略又在实际中可操作的预算指标,从而反映企业的预算目标。

(3)目标的层次性

兖矿集团管理层次可以分为公司总部、专业公司和基层经营单位三个层次。这三个层次在管理控制系统承担的职责和工作是不同的,因此预算目标也应该与管理层次相适应,这样才有利于企业各管理层次发挥作用。

3.全面预算管理的制度建设

兖矿集团开始着手建立一套完整、高效、及时的预算管理制度体系,主要包括:预算编制基本规程、实施细则、编制办法、业绩考评制度、预算调整制度、内部协调制度等。在全面预算管理推行过程中,制定全面预算管理的行动纲领、管理办法及其他配套文件,明确预算编制的基本要求、编制原则、框架内容和主要编制方法,设计出有关的预算管理表格,各预算责任单位要制定具体的预算管理实施细则。

4. 设计全面预算管理的组织机构

全面预算管理的组织机构建设是实施全面预算管理的先决条件和重要环节,全面预算管理的组织机构建设依据集团公司法人治理结构、管理体制、运行机制和经营管理活动特点,有针对性地对全面预算管理的各项权力、职能、责任和利益进行细分、授权和监督。

根据现行的权力分层体制,兖矿集团明确了集团公司、专业公司、基层矿处三个全面预算管理层面。集团公司成立预算管理委员会,作为全面预算管理的最高决策机构,根据战略规划确定集团公司年度预算目标,审批各专业公司年度预算方案及其需董事局审批的调整方案,审批各专业公司预算执行奖惩方案。委员会主任委员由公司董事局主席兼任。同时成立了全面预算管理办公室,负责全面预算管理的方案制定、推进指导、信息收集反馈及日常事务处理。集团公司相关部室为预算管理职能部门,负责本部门分管业务预算编制、执行、分析和控制等工作。

5. 确定适合兖矿集团的全面预算编制方法

根据全面预算的基本编制方法以及兖矿集团生产经营特点和编制对象,合理选择或发展适合兖矿集团的全面预算编制方法。

6. 制定全面预算管理的行为规范和工作流程

根据国家有关规定和预算编制的内在要求,确定兖矿集团总体预算及部门预算的编制、审批、调整等工作的基本步骤与时间安排,对预算编制审批、下达执行、监督控制、追加调整、考核评价等工作的业务流程及负责部门进行总体设计。

四、兖矿集团全面预算管理的核心体系

(一)全面预算管理方法体系

全面预算管理方法体系从预测、编制、指标体系构建及考评等多方面对全面预算管理中各个步骤可能会涉及的运用方法进行归纳总结。

1. 预算预测方法

用于预测未来发展的方法有很多种,基于各种方法的使用难易程度及对全面预算管理本身的考虑,可以采用概率预测法和回归分析法来为全面预算管理的预算预测服务。

概率预测法是利用概率理论的基本原理,将预算期内各项预算内容中的各种数值(无论是变动性还是固定性数值)出现的可能性事件分别做出概率估计,然后进行概率综合来求出相应概率预算值的预算编制方法。回归分析法是在掌握大量观察数据的基础上,利用数理统计方法建立因变量与自变量之间的回归关系函数表达式。

2. 预算编制方法

预算编制是企业实施预算管理的起点,也是预算管理的关键环节。企业采用什么方法编制预算,对预算目标的实现有着至关重要的影响,从而直接影响到预算管理的效果。全面预算的编制方法多种多样,比如,根据预算编制所赖以依据的业务量是否可变,有固定预算和弹性预算;根据预算编制的时期,有定期预算和滚动预算;根据预算编制的基

础,有增(减)量预算和零基预算等。

3. 预算指标体系构建方法

在进行全面预算管理时,要对预算单位的各种指标进行预算、分析、考核、评价,各种指标之间并不孤立的,而是具有相互关联关系的。因此,在进行预算指标体系构建中,采用系统论理理论作为指标构建方法的理论基础。系统论的核心思想是从整体出发,研究系统与系统、系统与组成部分以及系统与环境之间的普遍联系。

4. 预算考评方法

预算指标体系是由众多指标构成的,各指标具有相互关联性,它们的作用不同,重要程度也有差别,在对其进行分析考核时不能一概而论。根据指标的重要程度,可以运用层次分析法,将它们划分为不同层级分别分析考核。层次分析法是一种对较为模糊或较为复杂的决策问题使用定性与定量分析相结合的手段做出决策的简易方法。特别是将决策者的经验判断给予量化,它将人们的思维过程层次化,逐层比较相关因素,逐层检验比较结果的合理性,由此提供较有说服力的依据。

(二)全面预算管理战略保障体系

1. 兖矿集团战略规划总体思路

兖矿集团新时期发展的总体思路是:立足济宁,依托山东,做强煤炭主业,大力发展煤化、电铝接续产业;发挥比较优势,走出去开发外部资源,进一步拓宽发展空间;解放思想,更新观念,创新机制,凝心聚力,建设主业突出、核心竞争力强和具有国际化水平的大型企业集团。

2. 兖矿集团战略规划目标

通过5年的努力,到2010年建立起主业突出、核心竞争力强、具有国际化水平的大型企业集团。集团公司销售收入和利税总额在2003年的基础上翻两番,实现年人均可支配收入5万元以上,构建起循环经济体系,矿区经济、社会、环境和谐发展,实现"1426313"的战略目标:1——煤炭生产经营规模1亿吨;4——甲醇400万吨;2——焦炭200万吨、煤制油200万吨、化肥200万吨、铝锭20万吨;6——总投资600亿元、销售收入600亿元、醋酸60万吨、烯烃60万吨;3——发电300亿度、醋酸乙烯30万吨、聚丙烯30万吨、可纺沥青3万吨;13——实现利税130亿元。

全面预算管理战略保障体系必须按照上述战略规划总体思路和规划目标,安排未来不同阶段的全面预算管理的目标及具体措施。

3. 兖矿集团的全面预算管理战略保障体系

兖矿集团的全面预算管理战略保障体系包括理念保障、机制保障、功能保障和手段保障四方面(见图12-2)。

(1)理念保障

①以企业战略为基础

在公司战略既定的前提下,企业年度预算必须依据分年度战略目标,同时考虑下年度企业资源及市场变化等因素调整确定下年度预算指标,减少预算指标的随意性或盲目性。

②以市场为导向

企业年度总预算确定的基础是销售预算,因而对市场情况的预测与分析是否准确至关重要。

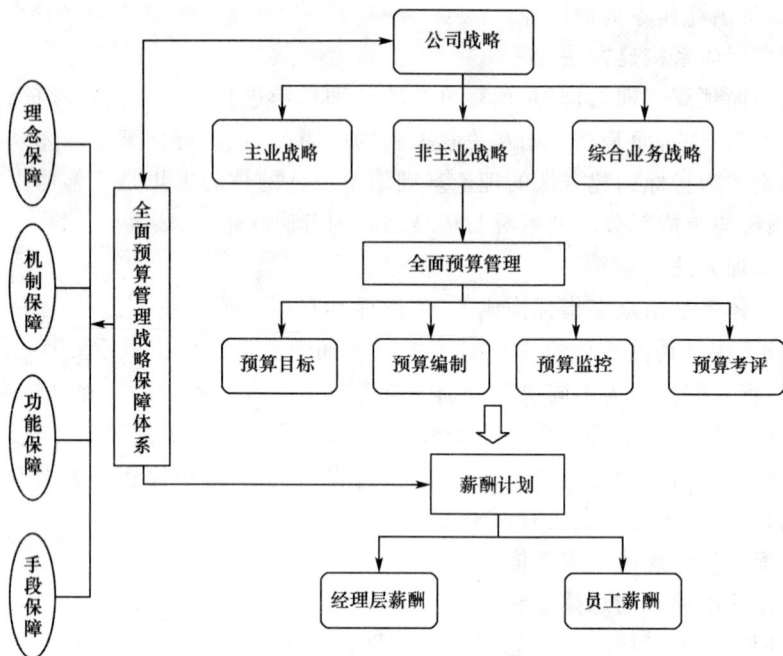

图 12-2　全面预算管理战略保障体系

③面向未来和基于活动分解

年度预算的编制与审定要以企业未来活动的预测公司战略规划为基础,并将经营活动(收入、成本费用等指标)在各部门之间进行合理的分解,使预算指标客观公正、易于接受、接近实际状况,才能使预算管理工作的控制与激励作用得以发挥,从总体上减少无效活动的发生,同时又保障企业各项增值活动的顺利实施。

④基于企业价值链分析

企业制定预算的过程就是企业各部门之间的利益调整和分享过程。基于价值链分析作预算,那么企业的预算活动就能使部门间的利益较好地得以协调,有助于企业自身的价值创造,也有利于企业为顾客传递价值活动的顺利完成。

⑤恰当的假定是预算的基点

恰当的假定能使预算指标建立在一些未知而又合理的假定因素的基础上,便于企业预算的编制和预算管理工作的开展。

(2)机制保障

①分级管理,上下协调

以资产为纽带,确定预算责任单位。即按照集团公司、专业(直属)公司、基层单位三级确定预算责任单位,建立一级管理二级、二级管理三级的预算管理体系。在确定年度预算目标时,采取上下结合、横向协调的程序,由集团总部根据战略规划提出公司年度预算编制方案和总目标,预算责任单位根据公司预算编制方案编制年度预算,然后经过逐级上报、审核、下达的程序,最终形成各级预算责任单位的年度预算。

②预算组织机构健全

设置预算管理组织机构,确保整个预算管理工作的有序高效推行:在集团公司、专业

（直属）公司两个层面专设预算管理委员会，负责预算的编制、实施、控制、协调和指导；下设预算综合管理部门（专职部门）和归口管理部门（主要职能部门），分工负责预算的日常工作和归口业务预算；在各责任中心设立预算执行机构，对责任单位的预算负责，业务受预算管理委员会及专职预算机构指导。

③全员参与，强调互动

动员全体员工主动参与预算的编制和控制，使所有部门和全体员工都要直接或者间接地参与预算管理过程，为更好地实施预算管理献计献策。在各责任中心推行全面预算，就是要将经营目标层层分解，具体落实到每个单位（部门）每个责任人每月的经营活动上，从而做到"人人心中有预算、人人心中有标准"，使单位（部门）经营目标与员工个人工作目标有机结合互动，进而顺利地完成企业的经营目标。

④科学考评，严格奖惩兑现

一是要根据公司战略部署，结合不同责任中心的业务性质和经营现状，建立切实可行的业绩评价与奖惩体系，按评价结果确定奖惩。设置和选择评价指标时要准确全面，既要突出关键核心指标，反映企业战略，又要根据管理层次、工作性质、承担任务等条件的不同而适当调整；适用的评价方法要科学，要多种方式结合互补、灵活应用。二是要对责任单位经营及预算执行情况进行严格审计，确保管理信息的真实性。三是要建立切实有效的激励约束机制。既要反映员工所创造的企业价值，强调企业的长期业绩，而非短期效益；又要具有足够的激励作用和吸引力，充分发挥员工的创造性和主动性。对责任单位负责人进行年终考核，要严格兑现奖惩，拉开薪酬档次，同时要严格推行负责人考核上岗制，逐步建立起选拔管理人员的科学程序。

（3）功能保障

①利用市场化手段，优化配置企业资源

通过全面预算将企业的战略决策目标及其资源配置以预算的方式加以量化，并使之得以实现。预算目标编制以公司战略规划为出发点和立足点，要体现公司的战略意图，根据战略和市场环境来合理配置资源。

②整合组织机构，优化管理流程

利用管理方式的创新对集团组织结构进行优化整合，建立起分权负责和集中控制、监督的管理制度。根据集团公司的发展愿景、具体的经营目标所编制的预算，对集团和子分公司内部的所有生产和工作的流程进行重组和优化，减少和避免不必要的、不增值的作业，提升和增加增值的作业，然后以优化的流程为基础设置集团公司的组织结构，赋予各个层级、单位相应的权责，并与经济奖惩挂钩，形成各层级、单位目标与集团公司总体目标相一致、以权责利为纽带紧密联结的有机整体。

③内部协调和控制，保障战略目标的顺利实现

根据公司战略规划确定公司年度预算，进而明确预算期内各单位经营管理活动的预算子目标，使之服从和服务于公司总目标，从而有效协调各单位之间的关系和利益；并且通过预算与绩效管理相结合，使部门和员工的绩效考核真正拥有明确、可行的目标，从而促进公司的各项经营活动更好地符合战略规划的要求。

（4）手段保障

①选择科学适用的模式方法，增强目的性

根据集团公司各单位的业务、性质和发展情况选择相应的预算管理模式，同时注意改进传统的预算编制方法，根据具体情况合理选择，提高预算的客观性和准确性，增强全面预算工作的目的性。

②应用现代信息技术，提高运作质量和效率

预算是集团公司各层级和单位的行为标准，在预算的执行过程中出现偏差是不可避免的，但出现的偏差应能及时地反馈给集团公司的决策者，以便做出是否进行干预或调整的决策。因此，预算管理中的信息反馈需要做到以计算机系统为预算管理的信息反馈提供物质技术基础，尽可能实现适时控制。将 ERP、账务处理系统和预算管理系统进行数据集成，可以极大地为适时监控提供可能。

③监控企业战略的实施，提高战略的适应性

完善全面预算管理体系的前提是制定出具有可操作性的企业发展战略。可操作性是指能够将战略目标指标化，并将其纳入预算管理体系中加以考核。完善全面预算管理的基础需要在预算的制定、执行，特别是差异分析控制的过程中，保持与企业战略紧密结合，根据前期预算执行情况，及时调整企业相关战略，在保证战略严肃性的同时，提高企业战略的适应性。为了发挥预算对战略的调整作用，需要在合理制定企业发展战略的基础上，确定不同发展时期的预算管理目标与重点，并逐步实现按年度滚动的中长期预算和按月度滚动的年度预算的方式，以保证更好地贯彻企业战略意图。

④与战略目标同步，促进企业战略和日常经营的有效沟通

预算目标是根据战略分析和战略选择的结果确立的，预算管理的目的就是要保证这些目标的顺利实现。因此预算目标要与公司战略目标保持高度一致，应该体现出公司不同时期战略重点的差异。同时在预算实施过程中要体现公司战略与经营活动的沟通关系，要具体贯彻公司的战略意图，使长短期预算计划衔接，形成具有良好循环的预算系统。

（三）全面预算管理经营指标体系

全面预算按其涉及的领域可分为经营预算、资本预算、筹资预算和财务预算四大类。为保证全面预算管理的编制、实施、考核评价，根据总体目标的要求必须对各类预算建立反映各项指标的具体的经营指标，即各类预算应包括的电子表格体系以及每个不同电子表格体系应包括的具体指标。同时，建立各个表格以及各个指标之间的钩稽关系。

1. 经营预算指标体系设计

经营预算是指与企业日常业务直接相关、具有实质性的基本活动的预算。经营预算的主要内容包括：销售预算、生产预算、直接材料消耗及采购预算、直接人工预算、制造费用预算、产品成本预算、期末存货预算、销售和管理费用预算。这些预算以实物量指标和价值量指标分别反映企业收入与费用的构成情况。

2. 资本预算经营指标体系设计

资本预算反映企业关于固定资产的购置、扩建、改造和更新、资本运作的可行性研究情况，具体表明企业投资的时点、额度、收益确认、回收期、筹资和现金流。投资预算应当力求和企业的战略以及长期计划紧密联系在一起。

3.筹资预算经营指标体系设计

筹资预算是单位在预算期内需要新借入的长短期借款,经批准发行的债券以及对原有借款、债券还本付息的预算。筹资预算指标的主要内容有依据单位有关资金需求决策资料、发行债券审批文件、期初借款余额及利率等编制。单位经批准发行股票、配股和增发股票,应当根据股票发行预算、配股预算和增发股票预算等资料单独编制预算。股票发行费用也应当在筹资预算中分项做出安排。

4.财务预算经营指标体系设计

财务预算是指反映企业在预算期内有关现金收支、经营成果和财务状况的预算。它反映了各项经营业务和投资的整体计划,是全面预算的总预算。它包含三个方面:一是利润预算;二是预计资产负债表,反映年末要实现的资产质量状态;三是现金流量预算,根据利润预算、投资及相关资料编制,反映企业在计划期内的现金流。

(四)全面预算管理业绩评价与奖惩体系

建立全面预算管理业绩评价与奖惩体系,加强对预算的全员性(预算过程的全员责任)、全额性(预算金额的总体性)和全程性(预算管理流程的全程化)考核与奖惩力度,以提高集团公司生产经营活动的执行力和全面控制力,增强集团公司的核心竞争力,支持和保障集团公司发展战略目标的实现。

1.考评依据和考评对象

各责任中心预算指标的完成情况是预算考评的主要依据,预算执行情况数据来源于各责任中心分期上报的预算反馈表和预算分析报告。在全面预算管理业绩评价与奖惩体系中,预算考评对象包括实行全面预算管理的各子(分)公司、集团公司直属单位、集团公司总部各归口管理部门等预算责任单位。

2.考评程序

①预算年度终结后,专业公司所属预算责任单位根据预算完成情况,进行自我评价,编制自我评价报告,报送专业公司预算管理办公室。

②专业公司预算管理办公室按照所属预算责任单位自我评价报告,进行内部审计核实,编制本公司评价报告,报送集团公司预算管理办公室。

③集团公司预算管理办公室组织人力资源部、审计部和有关预算归口管理部门,对专业公司及其各预算责任单位的预算执行情况进行评价,将评价结果报送集团公司预算管理委员会。经预算管理委员会审定批准,按照奖惩规定给予奖惩。

考评过程如图 12-3 所示。

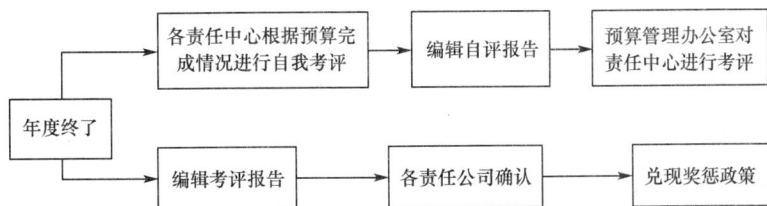

图 12-3　考评过程示意图

3.考核评价的方式

全面预算管理业绩评价可采取由下而上逐级评价的方式:各预算责任单位对所属车

间、区队的预算执行情况进行评价;各专业公司对所属预算责任单位的预算执行情况进行评价;集团公司预算管理办公室对各专业公司、集团公司直属机构、集团公司总部预算归口管理部门的预算执行情况进行评价。对项目部及各责任中心实行阶段考核和年终考核相结合的方法,阶段考核以预算执行情况为重点,实行月度量化考核;年终考核以实效为重点,年终兑现按月度考核累计计算。

4. 考评指标体系

全面预算管理考评指标体系由考核指标、指标权重、评分等级及标准构成(见图12-4)。

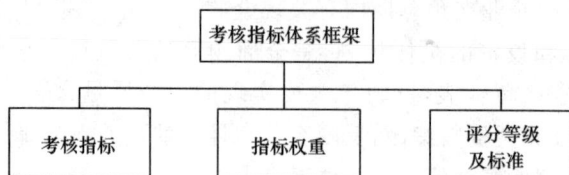

图 12-4 考评指标体系框架

五、兖矿集团全面预算管理实施效果分析

自全面预算管理在兖矿集团各单位逐步实施以来,取得了显著的效果。

(1)推行了先进的管理方法和运行机制,提高了企业科学管理水平

通过推行全面预算管理,使各级经营管理人员了解和掌握了这一现代管理理论和方法,整合了企业的资源,提高了兖矿集团预算、控制、协调、决策、考核的科学性和合理性,使内部管理规范化和科学化。

(2)使企业战略目标的量化和细化问题得以解决

全面预算管理通过系列表格的编制,将企业总体目标分别落实到营销、投资、人力资源和财务等方面的具体工作上,并为绩效考核提供基础数据。

(3)落实了企业内部各部门、各岗位的权责利的体系

通过预算的分解使企业内部各部门、各岗位都有了自身的责任目标和相应的权力、利益。

(4)提高了职工的全局观和效益意识

全面预算管理强调全局一盘棋,局部效益和整体效益相结合。通过预算的指标分解活动和执行过程,使职工进一步明确了全局工作的重要性,理解了效益是企业命脉的意义。

(5)提升了企业管理的效率

通过全面预算的制定、实施、监控和考评,不仅规范和优化了企业经济运行流程,而且使各部门之间信息传递更加畅通,及时发现业务运行过程中的问题与隐患,便于实施适时调整,规避风险,大大提高了企业管理效率。

(6)降低无效支出,增加了经济运行效益

部分单位通过预算分析发现费用降低的机理和途径,从而增收节支。如物业公司铁东社区在预算管理过程中发现供水收入低于预算,经查找原因后发现是由于供水系统老化所导致的跑冒滴漏现象严重,遂采取措施,加大供水管网改造投入,加强收费检查力

度,使 2004 年供水收入比年初预算增加了 26 万元,增长了 18%。

(7)加强了资金的有效回收,降低了支付风险

如科澳铝业按预算管理要求对资金持有量、资金来源、单项资金使用、资金库存、货款支付等分别建立分析和考核制度,对资金的回收和应用进行同期预算与实际对比,分析出现异常的原因,及时解决问题。比如,预计应收账款为 10 000 万元,实际应收账款为 5 327 万元,降低了 46.73%。

(8)促使管理制度的健全

如鲁南化肥厂制定了全面预算管理制度,为该厂预算管理工作提供了依据和保障;焦化厂制定了全面预算管理实施办法及相关的兖州矿区焦化厂资金管理制度、成本费用控制制度、资本管理制度、销售管理制度和全面预算管理监督考核办法等。

(9)促进了基础标准的修订与完善

各单位在 2004 年的预算编制、执行控制、分析考核中发现各项基础标准缺位严重影响了预算指标的准确性,开始着手调整完善基础定额等,对实际工作意义重大。

案例 2　石化企业全面预算管理案例

——大庆油田基于战略导向的全面预算管理研究

一、大庆油田有限责任公司概况

大庆油田有限责任公司(简称大庆油田)是中国石油天然气股份有限公司的全资子公司,以石油、天然气的勘探开发为主营业务。2000 年 1 月 1 日注册成立,注册资本 475 亿元,资产总额 858 亿元。按照《中华人民共和国公司法》及《大庆油田公司章程》成立了董事会、监事会、经理层,完善了公司法人治理结构和议事规则。下属勘探开发、技术服务、科研设计和产品销售等厂(分公司)24 个,现有员工 9 万多人。

二、大庆油田全面预算管理实施背景

大庆油田上市后,积极学习借鉴国际油田公司的先进模式和管理经验,大力推进以文本为载体的管理制度体系建设,建立了清晰顺畅的工作流程、完整严密的管理制度和符合实际的岗位规范,公司管理踏上运行有效、管理高效的良性发展轨道。公司不断追求效益最优化。在投资上加强科学决策,做到投资与运营一体化、勘探开发一体化、地上与地下一体化、技术与经济一体化。完善项目管理模式,从项目设计到现场施工,从投资控制到工程结算,实行全过程、全方位管理。在成本控制上强化精细管理,对原油生产单位推行全面预算管理,层层签订经营业绩合同,完善了从公司、采油厂到采油矿(作业区)、小队、班组、岗位的六级成本控制网络。

三、大庆油田全面预算管理的核心体系

(一)大庆油田全面预算管理的指导思想

为配合油田公司整体改革思路、进一步明确投入产出关系、合理配置资金、加强技术

经济的紧密结合、充分发挥预算控制和评价作用,通过完善财务激励和约束机制强化各单位的效益意识、保证油田公司经营目标的实现,公司将预算分解成六个类别:原油生产单位预算、天然气分公司预算、储运销售分公司预算、技术服务单位预算、科研单位预算、机关部室预算。根据不同类别确定不同标准的预算编制方法,制定不同的财务经营政策。

(二)大庆油田全面预算管理的实施机制

为充分发挥预算在资源配置中的重要作用,将有限的资金投入到高回报的项目上,深入贯彻公司低成本战略,强化成本刚性控制,实现油田公司经济效益的最大化,建立了如下机制:

(1)围绕预算的编制,建立预算约束机制

在油田公司预算委员会的统一领导下编制的预算方案、制定的预算指标一经下达,便具有刚性控制作用,公司各部门、各单位必须严格执行,并且各部门、各单位要按照集中管理、分级负责的要求将预算指标进一步分解下达到下属单位、部门乃至员工个人,预算的编制方法及分解思路要与油田公司保持一致。预算的编制经过由总到分和由分到总相结合、由上到下和由下到上相结合,形成油田公司的一套完整、系统、全面的预算指标体系,建立全面预算约束机制。

(2)围绕预算的实施,建立财务控制机制

各级财务部必须按照预算要求实施财务控制和财务监督,及时准确地反映和监督预算的执行情况,适时实施必要的财务约束手段,使财务管理活动渗透到公司生产经营的各个方面。

(3)围绕预算的执行结果,建立预算激励机制

各级预算管理部门必须将各预算单位的实际业绩与预算指标进行对比,分析、评价和重点考核财务预算指标的执行情况,明确责任,奖优罚劣,以保证预算集中管理和分级归口管理责任制有机结合起来,充分调动公司内部各级管理者和员工的积极性和创造性,保证公司预算目标的实现。

(三)公司预算编制方法

股份公司总部根据预算编制原则和参数,结合国内外市场预测,按照增减利因素分析、投资回报机制和损益项目测算三种算法测算,将匡算结果综合平衡后,提出框架预算目标,报预算委员会审定。增减利因素分析就是根据公司总体经营策略,以上年度预算和预计完成情况为基础,考虑预算年度的产销量、价格、成本、税费等增减利因素以及它们与利润之间的关系及其变动规律,结合市场经济动态等有关信息,经与各专业公司协商沟通后,确定各专业公司框架预算利润目标。投资回报机制匡算是以上年预算利润为基础,加上上年投资资本以8%的投资回报率计算的利润确定预算年度预算利润目标。

(四)预算考核指标

大庆油田根据公司年度预算指标设计了系统的 KPI(关键业绩指标)业绩合同体系。业绩合同的构成如图 12-5 所示。

1. KPI 类别

考核类别分为效益类指标、营运类指标和控制类指标三个方面,可以全面反映受约

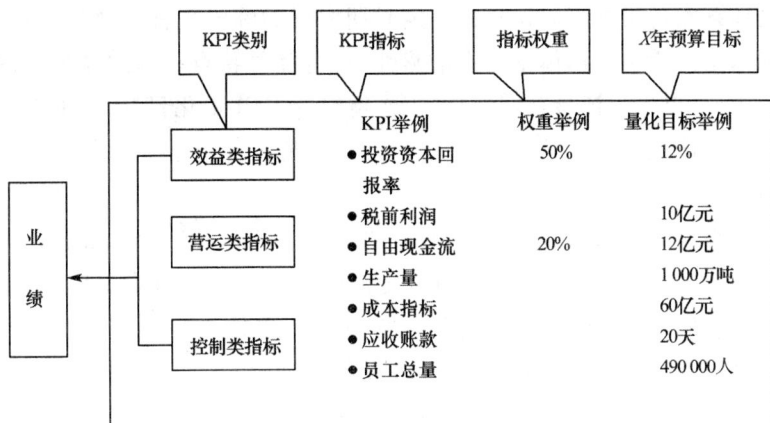

图 12-5　业绩合同的构成

人的业绩完成状况。效益类指标是全面衡量价值创造能力及股东投资回报的重要指标，营运类指标是用来衡量利用营运杠杆实现大庆油田战略及完成效益目标能力的指标，控制类指标是公司重要工作的控制性要求指标，表示在执行公司战略方针的同时创造良好的工作环境与企业文化的情况。

2. KPI 指标

关键业绩指标是对大庆油田公司战略目标的分解，应能有效反映关键业绩驱动因素的变化与重要经营活动，是企业绩效管理系统的基础。关键业绩指标分定量指标和定性指标两大部分，其中定量指标部分包括财务指标和经营运作指标，定性指标包括与业务发展战略相一致的软性参数等。KPI法符合一个重要的管理原理——二八原理，即在一个企业的价值创造过程中，存在着"20/80"的规律，20%的骨干人员创造企业80%的价值，而且在每一位员工身上"二八原理"同样适用，即80%的工作任务是由20%的关键行为完成的。因此，必须抓住20%的关键行为，对之进行分析和衡量，这样才能抓住业绩评价的重心。

关键业绩指标可以使高层领导清晰了解影响公司价值关键因素的变化情况，及时诊断经营中的问题并采取行动，有力推动公司战略的执行；为业绩管理和上下级的交流沟通构造一个客观基础平台；使经营管理者集中精力于对业绩有最大驱动力的经营方面。关键业绩指标体系贯穿于公司整体，并在公司的横向和纵向保持指标一致性。即从股份公司总部、专业公司、地区公司，甚至到一线员工，在每个层次，都可以适当程度地定义和分解关键业绩指标，但是这些关键业绩指标的基础是一致的数据库，即这些基础数据是由统一的计算方法和计算口径计算求得。业绩合同指标由股份公司人事部、财务部等有关部门根据预算指标确定。

3. 量化目标

业绩评价是企业管理体系的一项重要内容。我国企业在业绩评价时传统上习惯以往年的实际指标作为参照物。与往年实际指标的比较可以分析出企业的发展趋势。但是企业实际的发展业绩却无法显现出来，对企业员工和管理层并无激励、约束作用。同时，由于企业生存的外部环境的变迁、内部环境的变革，使得过去指标的可比性降低。大庆油田预算管理是在科学预测公司未来一定时期内所面临的各种变化后,系统地制定出一系列的目标体系。这些目标体系具有前瞻性、可行性等特点。因此经大庆油田确定的各项预算目标,就可以作为评价部门、员工工作情况的 KPI 量化目标,进而可以将各部门与员工的实际工作情况与预算目标相比较,对部门和员工进行业绩考核。

4. KPI 选择

KPI 的选择应与大庆油田总体发展战略、生产经营目标相一致,结合大庆油田经营实际,具体明确,重点突出,覆盖受约人的主要工作内容。目标值确定后,专业公司和地区公司及时将其层层分解,实现压力传递,将责任落到实处。其中专业公司 KPI 的选择和目标值的确定,则根据股份公司批准的业务发展计划、预算等,由总部有关职能部门提出,人事部汇总后报股份公司主管领导及管理层审定。地区公司 KPI 的选择和目标值的确定,由专业公司按照股份公司的要求,在确保大庆油田整体业绩指标完成的前提下提出。其中,多业务单元地区,考核指标的选择和目标值的确定由相关专业公司分别提出;大庆油田直接考核的关键业绩指标、目标值等(如清欠指标、电子商务、员工总量等)由股份公司统一下达。

5. 权重确定

KPI 权重的确定须结合发约人和受约人的工作目标,按照考核指标在业绩合同中的重要程度和受约人对该指标的影响力情况,综合考虑指标权重,以有效驱动受约人业绩目标的实现。

(五)预算指标考核细则

1. 合同制定

业绩合同按管理层次进行签订。总部职能部门、专业公司和其他直属单位正职与公司总裁(或总裁授权的高级副总裁、副总裁)签订。经总裁授权,地区公司正职与专业公司正职签订,副职与同级正职签订。

新任职的高级管理人员,凡任职岗位年初签订业绩合同的,新任职人员负责承担该岗位的业绩合同,不再补签合同,并按该岗位年初签订的合同考核兑现;新任职岗位年初未签订业绩合同的,则补签新任岗位业绩合同,并按新的合同考核兑现。对党政主要领导分设的专业公司、地区公司和其他直属单位,党政一把手同签一份业绩合同,体现了责任同负、风险共担的精神。

2. 执行比较

为保证业绩指标的实现,各发约人定期了解受约人指标的完成情况,组织搞好针对性经济活动分析,进行相应的业绩指导与帮助。受约人掌握分业务的经营动态,跟踪业绩指标的完成情况,并定期向发约人汇报。总部有关职能部门定期收集、分析考核指标的完成情况,及时与预算目标进行对比,提出帮助和改进业绩的措施。专业公司建立了业绩管理制度,并及时向股份公司有关部门报告月度指标完成情况。地区公司每月进行业绩指标进度情况分析,并及时向专业公司报告月度指标完成情况。

3. 业绩考核

业绩考核在股份公司领导下,由人事部门负责组织,协调总部有关职能部门与各专业公司共同实施,实行"五个统一",即统一考核政策、统一考核标准、统一工作部署、统一审核汇总考核结果、统一组织奖惩兑现。根据年终业绩考核结果决定合同受约人的浮动薪酬及非物质奖惩。业绩考核每年至少进行一次,在次年决算审计后进行,经汇总审核后将业绩考核结果报大庆油田管理层审定。大庆油田业绩年终考核按四个步骤进行:

(1)收集数据

总部职能部门、专业公司和其他直属单位以及由股份公司直接下达地区公司的业绩指标,其完成值由股份公司有关职能部门负责提供地区公司业绩合同中由专业板块直接下达的业绩指标,其完成值及业绩分由专业板块负责考核上报,总部有关职能部门复核,股份公司管理层审定。

(2)分值计算

核实与统计各项考核分数,效益类、营运类指标考虑剔除预算年度内某些不可控增利因素、减利因素,即将账面值加某些减利影响、减某些增利影响,再进行考核。对比剔除因素影响后的完成业绩(达成)预算目标,并依各考核项目的重要性以不同权重加权平均来计算业绩合同业绩分值。对于控制类指标,如果突破了控制指标,则按合同约定相应扣减业绩值。

业绩合同业绩分值计算公式如下:

$$业绩合同业绩分值 = \sum(KPI_i 业绩分值 \times KPI_i 权重)$$

式中,KPI业绩分值=达成率×100(适用于目标值为正数的增长类指标)或KPI业绩分值=100+(1-达成率)×100(适用于控制类指标或目标值为负数的增长类指标),且单项业绩分值130分封顶。其中,达成率=完成值/目标值。

(3)贡献分计算

为鼓励各单位为大庆油田创造更多利润,对利润指标,既考核利润增长的幅度,又考核利润增加的额度,即不仅考核利润指标完成情况,而且还考核其对大庆油田总体利润的贡献程度。为了加大利润贡献激励力度,在已计算利润指标业绩分值的基础上增加贡献分,计算公式为

$$贡献分 = 总贡献奖励分 \times 贡献系数$$

贡献系数=(专业板块或地区公司利润总额目标值÷大庆油田营利单位利润总额目标值)×基数奖励系数+(专业板块或地区公司利润总额完成值-专业板块或地区公司利润总额目标值)÷(大庆油田营利单位利润总额完成值-大庆油田营利单位利润总额目标值)×超额奖励系数

式中,总贡献奖励分控制在100~130分,基数奖励系数控制在10%~20%,超额奖励系数控制在80%~90%,具体数值根据大庆油田利润实现情况和考核结果测算确定。利润指标未超额的,不加贡献分。

4.综合业绩分值计算

高级管理人员业绩合同综合业绩分值由业绩合同业绩分值与贡献分求和得到,计算公式为

$$业绩合同综合业绩分值 = 业绩合同业绩分值 + 贡献分$$

业绩合同综合业绩分值130分封顶,超过130分的,按130分计算。因不可抗力因素确需对业绩合同综合业绩分值进行调整的,按规定程序报股份公司管理层研究确定。为体现一级对一级承担责任,避免专业板块与地区公司业务单元考核结果出现较大偏离,实行地区公司业务单元业绩分值与专业板块总经理综合业绩分值挂钩考核。地区公司业务单元平均业绩分值,原则上不高于专业板块总经理综合业绩分值,当高于时,以专业板块总经理综合业绩分值为基准,对相应地区公司业务单元业绩分值按高出比例进行同比例调整;地区公司总经理综合业绩分值由各业务单元业绩分值与其权重相乘后求和得出。多业务单元地区公司,其业务单元业绩指标权重由业务单元的固定资产、销售收入、利润总额三项指标测算确定。

5. 考核兑现

奖惩制度是奖励制度和惩罚制度的统称,它是预算业绩考核兑现的具体体现,是预算考评的有机组成部分。通过建立科学的奖惩制度,一方面能使预算考评落到实处,真正实现权责利的结合;另一方面能够有效引导员工的行为,共同实现目标。高级管理人员的薪酬由基本工资和业绩奖金组成。其中,基本工资是固定部分;业绩奖金为变动部分。大庆油田确认了业绩奖金的计算方法,参考综合业绩分值计算高级管理人员年度业绩奖金。当综合业绩分值等于100分时,按标准业绩奖金(标准业绩奖金由董事会制定)兑现;当综合业绩分值高于100分时,以100分为起点,每增加1分,业绩奖金标准增加2%;当综合业绩分值低于100分时,以100分为基准,盈利企业每低1分,业绩奖励标准减少2%,亏损企业每低1分,业绩奖金标准减少3%;当综合业绩分值低于80分时,不兑现业绩奖金。业绩合同的完成直接影响受约人的业绩奖金。业绩奖金占总薪酬比例的大小将决定激励作用的效果,一般来说,比例越大,激励越大,故大庆油田对高级管理人员总薪酬的主要部分为业绩奖金。根据业绩考核情况确定业绩奖金,年底一次性支付。

四、大庆油田战略导向全面预算管理发展方向

1. 加强预算分析

为充分发挥预算的控制作用,自总部到地区公司的各级预算责任主体都定期进行预算执行情况分析,将生产经营实际与预算目标进行对比分析,找出偏差,及时采取措施,以确保预算目标的实现。但目前,预算执行情况分析大多以财务部门分析财务数据为主,不能满足预算控制的要求,大庆油田将规范和深化预算分析模式,充分发挥管理会计的作用,注重标杆管理方法在预算分析中的应用,增加同类产品、同类单位的对比分析和预算偏差的细化分析,逐步实现财务管理向生产经营全过程延伸。同时,考虑到股份公司总部、专业公司、地区公司三级预算主体既是有机整体的组成部分,又要各有侧重,大庆油田将逐步完善三级预算分析体系,以满足生产经营、预算控制和公司管理的要求。

2. 诚信建设

人是预算的制定者、预算信息的利用者、预算的执行者,也是预算制度的被考核者,是预算工作效果好坏的决定性因素。大庆油田视诚信(立诚守信、言真行实)为立身之本、发展之基、信誉之源,奉行全方位的诚信理念。诚信是大庆油田企业文化的核心,大

庆油田将继续加强道德建设,特别是加强员工的诚信建设,建立良好的上下级关系,避免由于信息不对称造成上级单位和部门资源分配不合理、"鞭打快牛"、下级单位预算指标先进性不够及其对生产经营缺乏有效指导等弊端。这对规范合理地进行预算管理具有巨大意义。

案例 3　制造企业全面预算管理案例

——大连 KWD 公司全面预算管理研究

一、大连 KWD 公司概况

大连施奈莱克创新汽车零部件有限公司(DKIA)(简称大连 KWD 公司)是由位于德国拉德堡的 KWD 公司与中国大连创新公司成立的合资公司。大连 KWD 公司有两个生产工作重心,一个是传统的发动机零部件生产,另外一个是汽车零部件生产制造。所有这些零件都是通过深拉、冲压、弯曲、焊接、切割和涂装来制作完成的。单是为大连道依茨柴油发动机厂生产的零件就多达 1 000 多种,同时也为大众\奥迪发动机厂生产零件。

二、大连 KWD 公司全面预算实施背景

根据公司章程的相关规定,公司每年需要编制 4 次预算,分别为公司基本预算版、公司 3 月预算版、公司期中预算版以及公司 9 月预算版,每当新的预算版被公司批准之后,公司内部各部门都要根据新的公司预算版本来执行预算控制。

1. 公司基本预算版

①每年 8 月份左右,公司财务部将开始编制下年度的基本预算工作,在此期间,公司财务部将开始拟定基本预算编制的方案、下年度的公司预期目标、下年度工作时间进度表以及公司统一的预算编制表格,同时召开公司预算动员会的相关工作。

②每年 9 月份左右,公司各部门开始编制本部门的预算报表,内容主要包括本部门的人员数量、投资情况、劳务费用、零部件的直接材料成本等,该预算报表经过财务部门和总经理的批准后,可以作为本部门编制 10 月份有关工资发放、固定资产折旧以及直接材料费用预算报表的前提条件。

③每年 10 月份左右,公司各部门根据财务部发布的预算方案和预期目标,结合本部门实际情况和可预测条件编制本部门的整体费用预算报表,经过本部门经理审批后移交公司财务部,并向总经理汇报。在部门汇报之前,财务部将汇总预算报表,并向总经理提出综合平衡的意见。

④每年 11 月份左右,公司各部门按照公司预算委员会的建议进行预算修正,在获得批准以后,财务部门开始编制预算报表向公司董事会汇报相关工作。

⑤每年 12 月份左右,公司财务部向董事会审批公司年度总预算,获得批准后,由公司财务部监督各部门执行公司的预算计划。

2. 公司期中预算版

公司的期中预算编制建立在对上半年的总体经营状况归纳的基础之上，它以实现年度预算基本目标为前提条件，按照最新制定的公司生产经营计划进行详细的预算分析，全面调整下半年的预算计划。期中预算编制是对全面预算的一次重新修订和编制，它涉及公司全面预算的各方面。期中预算的调整程序与基本预算编制不同，它一般不用公司各部门分别向经营层汇报，只需要公司财务部汇总报表后统一汇报即可。除此之外，其他编制程序与基本预算编制程序基本相同。

3. 公司 3 月预算版与公司 9 月预算版

公司 3 月预算版与公司 9 月预算版在编制的基本程序上基本相同，都主要反映已经过去的季度的预算与实际情况，在参照过去的实际情况的基础上，调整剩余季度的预算计划使之更加贴近实际情况。季度预算计划的调整通常仅对公司内部各部门的成本以及费用进行调整。季度预算的调整通常由公司的财务部向各部门发出调整的通知，公司内部各部门根据财务部的通知，自行进行预算计划的调整，由公司各部门的经理审批后由财务部统一汇总，由财务部将各部门的预算计划结果进行汇总，并重新编制利润表，经公司经营管理层批准后即可实行。

随着公司业务量的不断增加及公司内部对预算管理要求的越发严格，对预算编制效率以及准确度的要求也不断提高。电子表格这种常用的预算和预测工具使用起来较为方便、快捷、灵活，但是当面对着业务相对复杂一些并且在一年内需要多次编制预算的公司时，电子表格的这些优势就很难体现出来了，在预算管理时主要存在着以下不足之处：

①工作烦琐、量大导致效率低下。一般来说，每一会计年度公司用作基本预算的电子表格大约在 100 张左右，在预算编制的整个过程中，会有大约 80％的时间被财务人员用在对数据的收集整理、检查、审核及汇总工作中，这些工作繁琐，带来了较大的工作量的同时收效甚微。

②协调运作欠佳。在使用电子表格进行预算编制时，由于没有统一运行的数据共享平台，导致公司的预算版本复杂多样，加之相互间进行沟通协调的平台的缺乏，在预算的申报、审批等过程中，部门与部门之间难以很好地进行横向和纵向的协调沟通。

③控制能力弱。公司预算确定后，就需要进行预算的执行工作，在这里需要注意的是，在预算执行前需进行事前控制，但是在实际运行中却缺乏事前控制这一环节，从而难以发挥全面预算管理优化资源配置和内部控制的作用，出现实际执行和预算"两张皮"的现象。

④由于电子表格的预算在规模上繁冗复杂、僵化现象严重，使得从多个角度来透视数据这一要求难以满足。

4. 预算控制过程中存在的主要问题

公司的全面预算管理机制同公司的每个部门都密切相关，公司的费用点、费用科目以及投资的项目，都必须在每个月规定的工作日将预算与实际状况向公司进行汇报，当然这种管理对时间的要求非常高。在 2009 年 4 月之前，对费用和投资的管理是一种事后的管理，即在没有完成对当月的实际结账和做好预算对比之前，并不能提前知道该费用点是否超出了预算,这都不利于预算的实时管理和对会计的事前、事中监督的实现。为改变上述状况,自2009年5月起,公司财务控制部专门设置了相关的费用跟踪表,首先,部门的预算人员输入相关费用的使用情况,其次,财务部进行确认,如果这种费用是在预算允许的费用范围内,财务部确认后才可以进行报销,和之前的做法相比,这种做法在一定程度上对会计的事前和事中监督起到积极作用,可是这种电子表格共享的方法,不仅很难确保预算数据的准确性,而且极大地增加了财务部和其他部门预算工作人员的工作量,进而导致财务部的效率很难有所提升。

对于预算编制和预算执行过程中出现的上述问题,在2010年年底,公司对全面预算管理的方案进行了重新制定和规范,以求提高预算的管理效率,从而提高对各部门预算状况的日常跟踪管理,提高财务会计核算的有效性,对预算使用的把握和跟踪状况更为及时,提高公司财务部对公司全部经济业务进行事前监督和事后反馈的控制能力,以此来保证全年预算具有更高的准确性,降低财务部和其他各个部门工作的繁冗性。

三、全面预算管理的核心体系

(一)大连 KWD 公司的预算管理组织体系

为了在大连 KWD 公司内部全面推进预算管理工作,必须在公司内部建立起既依托于公司的内部组织机构,又相对独立于公司内部组织机构的预算管理机制。大连 KWD 公司的预算管理组织体系主要由公司的预算决策机构、预算管理机构、预算编制机构、预算执行机构以及预算反馈机构构成。

1. 预算决策机构

由公司的总经理和各部门经理共同组成公司的预算决策机构,其主要职能如下:

①根据公司的中长期战略规划目标,制定公司的年度经营目标;

②为公司的预算管理部门提供政策性引导;

③集体审议企业的预算方案;

④制定针对整个公司的预算激励政策;

⑤按照公司的最终预算情况,对公司的经营管理层进行奖惩。

2. 预算管理机构

公司的预算管理机构主要包括公司的预算领导机构和常设的预算管理机构。

公司的预算领导机构主要由公司总经理以及各部门的主要负责人和财务总监构成,公司总经理是预算管理委员会的第一负责人,公司的财务总监以及财务控制部经理主要管理预算管理委员会的日常工作和与预算相关的协调工作。预算管理委员会是整个公司预算管理工作的组织领导和协调机构,全方位负责公司的所有预算的编制、下达、执行、平衡、监控、调整和考评工作。

公司财务部应当设立财务控制经理或者相关的预算管理岗,由专人负责公司的全面预算管理工作。其职能主要有以下几个方面:

①对预算管理委员会制定和汇总的公司预算进行协调,根据不同的责任划分,将预定的预算方案进行分解;

②全面监控公司预算管理资金的使用情况；

③按时向预算管理委员会报告公司预算的执行情况，找出差异产生的原因，并编制初步的公司预算考评报表；

④当预算执行中出现重大的变化时，公司财务部须向预算管理委员会及时报告，同时还应提出相应的调整草案；

⑤指导和监督公司内部各部门的预算管理工作。

3. 预算编制机构

公司的预算编制机构主要指的是公司内部的各职能部门，这同公司的全面预算机构有所不同。

(1)公司的业务预算编制机构

公司内部各职能部门根据分工的不同，根据预定的年度计划和公司制度，分别编制本部门的工作任务目标，其中主要包括各部门的生产和销售计划、固定资产投资和更新计划等，通过部门预算预测本部门的相关收入以及费用支出情况。各职能部门根据不同的职责分别计算本部门费用，编制本部门费用预算报告。

(2)公司的全面预算编制机构

公司的财务控制部作为预算管理的主要部门，不仅需要汇总公司内部各部门的业务预算和部门费用预算以及资本预算等工作，还需要根据公司的年度经营目标平衡公司财务、编制公司的全面预算方案。

(二)大连 KWD 公司的预算编制方法及程序

为了让全面预算能够有一个较高的可操作性，编制预算时要根据部门以及岗位工作计划来进行。预算编制一般要在每年的十月就开始，在管理的各个层级间经过多次循环，可供操作的预算方案到年末时形成。编制方法应该根据各项预算内容的不同特点选择不同的方法。各预算项目所用的编制方法和凭借的依据见表12-1。

表 12-1　　　　大连 KWD 公司的预算编制方法及其依据

预算类别	预算项目	编制方法	编制依据	责任部门
生产预算	销售预算	零基预算法、概率预算法	客户生产计划、销售预测、价格预测	销售部
产品成本预算	直接材料预算	零基预算法	生产预算、材料价格预测、材料库存政策	生产部
	直接人工预算	零基预算法	生产预算、公司薪酬政策、国家劳动法规	生产部、人力资源部
	制造费用预算	作业成本法	生产预算、辅助生产车间成本状况	生产部
期间费用预算	销售费用预算	零基预算法、固定预算法	销售预算、市场计划	销售部
	管理费用预算	零基预算法、固定预算法	各部门工作计划及业务预算、资产更新计划、折旧和摊销会计政策	各业务部门、财务部
	财务费用预算	零基预算法	集团投资计划、银行费率规定	财务部

（续表）

预算类别	预算项目	编制方法	编制依据	责任部门
其他业务利润预算	其他业务收入预算	零基预算法	非主营业务预测	董事会
	其他业务支出预算	零基预算法	非主营业务预测	董事会
资本预算	对外投资预算	零基预算法	集团投资计划、长期投资成本预算	董事会
	基建工程预算	零基预算法	集团投资计划	董事会
	固定资产更新预算	零基预算法	集团投资计划、固定资产更新计划	董事会
人工成本预算	人工预算	零基预算法	招聘及辞退计划、公司薪酬政策、国家劳动法规	人力资源部、财务部
财务预算	预计资产负债表	—	经营预算、资本预算	财务部
	预计损益表	—	经营预算、资本预算	财务部
	预计现金流量表	—	经营预算、资本预算	财务部

为了能把企业的管理层、各部门以及子公司的意见充分体现出来,在编制预算的过程当中,企业的各管理层、各环节需进行充分的沟通,最少需要进行两次上达与下达这样一个循环,最大可能地满足动态平衡这一要求。这样既可以反映企业目标的要求,又能充分地把各部门的实际情况考虑进去。

(三)大连 KWD 公司的预算执行和反馈

公司预算报告在通过预算决策机构的审批后,需要将全面预算的指标分解下达到公司内部各部门,各部门根据本部门的职责,负责执行公司的业务预算、投资预算以及费用预算的相关工作任务。

公司的预算反馈机构主要是指负责将公司预算的执行情况形成报告反馈给预算管理部门的有关机构,公司的预算反馈机构主要有以下两种类型。

1. 公司的专职预算反馈机构

大连 KWD 公司的专职预算反馈机构是公司的财务部,财务部也是采集、汇总管理信息的专门部门,公司设立专门的财务控制经理和财务预算管理岗位,根据实际情况按时分析公司预算的开展执行情况,同时对各部门进行预算监督;公司财务部作为公司信息的汇总机构,需要为管理层及时提供其制定决策时所需要的预算执行信息。

2. 公司的非专职预算反馈机构

大连 KWD 公司内部各部门设立专门的预算管理人员,他们属于信息反馈的最基层部门,主要负责记录本部门的预算及部门费用的执行信息,这可以加强公司对内部各部门相关负责人的即时管理与控制,同时负责与公司财务部定期相互核对预算的使用情况等财务信息。

(四)大连 KWD 公司的预算分析

预算分析是一种预算管理过程中的事后管理,为动态控制预算的执行过程提供数据资料的支持。公司在实际的生产经营中,由于预算受到各种因素的影响,预计的产量与实际情况可能会有所不同,为了能更确切地反映预算同实际的差异,公司财务控制部在每个月的月末根据生产部门的下月生产计划,分析出下月各部门的预算费用额,并将其下达到公司各部门,各部门的下月实际费用可以与此预算费用额进行比较。公司根据实际情况采用不同的分析方法(因素分析法、比率分析法和比较分析法等)对下月预算的执行情况进行财务分析,分析出预算执行部门的实际情况以及未来发展潜力和趋势,找出预算同实际情况差异的原因,确定相关责任单位,并建议相关部门及时采取措施,并以此作为制定下次预算的参考资料。

(五)大连 KWD 公司的预算考评原则

对预算执行结果的考评,是全面预算管理的一个重要组成部分。通过对公司各个部门、科室执行结果的考评,一方面,公司可以检验企业调配资源、驾驭市场危机、应用市场机遇的能力,另一方面,也是对企业各部门、科室对企业贡献大小的评估。具体操作是从企业日常经营过程的动态考评和期末综合考评两个层次来实施,只有这样,预算才会真正地起到预算的作用,发挥其价值。目前,常用的预算考评方法是预算差异分析法,该方法的原理是通过将预算实际执行情况与预算目标的差异进行比较分析,来研究二者之间的差异,剖析导致差异的原因。

四、大连 KWD 公司全面预算管理发展方向

大连 KWD 公司在 2010 年之前是采用电子表格进行编制预算和控制的,随着公司业务量的不断增加及公司内部对预算管理的要求不断提高,虽然电子表格作为一种普遍的预算和预测工具具有易用、灵活的特点,但对业务较为复杂且一年需要编制 4 次预算的公司来说,使用电子表格进行预算管理存在以下问题:工作量大、效率低、协作困难,控制能力差,电子表格的预算规模过于僵化和复杂。

针对预算编制及执行过程中存在的以上问题,公司制定了借助计算机技术、依赖网络信息系统实行全面预算信息化的对策。目的是为推进预算管理体系的改革,通过信息技术手段规范全面预算管理的落实,提高预算管理效率,实现部门预算日常跟踪管理与财务会计核算的实时性,实现预算使用的实时把握和跟踪,增强财务对公司经济业务的事前、事中控制和监督,保证全年预算的准确性,减轻财务部以及各部门预算员的预算工作量。

案例 4 房地产企业全面预算管理案例

——万科集团全面预算管理案例分析

一、万科集团简介

(一)万科集团基本信息

深圳万科企业股份有限公司(简称万科集团)于 1984 年 5 月成立,目前该企业是我国最大的专业性住宅开发企业之一,是具有代表性的地产蓝筹股。1988 年,万科集团才正式进入房地产业。1991 年,万科集团开发了第一个住宅项目——天景花园,首次提出"优质服务"的口号。经过二十几年的辛勤努力,万科集团渐渐确定了其在住宅产业的竞争优势,即成为行业内的第一个全国驰名的商标,旗下的四季花城、城市花园、金色家园等

品牌均受到各地的欢迎与喜爱;其情景式花园洋房是我国住宅业第一个专利产品及发明专利。公司物业服务通过全国首批 ISO9001 质量体系认证,公司创立的万客会是住宅行业的第一个客户关系组织,也是国内第一家聘请第三方机构,每年进行全方位客户满意度调查的住宅企业。

(二)万科集团组织结构

万科集团地产采用中央集权型组织结构,万科集团总部对关键的环节进行有效监控,同时对企业战略和标准化进行事先布局。股东大会是万科集团的最高权力机构。其下设有监事会,主要负责对高管们执行企业职务的行为进行监督、检查。董事会作为其最高的决策机构,下设董事会秘书处。由总经理直接负责规划设计中心和专业委员会。规划设计中心主要是根据以往建筑施工过程中所发生的一些问题,总结出相对应的经验和教训,推广标准化,设计概念产品,实行工厂化。下设有集团办公室、审计法务部、人力资源部、企划部、市场营销部、财务中心和资金中心等职能部门。集团办公室主要负责制定公司总体战略、重大项目的决策以及品牌形象等。人力资源部主要制定企业员工手册、员工薪酬的确定以及招聘、培训和晋升等原则性的规定。企划包括产品规划、战略规划与实施监控和土地储备。市场营销包括品类规划和品牌中心。财务中心和资金中心包括会计核算、预算监控和资金分配与管理。

二、房地产行业特点及预算编制内容

(一)房地产行业特点

1.属于资金密集型行业

专业的房地产企业一般属于投资型企业,其开发项目的投资数额非常巨大,动辄数亿元甚至是数十亿元。房地产行业内的竞争除了产品、服务、价格和内部运营管理等手段以外,资金便是其最重要的竞争资源之一。在房地产行业的初期阶段,国家政策及其相应的市场很不规范,许多企业都通过空手套白狼或者是四两拨千斤的手段来积累原始的财富,企业因而获得非常快速的发展。随着近些年来国家对房地产业宏观调控政策的不断出台,特别是《商业银行房地产贷款风险指引》这份规范文件的出台,大大提高了该行业的准入门槛。现存的很多中小企业由于资金链等一系列问题,而被迫转让或者是退出房地产行业。现房地产行业资金集中化程度越来越高,资本实力的大小和融资渠道是否多元化与通畅,很大程度上决定了某个企业在该行业中的地位和发展前景。

2.资产负债率较高

由于房地产开发项目的投资巨大,仅仅依靠投资人的资金很难满足开发项目的全部投资,房地产企业必须得依靠向金融机构借款来进行项目的开发建设。负债的增加必然会导致企业资产负债率的提高,房地产企业因而对金融机构的依赖性很强。依据一份调查显示,大部分的房地产企业资产负债率都已经超过 70%,即使是那些资质优良的上市企业也如此。根据不完全统计,在房地产业投入的资金中,有 60% 以上是直接或者间接来自于金融机构的资金,这对于我国金融机构来说,存在着非常巨大的潜在风险。

3.投资风险巨大

房地产行业产品的生产周期与投资回收期都比较长,投资风险非常大,这是其区别于传统制造业的一大特点。房地产项目从前期的可行性研究与论证、取得土地使用权到建造完成产品以及最终向客户交付产品的整个过程中,其最短周期也需要一年以上。一个大型的开发项目,其周期通常会在三年以上。房地产开发项目的投资数额较大,其相应的投资回收期也较长,一个项目从投资到回收投资的这段期间内会发生许多未知的、无法预料的变化,这都可能会对投资收益造成不利的影响。因此,房地产企业面临的风险较大。企业在投资房地产时必须要十分谨慎小心,以免出现不可估量的损失。

4.行业关联度较高

从产业链的角度来看,房地产业通常会与其上下游行业直接或者是间接相关联,数目可多达50多个,其中包括总体性的设计、建材生产、建筑公司和装修公司等。房地产行业的发展对其相关的产业有十分明显的带动作用。从与外界协调的方面来看,房地产开发项目必须要经过立项、报请审批、建设、完工验收和交付等环节,这会涉及与许多政府部门建立的协调和联系,诸如国土、规划、建设、房管、环卫、市政、园林以及税务等。因此,从本质上讲房地产业是资源整合型的行业,需要整合内部与外部的各项资源,在产业链上必须要整合其上下游的众多企业,最终生产出比较优质的产品。对于企业外部协调方面而言,高级管理层必须争取把政府和金融机构等部门的各种资源充分为企业所利用。只有这样做,企业才会在激烈的市场竞争中处于不败之地。

5.受宏观因素影响较大

由于房地产开发产品有其特殊性,国家与地方的政策对其影响较大。房地产具有在国民经济萧条之前而萧条,在国民经济复苏之后而复苏的特点。1998年,我国取消了福利分房制度,这极大地促进了房地产市场的发展,由此房地产行业也得以良好发展。近两年,我国政府针对售房价格不断上涨等问题,制定了与金融、土地和税收有关的针对房地产而采取的一系列宏观调控政策,由于这些政策的出台造成许多实力较弱的中小型企业直接面临严峻的考验。每一次的宏观调控,房地产行业都会进行一次重新调整。实践表明,房地产行业的发展和宏观经济状况呈正相关性。宏观经济越景气,房地产行业的发展越会强劲有力,这不仅有利于增加房地产上游企业生产要素的供给总量,而且还能够拉动房地产最终的市场需求总量。

(二)房地产行业预算编制内容

由于房地产行业以及其产品的特殊性,因而构建房地产企业预算管理体系也必然有其不同寻常之处。房地产企业预算编制的内容主要包括以下几方面。

1.业务预算

业务预算在房地产企业中包含销售预算、开发成本预算以及期间费用预算等内容。与其他类型的企业相比,房地产企业通常把开发产品的建造工程委托给正规的施工单位进行。因此,其一般不需要编制直接材料预算、直接人工预算和制造费用预算等。

(1)销售预算

通常情况下,房地产企业开发的产品生产周期会很长,其销售不仅与开发进度相关联,而且与国家的预售政策也有较大关系。房地产企业在编制销售预算时,一般需要开发进度计划、项目可销售的物业清单以及销售进度计划等资料。在预算期内,企业对于符合国家房产预售或是销售资质的项目,应该依照项目的可销售物业形态与估计可售面积,同时结合根据市场调研后所得到的预测可销售单价,最后计算得出该项目预估可销售金额。之后,参照销售进度计划表计算该项目的可销售金额。把各个项目的预算可销售金额汇总以后,则为企业总销售预算。

（2）开发成本预算

房地产企业的开发成本一般包括土地征用费、房屋拆迁补偿费、前期建筑工程费、基础设施费、建筑安装费、配套设施费和开发的间接费用等。该项预算编制会贯穿于项目开发周期的始终,它的准确性伴随着开发进度的一步步实施而逐渐升高。企业开发部门主要负责编制土地征用以及房屋拆迁费和前期工程费,建筑安装成本预算通常由成本控制部或是合同造价部编制。另外,开发的间接费用之中项目贷款利息由财务部编制,其他间接费用则由工程部或是项目部编制。

（3）期间费用预算

期间费用包含销售费用、财务费用以及管理费用几项内容。房地产企业应该依照项目来对销售费用进行预算编制,并且依据开发周期的长短将其分解到各预算期之中。销售费用预算通常把营销方案作为基础,其主要有广告宣传费（媒体、户外）、后期制作印刷费、参展费、活动推广费和样板间装修费等内容。营销方案需要视项目定位、产品形态、地理位置与目标消费群体等因素来确定,该方案制定的详细程度将会对销售费用预算编制有直接的影响。在项目完工结算之前,房地产企业项目贷款利息应该先记入开发成本——开发的间接费用。流动资金的贷款利息与项目完工结算以后滋生的利息则记入财务费用。因为受到国家信贷政策的影响,所以房地产企业通常是项目贷款,其中流动资金占比较小。因而,财务费用基本是金融手续费与存款利息。

2. 财务预算

在房地产企业财务预算中,较为重要的是预计利润表与预计现金流量表。在预测主营业务收入之前,企业编制预计利润表时需要在会计制度之中首先明确有关房屋销售收入的标准。在房屋实现销售并且已经收取房屋价款或是得到相关证明以后,房地产企业便可以在房屋验收合格时间或是正式交付时间确认收入。另外,企业估测其销售成本需要按照各个项目的物业形态来进行。首先要求依据项目开发成本进行预测,计算其物业形态单位开发成本。之后,与房屋销售面积相乘计算得出房屋总销售成本。

对于房地产企业来说,资金的安全与快速周转至关重要。因此,准确无误地编制预计现金流量表便显得十分具有意义。该表通常为一系列资金预算报表。在项目开发计划制订以后,房地产企业应该组织人员测算现金流量,并且编制项目预计现金流量表。该表清晰明了地反映了在开发周期内项目关键节点的现金流量状况,有效帮助企业预判现金流量是否平衡。另外,它并不是不可改变。当企业调整项目开发计划或是投资匡算时,就应该对其进行相应调整。

3. 资本预算

房地产企业资本预算主要包含：①固定资产购置预算。该项预算通常由行政部门负责编制,反映了预算期内公司需要购置的固定资产数目、预计金额以及购置时间。②项目投资预算。该项预算以项目拓展计划为基础编制,反映了企业预算期内投资项目的投资总额和分期投资规划等,它需要结合预计现金流量或是资金预算状况编制。③融资预算。在预算期内企业出现资金短缺、确需对外部融资时,便需要编制该项预算,它反映了融资的方式、金额和到位时间等。其中,比较常见的融资方式有贷款、信托、基金与往来借款等。

三、万科集团全面预算管理现状分析

全面预算管理作为系统整合和配置企业资源的管理工具,被越来越多的房地产企业所看重。但由于现实当中实施全面预算管理的企业应用这一工具的时间均不长,加之房地产行业本身具有不可控因素较多的特点,如何在房地产行业中有效地推行全面预算管理尚处于探索阶段。即使是在已实行全面预算管理的房地产企业,预算管理也较为松散,在编制、实施、考评中也存在着一些问题,尚未发挥出其应有的作用。

1.预算管理组织结构现状

万科集团并没有设置预算专属机构,只是在原先简单的直线型组织结构的基础上,伴随着经营活动的多元化以及规模的扩大化而进行了多次改革,把预算管理的各职能分配到各部门之中。具体表现为:股东大会作为集团最高权力机构,负责审查和批准下面部门上报的年度预算;董事会负责审查及初步审批中游阶段的财务预算和预算调整方案;总经理办公室负责初步审查年度财务预算及其执行与调整;工程部负责成本预算支出计划;财务部负责预算归口管理,带头编制财务预算,并最终上报给财务总监进行核实。

2.预算管理模式选择现状

万科集团的预算管理模式并没有依照企业及其行业的实际状况来选择有利于其本身发展的预算模式,而是与其他企业一样编制财务预算。它并不是完整的全面预算,仅仅是一项财务计划。企业针对个别项目编制相应的项目预算,但在编制方面同样存在不完备的现象。

3.预算目标设定现状

万科集团有其具体的战略目标,集团每年都会下达相应的经营目标,同时也会将其经营目标分解到各个子公司、分公司之中。万科集团的战略目标虽然已经落实到年度战略目标,但是其尚未与集团所下达的年度目标相呼应,各个子公司、分公司的经济指标同样没有与集团年度经营指标相呼应。

4.预算编制方法现状

万科集团以财务预算的编制为首要,在此基础上同时有项目预算的编制,但是二者还没有完美地结合在一起。预算编制的周期应当细化到一个月、一个季度,并且形成良性的滚动预算,这样做的结果不仅可以使编制的预算更加接近于实际状况,而且可以有效地发挥预算的执行与监控作用。

5.预算执行与控制现状

万科集团目前的审批权限被分布在不同的办法和制度之中,导致实际执行起来十分困难。预算授权在不同的制度中会有一定的差异,有可能导致同一授权在实际执行时出现歧义。审批并没有与预算相结合,不利于掌握第一手、基层工作的情况,往往会出现失控的局面。万科集团对预算执行所进行的分析也不够深入细致,仅仅考虑了预算累积完成率,并没有将每季度预算和实际情况相比所产在的差异进行彻底分析。另外,万科集团内的预算调整也不是十分详细深入,往往缺乏调整的根据。

6.预算考评与激励现状

万科集团在制定企业目标时,只是从组织方面来考察,忽略了对其生存项目的考察。对预算分析进行考评时,仅是简单地利用实际发生额和预算数进行分析,对物价、合同结算等外部因素却没有加以制定。考评并不全面,只是对子公司、分公司的业绩制定了考评方法,却未对其一些职能部门进行考评。财务部作为考评牵头部门,各办公室分别从旁协助以及负责后期的具体工作,这样便使得众部门协调起来难度加大、效率不高。

四、万科集团全面预算管理发展方向

推行全面预算管理可以提升房地产企业整体绩效和综合管理水平,将全面预算管理贯穿于房地产公司及各开发项目运营管理活动的各个环节,是提升公司整体绩效和管理水平的重要方法。房地产企业应该根据自身的特点,形成适合本企业的全面预算管理制度,真正达到实现企业发展战略目标、整合企业资源、提高经济效益、实现企业价值最大化的根本目的。

1. 提高对房地产企业全员对于全面预算的重视

(1)动员相关部门、人员的全面参与

房地产企业全面预算涉及项目开发前期研发、营销策划、工程管理、物业管理等各个部门,涉及项目开发经营活动的方方面面和各个环节,因此,房地产企业全面预算讲究的是部门合作、共同努力。各相关部门人员应在预算管理委员会的组织下共同研究项目目前的状态和可能发生的情况,分工编制预算。营销部负责收入预算和营销策划广告等费用预算;前期研发、工程、供应等部门负责开发成本项目预算;人力成本、培训费等由人力资源部负责预算;财务部负责税费及其他费用等预算,并担负最后的汇总、分析任务。

(2)从管理层到全员认真执行

管理层要认识到全面预算是公司治理的重要表现形式,因此要以身作则,切实提高预算的约束力,建立预算分级管理和责任到人的机制,将预算层层分解、落实到具体的部门和责任人。在经营活动的过程中严格按预算执行,为实施全面预算管理树立权威。

2. 构建实施房地产企业全面预算的软硬件环境

(1)要完善全面预算管理制度

当前房地产企业可结合已有的管理制度、内部控制制度、审批制度等,制定科学、合理、高效的全面预算管理制度,必要时可引入咨询公司在全面了解企业需求的前提下进行设计。

(2)要设置专人进行此项工作

企业可以专门设置预算管理委员会办公室,或者授权财务部代行全面预算管理委员会办公室的职责,全面负责企业的全面预算工作,并配备专职人员进行相关工作,各业务部门也要有一定级别的员工兼职或专职负责此事,以便落实责任、提高效率。

(3)借助信息化手段进行全流程管理

企业可以自行开发相关的管理系统进行工作,或者引入比较成熟的资源,用于全面预算管理系统或在此基础上进行二次开发,使得全面预算管理工作能够高效、直观、科学。

3. 注重全面预算指标与企业战略的统一

房地产企业在实施预算管理之前,应该进行市场调研和企业资源分析,明确自己的长期发展目标,以此为基础编制各期的预算,这样可以使企业各期的预算前后衔接起来,从而避免预算工作的盲目性,确保预算平稳顺畅地实施。

4.设置预算指标要考虑科学、合理、客观

房地产行业是一个受政策性因素影响较大的行业,因此,企业制定预算指标时,一定要根据中央到地方的各级调控政策合理把握相关指标的设置,具有一定的弹性,并留有余地。例如,某省省会已经实施了针对外地户籍的限购政策,二级城市的开发商则应该对此予以合理考虑。要确立"面向市场"的理念,使预算指标经得起市场的检验。为了应对市场的变化,企业制定的预算指标应该对本地需求及目标客户、已有商品房空置情况、相邻楼盘的价位、促销政策等进行充分调研,以减少预算过大所带来的风险。在编制预算的过程中,除制定一系列量化的财务指标之外,还应在兼顾相关者利益的基础上加强对非财务指标的制定和改进,并根据企业的实际情况赋予相应的权重值,找出关键驱动要素,在合理的范围内突出重点业务预算如销售指标、成本进度的编制与执行。

5.注重现金流量预算的管理

在房地产企业中,资金的依赖度尤其严重,资金紧张是整个行业的普遍现象。房地产企业要严格遵循"现金为王"的政策,不能一味求扩张而不顾自身实力的影响。合理、有效地控制现金流量才能保证企业持续、稳定地发展。房地产企业应该对各项资金进行有效的跟踪管理,当出现不良预警信号时,及时调整计划并妥善处理相关事宜。

参 考 文 献

[1] 龚巧莉.全面预算管理:案例与实务指引[M].北京:机械工业出版社,2011.

[2] 张长胜.企业全面预算管理[M].北京:北京大学出版社,2007.

[3] 王化成,佟岩,李勇,等.全面预算管理[M].北京:中国人民大学出版社,2004.

[4] 侯立新,曹海东.现代企业全面预算管理实务与案例[M].北京:企业管理出版社,2007.

[5] 李娣,陈刚.轻轻松松做预算:企业预算管理手册[M].上海:立信会计出版社,2009.

[6] 史习民.全面预算管理[M].上海:立信会计出版社,2003.

[7] 吴昌秀.企业全面预算管理[M].北京:机械工业出版社,2009.

[8] 赵仲杰.新全面预算管理实务与操作[M].昆明:云南大学出版社,2010.

[9] 财政部企业司.企业全面预算管理的理论与案例[M].北京:经济科学出版社,2004.

[10] 季汝群.简议企业的全面预算管理信息化[J].中国总会计师,2010(9):154-155.

[11] 代宏坤.有效全面预算控制分析[J].生产力研究,2004(6):168-169.

[12] 郭菁.YT公司全面预算管理模式研究[D].上海:上海交通大学,2011.

[13] 冯丽娟.基于战略导向的企业全面预算管理研究[D].哈尔滨:哈尔滨工程大学,2008.

[14] 徐新迈.大连KWD汽车零部件有限公司全面预算管理研究[D].长春:吉林大学,2012.

[15] 李青.基于房地产行业的全面预算管理研究[D].天津:天津大学,2011.

[16] 李玲.房地产企业全面预算管理应用研究[D].长春:吉林财经大学,2011.

[17] 陈长春.全面预算管理策划与实践:兖矿集团有限公司全面预算管理研究报告[M].北京:中国经济出版社,2006.

[18] 王信.全面风险管理体系的构建与实践:兖矿集团全面风险管理研究报告[M].北京:煤炭工业出版社,2012.